경제적 해자
실전 주식 투자법

"경제적 해자의 개념을 제시한
워렌 버핏에게 깊은 감사를 드리며,
우리는 이를 발전시켜 범세계적인 기업들에 적용할 수 있는
해자 분석법을 완성했다."

― 모닝스타 ―

WHY MOATS MATTER : The Morningstar Approach to Stock Investing
Copyright ⓒ 2014 by Heather Brilliant and Elizabeth Collins
All rights reserved. This translation published under license with the original publisher John Wiley & Sons, Inc.

Korean Translation Copyright ⓒ 2016 BOOKON(KIERI)
Korean editon is published by arrangement with John Wiley & Sons International Rights Inc. through Imprima Korea Agency

이 책의 한국어판 저작권은 Imprima Korea Agency를 통해
John Wiley & Sons International Rights, Inc.와의 독점 계약으로 부크온에 있습니다.
저작권법에 의해 한국 내에서 보호를 받는 저작물이므로
무단 전재와 무단 복제를 금합니다.

워렌 버핏의 발상을 완성시킨 모닝스타의

경제적 해자
실전 주식 투자법

헤더 브릴리언트 외 지음 | 김상우 옮김

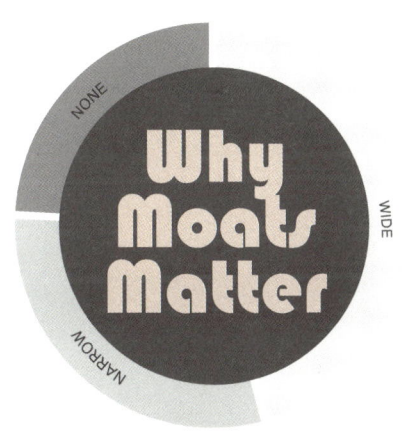

부크온 BOOKOn

서문

　투자의 보배를 찾는다면 그것은 바로 아주 좋은 가격에 거래되고 있는 훌륭한 기업을 찾는 것이다. 그런데 놀랍게도 시간이 가면서 가치가 증대될 잠재력을 가진 기업을 찾는 일에 초점을 맞춘 투자자는 극소수에 불과하다. 왜 그럴까? 그 이유 중 하나는 제2의 코카콜라나 존슨 & 존슨을 찾기가 매우 어렵기 때문이다. 사실 이런 훌륭한 기업들은 오랫동안 환상적인 수익을 낸 후에야 발견되기 마련이다. 또한 많은 사람들은 시장은 이런 기업들이 얼마나 좋은지 이미 잘 알고 있고, 따라서 이들의 주가는 그 주식을 보유함으로써 누릴 수 있는 모든 혜택이 이미 반영된 가격이라고 지레 가정하기도 한다. 그러나 늘 그런 것은, 아니, 절대 그런 것은 아니다. 이 책에서 우리는 훌륭한 기업을 찾는 분석틀을 제시하고, 그런 기업이 내재가치에서 할인된 가격에 거래되는 때를 알아내는 법을 소개할 것이다. 바로 이런 개념들이 저자가 일하고 있는 모닝스타 주식투자법의 초석을 이루고 있다.

　모닝스타는 항상 가장 기본적인 관점에서 투자를 보고 있다. 우리는 훌륭한 기업의 주식을 오래 보유하기를 원한다. 그렇다면 훌륭한 기업을 나쁜 기업과 구별하는 방법은 무엇일까? 훌륭한 기업이란 경쟁을 물리치고 향후 오랫동안 높은 자본수익률을 올릴 기업이다. 사실 누구나 해당 기업의 과거 수익률을 찾아보면, 그 기업이 과거에 경쟁우위를 누려왔는지 확인할 수 있다. 그러나 우리의 목적은 미래에도 지속적으로 초과수익excess returns을 올릴 수 있는 기업을 찾는 것이다. 이를 위해 우리는 해당 기업이 어떻게 현금흐름을 창출하는지 이해할 필요가 있다. 그리고 이를 이해하기 위해서는 해당 기업이 속한 산업의 경쟁 환경을 조사하고 해당 기업이 그 산업에서 어떻게 경쟁하고 있는지를 중점 분석해야 한다. 요컨대 우리는 '경제적 해자'를 가진 기업을 찾고 있다. '경제적 해자'란 적의 공격으로부터 성을 보호하는 해자처럼 경쟁자들로부터 해당 기업을 보호해 주는 구조적 우위를 말한다. 우리는 분석을 통해 경제적 해자가 5대 경쟁우위 요인—무형자산, 비용우위, 전환비용, 네트워크 효과, 효율적 규모—중 최소한 하나로부터 나온다는 결론을 내렸으며, 이 책에서는 이 각각의 경쟁우위 요인들(해자의 원천들)을 우선 집중적으로 살펴볼 것이다.

　훌륭한 기업을 찾는 것보다 훨씬 좋은 것은 가격이 아주 좋은 훌륭한 기업을 찾는 것이다. 주식시장은 주가를 확인하고 낮이나 밤 어느 때나 주식을 사고팔 수 있는 사실상 무한한 기회를 제공하고 있다. 그러나 그러한 시장의 번잡스러움을 무시하고 한 기업의 기초적인 현금흐름의 가치를 이해하는 것이야말로 성공적인 장기 투자의 관건이다. 여러분이 한 기업의 현재 주가를 한 달 전, 하루 전 혹은 5분 전 주가가 아니라 그 기업의 기본적인 가치와 비교할 때, 여러분은 매매자trader가 아니라 그 기업의 소유자owner 즉 주인처럼 생각할 수 있게 된다. 그리고 주인처럼 생각하게 되면 여러분은 보다 나은 투자자가 될 수 있다. 이 책에서는 한 기업이 미래에 창출할 것으로 기대되는 현금을 계산한 후, 그것을 현재가치로 할인하여 그 기업의 적정가치를 계산하는 데 초점을 두고 있는 우리의 기업가치 평가법을 소개할 것이다.

독자 여러분도 짐작했겠지만, 이 책은 주식으로 빨리 부자가 되는 법을 알려주는 책은 아니다. 이 책이 여러분에게 제공하고자 하는 것은 성공적인 장기 투자를 위한 기본적인 분석틀이다. 이 책은 여러분이 "(1) 훌륭한 기업은 어떻게 찾을 것인가? 그리고 (2) 수익을 극대화하려면 언제 그 주식을 매수해야 하는가?"라는 두 가지 핵심적인 질문에 대한 답을 찾는 데 도움이 될 것이다. 이 두 질문에 대한 올바른 답을 보다 자주 찾게 되면, 여러분은 성공적인 투자자가 될 수 있을 것이다.

물론 우리의 투자법이 타당한 유일한 투자법은 아니지만, 오랜 기간 상당한 효과를 낸 투자법임에는 분명하다. 기본적인 해자 및 가치평가 분석법을 사용함으로써 우리는 매우 우수한 리스크 조정 후 수익률을 올려왔고 모닝스타에서 일하는 애널리스트들은 업계 최고의 애널리스트가 될 수 있었다. 이 책에서 우리는 해자 분석에 기초한 우리의 모든 투자철학과 방법을 여러분과 공유할 것이며, 여러분은 자신의 포트폴리오를 구성할 훌륭한 종목을 찾는 데 이 방법을 활용할 수 있을 것이다.

감사의 말

이 책을 저술함에 있어 모닝스타 글로벌 리서치팀 모두의 도움이 매우 컸다. 매일 그들과 함께 기업과 경쟁우위를 분석할 수 있었던 것은 우리에겐 큰 행운이었다. 마이크 홀트Mike Holt, 조엘 블루머Joel Bloomer, 알렉스 모로조프Alex Morozov는 각각 시카고, 시드니, 암스테르담의 리서치팀을 훌륭히 이끌어 왔다. 이 책을 종합 정리함에 있어 이들이 베풀어준 도움과 지원에 깊은 감사를 드린다.

그리고 이 책에 수록된 여러 글을 기고한 글로벌 리서치팀 구성원들에게 특별한 감사를 전한다. 3장에서 해자의 추세에 대한 매우 훌륭한 분석을 제공한 스티븐 엘리스Stephen Ellis, 장기 투자에 가장 중요한 요인 중 하나인 스튜어드십stewardship(경영진의 능력과 의무)에 관한 4장을 저술한 토드 웨닝Todd Wenning, 해자와 강력한 배당금 지급 기업의 관계 그리고 배당금에 대해 분석한 5장은 모닝스타의 배당 분석 전문가 조쉬 피터스Josh Peters의 도움이 컸다. 조엘 블루머, 매트 코피나Matt Coffina, 가레스 제임스Gareth James는 모닝스타의 주식과 투자 관련 철학의 핵심 부분인 가치평가에 관한 6장을 직접 저술했다. 또 우리의 투자철학이 언제 잘 작동되는지에 대한 철저한 통계 분석이 없었다면 이 책은 완성될 수 없었을 텐데, 모닝스타 통계분석 본부장 워렌 밀러Warren Miller는 7장에서 이런 통계 분석을 아주 정교하게 수행해 주었다.

업종sector별로 해자를 어떻게 분석할 것인지를 다룬 이 책의 뒷부분은 모닝스타의 글로벌 업종분석팀들의 도움이 있었기에 가능했다. 모닝스타 글로벌 업종분석팀의 모든 애널리스트들은 각자가 담당하는 기업 및 업종에 대한 분석을 하고, 매주 두 번 열리는—우리의 경제적 해자를 분석하는 틀을 짜고, 철학의 적용을 토론하는—해자위원회에 참석함으로써 뒷부분 각 장들을 저술하는 데에 큰 도움을 주었다.

투자자들이 특정 투자 아이디어에 경제적 해자 개념을 보다 잘 적용하는 것을 돕기 위해, 우리는 10년간 축적한 해자 분석에 관한 지식과 경험을 녹여 산업별industry-level 해자 분석틀을 만들었다. 이 과정에 많은 도움을 준 각 업종분석팀 팀장 데미안 코노버Damien Conover, 스티븐 엘리스, 아담 플렉Adam Fleck, R. J. 하토비R. J. Hottovy, 피터 월스트롬Peter Wahlstrom에게 특별한 감사를 드린다.

마지막으로, 초창기부터 모닝스타 주식분석팀을 강력히 지지해 준 조우 맨수에토Joe Mansueto, 헤이우드 켈리Haywood Kelly, 캐서린 오델

보Catherine Odelbo, 돈 필립스Don Phillips에게도 이 기회를 통해 깊은 감사를 전한다.

"가치투자의 보배는 지속적인 경제적 해자를 찾는 데 있다. 경제적 해자로 보호된 기업을 소유한 사람들은 모든 장기 투자자가 최종 목표로 추구하는 높은 자본수익률을 올릴 수 있다. 이 책에서는 소액 투자자와 대형 투자자 모두가 이런 훌륭한 기업을 찾는 데 도움이 될 매우 상세한 로드맵을 제공하고 있다."

— 존 W. 로저스 주니어John W. Rogers Jr.,
아리엘 인베스트먼트Ariel Investments 설립자, 회장 겸 투자책임자(CIO)

...

"모닝스타의 경제적 해자 분석은 기업 경쟁력의 질에 관한 문제를 투자자 시각에서 접근하고 있기 때문에 마이클 포터Michael Porter의 5대 경쟁요인모델five force model을 훌륭하게 보완해주고 있다. 모닝스타의 경제적 해자 분석법을 알았더라면, 나의 종목 선정에서 핵심 과정인 '기업의 경쟁 상황 평가'를 훨씬 잘 해낼 수 있었을 것이다."

— 마이클 루치아노Michael Luciano,
피델리티 월드와이드 인베스트먼트Fidelity Worldwide Investment 투자분석가
및 영국 파일럿펀드 매니저

차례

서문 ··· 4
감사의 말 ··· 8

제1부
왜 경제적 해자가 중요한가

1 모닝스타의 주식 분석 기본 원칙 ··· 18

질문 1 : 어떤 기업이 훌륭한 기업인가?
경제적 해자 | 해자와 가치 창출 | 해자의 실제 모습 | 해자의 5대 원천 | 해자 평가
질문 2 : 훌륭한 기업에 대한 최적의 매수 시점은 언제인가?
가치평가의 중요성 | 적정가치의 평가 | 안전마진

2 무엇이 해자를 만드는가 ··· 34

해자의 원천들
1. 무형자산 | 2. 비용우위 | 3. 전환비용 | 4. 네트워크 효과 | 5. 효율적 규모

3 해자 추세가 중요한 이유 ··· 72

해자 추세와 기본 실적 | 해자 추세 분석 시 5대 고려 사항 | 해자 추세 분석 1 : 무형자산 | 해자 추세 분석 2 : 비용우위 | 해자 추세 분석 3 : 전환비용 | 해자 추세 분석 4 : 네트워크 효과 | 해자 추세 분석 5 : 효율적 규모 | 해자 추세 분석을 위한 체크리스트

4 스튜어드십이 경제적 해자에 미치는 영향 ··· 115

스튜어드십 분석법
12가지 스튜어드십 분석 포인트
    1. 투자 전략과 가치평가 | 2. 실행력 | 3. 재무레버리지 | 4. 배당 및 자사주 매입 정책 | 5. 경영진 보수 | 6. 관련 당사자와의 거래 | 7. 회계 관행 | 8. 경영진의 배경 | 9. 건강, 안전, 환경 | 10. 소유구조(지분구조) | 11. 이해관계자에 대한 배려 | 12. 주주들과의 의사소통
업종별 스튜어드십 평가법
    1. 소비재 | 2. 헬스케어(의료 · 건강) | 3. IT · 기술 | 4. 금융 | 5. 기초소재 | 6. 에너지 | 7. 유틸리티(전기 · 가스 · 수도 공급) | 8. 산업재

5 해자를 활용한 배당투자 ··· 148

배당이 중요한 이유 | 어떤 배당주가 좋은가

6 가치평가는 왜 중요한가—좋은 기업을 싼 가격에 사라 ··· 167

가치평가의 기본 개념 | 자본비용과 자본수익률 | 모닝스타의 가치평가법 | 투하자본수익률(ROIC) 계산 사례 | 미래의 잉여현금흐름 예측하기 | 모닝스타 주식등급 | 적정가치의 불확실성과 자기자본비용

7 해자 등급으로 주식수익률 예측하기 ··· 199

8 해자와 가치평가 실전 분석 ··· 211

넓은 해자 인덱스
토끼와 거북이 포트폴리오
    1. 〈모닝스타 주식투자자〉의 종목 선택 기준 | 2. 포트폴리오 운용 전략 | 3. 결론

제 2 부
업종별 분석 매뉴얼

9 소비재 ⋯ 228

음료산업 | 소비자용품산업 | 외식산업 | 경기방어적 유통산업 | 전문소비재 유통산업 | 숙박업

10 헬스케어(의료·건강) ⋯ 248

제약산업 | 바이오테크산업 | 의료장비산업 | 의료기구 및 의료용품 산업 | 진단연구산업

11 IT·기술 ⋯ 266

소비재 기술산업 | 기업용 하드웨어시스템산업 | IT서비스산업 | 반도체산업 | 소프트웨어산업 | 통신서비스산업

12 금융서비스 ⋯ 288

은행업 | 자본시장산업(투자은행 및 증권업) | 신용카드서비스업 | 보험업

13 기초소재 ⋯ 304

상품제조업 | 상품가공업 | 금속 및 광산업

14 에너지 ⋯ 319

석유 및 가스 굴착업 | 에너지 탐사 및 생산업 | 석유 및 가스 운송업 | 정유산업 | 통합 석유가스산업 | 엔지니어링서비스

15 유틸리티 ⋯ 343

규제 대상 유틸리티기업 | 독립 민간전력회사

16 산업재 ⋯ 351

공항운영산업 | 우주항공 및 방위산업 | 트럭 및 해상 운송 | 폐기물 관리산업 | 중장비산업 | 사업다각화기업 | 철도산업

〈부록〉 업종별 경제적 해자 체크리스트 ⋯ 371
집필진 소개 ⋯ 391

제 1 부

왜 경제적 해자가 중요한가

1 모닝스타의
주식 분석 기본 원칙

해자가 무엇이냐고 물으면, 대개의 사람들은 침략자로부터 성을 보호하는 물이 가득 찬 성 밖 고랑을 떠올릴 것이다. 우리는 그런 해자의 개념을 가져와 투자에 적용했는데, 이 경우 경제적 해자란 경쟁으로부터 기업을 보호하는 구조적 장애물을 말한다.

우리는 투자를 가장 기본적인 관점에서 보고 있다. 우리는 훌륭한 기업의 주식을 오래 보유하기를 원한다. 그렇다면 훌륭한 기업이란 어떤 기업을 말하는가? 기본적으로 우리는 경쟁을 물리치고 미래의 오랜 기간 동안 높은 자본수익률을 올릴 수 있는 기업―다시 말해 이익이 증가하고, 주주들에게 현금수익을 보상하며, 지속적으로 내재가치를 증대시키는 기업—이 훌륭한 기업이라고 믿는다. 이런 기업을 찾는 것이 우리의 경제적 해자 분석 그리고 모닝스타의 경제적 해자 등급 평가Morningstar Economic Moat Rating의 목적이다. 경제적 해자 분석과 경제적 해자 등급 평가에 대해서는 뒤에서 자세히 살펴볼 것이다.

훌륭한 기업을 찾는 것보다 훨씬 좋은 것은 가격이 매우 좋은 훌륭한 기업을 찾는 것이다. 주식시장은 낮이나 밤 그 어느 때나 주식을 사고팔 수 있는 사실상 무한한 기회를 제공한다. 그러나 성공적인 장기 투자의 관건은 매일 매일의 주가 변동이 아니라 해당 기업이 창출하는 현금흐름의 가치에 초점을 맞추는 데 있다고 본다. 기업의 현재 주가를 한 달 전, 하루 전 혹은 5분 전 주가와 비교하는 것이 아니라 그 기업의 기본적인 가치와 비교하는 데 초점을 맞추면, 주식 매매자가 아니라 그 기업의 소유주처럼 생각할 수 있게 된다.

주식 매매를 통해 빨리 부자가 되는 법을 알려주는 책을 찾고 있다면, 이 책은 아니다. 우리의 목적은 성공적인 장기 투자를 위한 기본적인 분석틀을 제공하는 것이며, 사실 우리가 실제로 알고 있는 모든 것은 성공적으로 장기 투자를 하는 방법에 관한 것이다. 이 책은 '(1) 어떤 기업이 훌륭한 기업인가?' '(2) 언제 이런 훌륭한 기업을 매수해야 잠재수익률을 극대화할 수 있는가?' 하는 가장 기본적인 두 질문에 대한 답을 목표로 하고 있다. 이 두 질문에 대한 옳은 답을 보다 자주 찾아낼 수 있다면, 여러분은 성공적인 장기투자자가 될 수 있을 것이다.

　10년도 더 지난 과거에 처음 주식 분석을 시작했을 때, 우리는 오늘날까지 분석의 지침이 되어 준 몇 가지 핵심 원칙을 정했다. 그때나 지금이나 분석 작업은 세 가지 핵심 요인 혹은 원칙에 집중하고 있는데, 그것은 바로 지속 가능한 경쟁우위, 가치, 안전마진이다. 우리는 이 세 요인이 장기적으로 시장을 이기는 실적을 내는 관건이라고 믿고 있다. 이 세 요인을 정확히 정의하고 그것이 중요한 이유를 밝히는 것이 이 책의 목적 중 하나다. 이 책을 통해 우리는 지속 가능한 경쟁우위, 즉 경제적 해자를 가진 기업을 찾는 법에 초점을 두면서 이런 각각의 원칙들을 소개하고자 한다.

질문 1 : 어떤 기업이 훌륭한 기업인가?

　이 질문에 대한 답은 지속 가능한 경쟁우위, 즉 경제적 해자를 갖춘 기업을 찾는 데 있다. 본래 의미의 해자가 성채 주변에 파놓은 고랑으로 적을 저지하는 역할을 하는 것처럼, 경제적 해자는 세계적으로 훌륭한 기업들이 향유하는 높은 자본수익률을 보호해준다.

경제적 해자

　1999년 〈포춘Fortune〉의 한 유명한 기사에서 전설적인 투자자 워렌 버핏은 다음과 같이 말했다. "투자의 관건은 …… 해당 기업의 경쟁우위, 무엇보다도 그 경쟁우위의 지속 가능성을 판단하는 데 있다. 폭 넓고 지속 가능한 해자를 가진 제품이나 서비스는 투자자에게 보상을 가져다준다." 경제적 해자의 개념을 제시한 버핏에게 깊은 감사를 드리며, 우리는 그 개념을 조금 더 발전시켜 범세계적으로 광범위한 기업들에 일관되게 적용할 수 있는 포괄적인 해자 분석틀을 개발했다.

한 기업이 수익성 있는 제품이나 서비스를 개발하면, 그때마다 오래지 않아 이런 기회를 활용하려는 다른 기업들이 비슷한 혹은 훨씬 개선된 제품이나 서비스를 출시하는 일이 많다. 미시경제학에 따르면, 완전경쟁시장의 경우 처음에 성공한 기업이 벌어들이는 초과수익은 경쟁자들의 등장으로 인해 사라지고 만다. 노키아는 핸드폰 시장에서 여러 해 동안 높은 시장점유율을 유지했지만, 2007년 애플의 아이폰이 등장하고 뒤이어 스마트폰 시장이 발전하면서 변화에 미처 대처하지 못해 뒤처지고 말았다.

유사한 일이 게임 시장에서도 발생했다. 오랫동안 게임 시장의 강자로 군림해왔던 닌텐도도 마이크로소프트의 Xbox와 소니의 플레이스테이션 같은 고급형 제3자 소프트웨어 third party software(하드웨어 제작사가 아닌 프로그래머 등이 제작한 소프트웨어)를 표방하는 새로운 강력한 콘솔게임업체들에 의해 그 상징적이고 가정친화적인 경쟁우위를 상실했다. 그 와중에 모바일기기들도 휴대용 게임기 시장에서 닌텐도가 장악하고 있던 지배적인 위치를 잠식하기 시작했다. 요컨대 수익은 경쟁자를 끌어들이고, 경쟁시장이 되면 기업들이 장기간 강력한 성장과 이윤을 창출해내기가 힘들어진다.

그러나 상당 기간 높은 자본수익률을 유지하는 기업들도 분명 존재한다. 이런 기업들은 무자비하게 들이치는 경쟁의 압력을 상당히 오랫동안 견뎌낼 수 있는 기업으로, 우리가 찾아내어 갖고자 하는 '황금알을 낳는 거위들'이라 할 수 있다.

경제적 해자는 해당 기업 자체의 구조적인 요소여야 한다는 점을 유념해야 한다. 우리가 찾는 기업은 단기적으로 경쟁자들보다 좋은 실적을 내는 기업도 아니고, 주기적으로 실적이 개선되어 자본수익률이 좋은 것처럼 보이는 기업도 아니다. 우리가 찾는 기업은 사업과 업종의 구조가 수익을 보호해 주는 그런 기업들이다. 이런 관점에 따라 말하면, 훌륭한 경영진이 기업의 해자를 강화할 수 있고 형편없는 경영진은 해자를 훼손할 수 있지만, 경영진 자체가 경제적 해자의 기초가 될 수는 없다(이에 대한 보다 자세한 내용은 4장 참고).

해자와 가치 창출

한 기업이 자신과 주주들을 위해 얼마나 많은 가치를 창출할지는 다음 두 요인에 달려 있다. 하나는 현재 창출되고 있는 가치의 양이고, 다른 하나는 그 기업이 미래에도 지속적으로 좋은 가치를 창출해낼 수 있느냐는 것이다. 첫 번째 요인은 기초적인 재무제표들을 이용해 쉽게 계산할 수 있기 때문에 시장에 널리 알려져 있다. 판단하기 어렵지만 성공적인 장기 투자를 위해 궁극적으로 보다 중요한 것은 두 번째 요인, 즉 미래 초과수익의 크기와 지속 기간이다.

〈그림 1-1〉 초과수익 지속 기간으로 평가한 해자

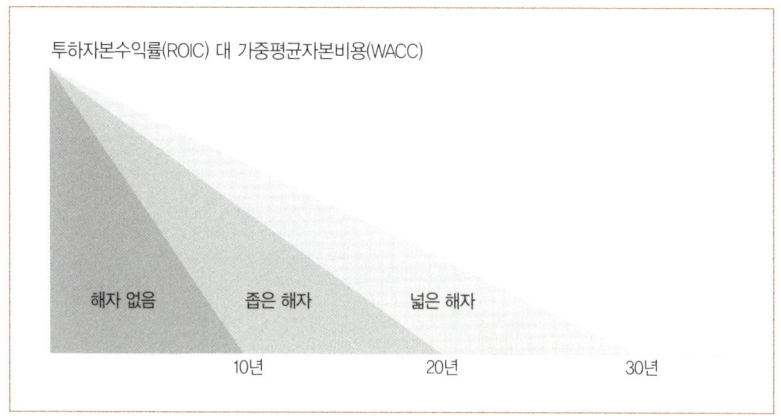

자료 : Morningstar

〈그림 1-1〉은 이런 생각을 나타낸 것이다. 오늘 현재 비슷한 가치 창출력, 요컨대 비슷한 투하자본수익률(ROIC)을 가진 세 기업이 있다고 해보자. 이런 초과수익을 가장 오래 지속할 수 있는 기업이 미래로 가면서 가장 많은 가치를 더할 수 있게 될 것이다. 〈그림 1-1〉에서 가장 넓은 해자와 가장 오래 경쟁우위를 지속한 기업이 가장 큰 가치를 창출한다.

해자의 실제 모습

실제 기업에서 경제적 해자는 어떤 모습일까? 송전회사 ITC 홀딩스ITC Holdings를 예로 들어보자. 송전은 그다지 멋진 사업은 아니지만, 이 송전 전문회사에 투자하고 있는 투자자들은 회사의 시장지배적 지위와 오랜 우호적 규제 환경 덕분에 두 자릿수의 이익 증가와 견실한 자본수익률을 향유해 왔다. 우리는 이 '지루한' 송전회사가 향후 상당 기간 그런 높은 수익률을 보호할 수 있는 넓은 경제적 해자를 가지고 있다고 보고 있다. 사실 ITC가 보유하고 있는 송전선들이 이미 시장이 필요로 하는 모든 전력을 공급하고 있는 상태에서 경쟁자가 나타나 ITC의 송전선과 경쟁하는 새로운 송전선을 구축할 동기는 거의 없다.

경쟁자가 새로운 송전선을 구축해 송전사업에 뛰어들 경우, 자본비용은 너무 높은 반면 추가로 발생하는 혜택(이익)은 너무 낮아 서로 경쟁자가 된 두 송전회사에 충분한 수익이 발생하지 않기 때문이다. 더욱이 ITC는 규제에 의한 보호도 받고 있다. 연방에너지규제위원회Federal Energy Regulatory Commission는 새로운 송전설비가 필요하다는 것이 분명히 입증된 경우에만 신규 송전선을 허가한다. 이런 규제 보호를 대가로 ITC는 비용을 회수하고 적절한 투자수익률만 허용하는 공식에 따라 책정된 가격을 청구해야 한다.

우리는 그 투명성과 예측 가능성 때문에 미래 반영적 공식에 따라 ITC가 청구하는 가격—대부분의 공익사업에 적용되는 일상적인 과거 반영적 가격보다 투자자에게 유리한 가격—은 자본비용을 평균 이하로 유지시키면서, 향후 상당 기간 지속될 것으로 기대되는 안정된 현금수익성을 보장해 줄 것으로 믿는다.

ITC를 전혀 해자가 없는 퍼시픽 에탄올Pacific Ethanol, 베라선 에너지VeraSun Energy, 아벤틴 재생에너지Aventine Renewable 같은 옥수수 추출 에탄올 생산업체와 비교해 보자. 지난 10년, 이 주식들은 짧은 붐을 누린 후 곧바로 나락의 늪으로 떨어졌다. 이 에탄올주식들은 일련의 정부 지원책과 기업 공개에 대한 뜨거운 기대로 인해 2006년 중반 그 거품이 절정에 이르게 된다. 그러나 2년 후 이들이 생산하는 옥수수 추출 연료제품에 투자했던 사람들은 수십억 달러의 손실을 보고 말았다. 옥수수로 만든 '경이로운 연료'에 대한 한껏 부풀었던 기대가 실망으로 변했기 때문이다. 이는 당시의 에탄올산업이 신규 업체의 진입이 용이하고 어떤 기업도 비용우위를 유지할 수 없는, 따라서 결국은 공급 과잉이 발생해 모든 관련 업체가 수익을 별로 혹은 전혀 내지 못하는, 그러면서도 해자를 만들기는 사실상 불가능한 산업이었음을 잘 보여주는 사례다.

해자의 5대 원천

수년간 기업을 분석한 결과, 우리는 경쟁우위, 즉 경제적 해자의 5대 주요 원천을 발견해냈다. 여기서는 이것들을 간략히 소개하고, 보다 자세한 내용은 뒤에서 살펴보도록 하겠다.

1. 무형자산

무형자산Intangible assets에는 브랜드 가치, 특허권 혹은 경쟁자들을 확실히 따돌릴 수 있는 정부가 부여한 사업권 등이 포함된다.

2. 비용우위

상대적으로 낮은 비용으로 상품이나 서비스를 제공할 수 있는 기업들은 가격 경쟁에서 유리하기 때문에 경쟁우위를 갖게 된다. 또 이들은 경쟁자들과 같은 가격에 제품이나 서비스를 판매함으로써 더 높은 이윤을 올릴 수도 있다. 우리는 규모의 경제를 통해 비용우위Cost advantage를 확보할 수 있다고 생각하는데, 이에 대해서는 다음 장에서 보다 자세히 살펴볼 것이다.

3. 전환비용

전환비용Switching costs은 고객이 한 제품에서 다른 제품으로 소비를 변경할 때 발생하는 일시적인 비용이나 불편함을 말한다. 전환비용이 높을 경우 고객들은 가격이나 제품 만족도가 크게 나아지지 않으면 굳이 제품(따라서 생산자)을 바꾸려 하지 않으며, 일부 산업의 경우에는 설혹 다른 제품으로 전환했을 때 가격이나 제품 만족도가 커진다 해도 전환에 따른 리스크로 인해 전환이 이루어지지 않을 수도 있다.

4. 네트워크 효과

네트워크 효과Network effect는 특정 제품이나 서비스 사용자가 증가할수록 신규 혹은 기존 사용자 모두에게 해당 제품이나 서비스의 가치가 증대될 때 발생하며, 강한 기업을 훨씬 더 강하게 만드는 선순환을 낳기도 한다.

5. 효율적 규모

효율적 규모 Efficient scale는 하나 혹은 소수의 기업이 제한된 규모의 한 시장을 효과적으로 장악한 경우를 말한다. 이 경우 그 기업은 경제적 이윤을 창출하지만, 잠재적 경쟁자들은 자신들이 시장에 진입하면 모두에게 충분한 이익이 발생하지 못한다는 사실을 알기 때문에 시장 진입을 단념하게 된다.

해자 평가

기업의 해자를 평가할 때 우리는 제일 먼저 위에서 말한 5가지 질적 요인을 고려한다. 동시에 우리는 해자의 양적 증거, 즉 해당 기업이 투자자본으로 얼마나 많은 초과수익을 올릴 수 있는지도 살펴본다. 여기서 투하자본수익률(ROIC)과 자본비용 간의 스프레드(차이) spread보다 훨씬 중요한 것은 초과수익의 기대연한이다. 한 기업이 한 가지 경쟁우위를 가지고 있는 것이 분명한 상태에서 최소한 10년간 초과수익을 올릴 것으로 보이면 우리는 그 기업을 '좁은 해자'를 가진 기업으로 평가한다. 그리고 해당 기업이 향후 10년간은 초과수익을 올릴 것이 거의 확실하고 그 다음 20년도 초과수익을 올릴 가능성이 높으면, 우리는 그 기업을 '넓은 해자'를 가진 기업으로 평가한다. 사실 넓은 해자에 대한 평가 기준은 상당히 높은 것이어서, 상장기업 전체를 대상으로 철저히 조사했음에도 불구하고 넓은 해자로 평가받은 기업은 전 세계적으로 200개가 되지 않았다.

질문 2 : 훌륭한 기업에 대한 최적의 매수 시점은 언제인가?

넓은 해자를 가진 기업은 매우 드물고 매우 훌륭해서 그런 기업을 찾는 순간 바로 매수해 그 기업의 경쟁우위가 유지되는 한 계속 보유해야 한다는 결론을 내리기 쉽다. 그러나 한 기업의 경쟁우위는 우리가 전하고자 하는 메시지의 한 부분에 불과하다. 연구 결과에 따르면 넓은 해자가 알파$_{alpha}$ 즉 초과수익의 큰 원천이기는 하지만, 넓은 해자를 가진 기업을 보유함으로써 발생하는 이익은 그 기업을 내재가치에서 할인된 가격에 매수할 때 훨씬 확실해지고 훨씬 영속적인 것이 된다.

가치평가의 중요성

가치평가는 투자의 매우 중요한, 아니 가장 중요한 부분이라 할 수 있다. 예를 들어 여러분은 가치가 50만 달러인 집을 65만 달러를 주고 매수하지는 않을 것이다. 그 집이 아무리 훌륭하다 해도 시장이 집의 가치를 65만 달러로 인식하는 데는 오랜 시간이 걸릴 것이고, 그 시점이 되어도 인플레이션을 감안하면 여러분은 실질 구매력 차원에서 손실을 입었을 가능성이 크기 때문이다. 또 여러분이 그 집을 50만 달러, 요컨대 적정시장가$_{fair\ market\ value}$(가치를 적정하게 반영한 시장가격)에 매수했다 해도 집의 가격은 시가수익률로만 상승하게 될 것이다. 이상적인 것은 그 집을 훨씬 좋은 가격에, 예를 들어 45만 달러에 매수하는 것이다. 이 경우 여러분은 향후 시장수익률

상승에 따른 혜택뿐만 아니라 적정시장가에서 할인된 가격에 매수함으로써 확보한—할인가에서 적정시장가로의—가격 수렴 혜택까지 누릴 수 있다.

많은 투자자들이 매일 매일의 주가 동향에 사로잡혀 있지만, 우리는 위 사례에서 소개한 방식으로 가치에 대해 생각하려고 한다. 어떤 기업이든 적정시장가가 있으며, 훌륭한 기업을 적정시장가보다 낮은 가격에 매수하면 미래 수익을 창출하는 데 유리한 위치에 있게 된다.

적정가치의 평가

한 기업을 적정시장가에서 할인된 가격에 매수하기 위해서는 해당 기업이 창출할 것으로 기대되는 미래현금흐름을 정확히 계산해야 한다. 미래현금흐름을 계산하는 일은 결코 쉬운 일이 아니며, 방법도 다양하다. 어떤 애널리스트들은 현재의 현금흐름, 심지어는 현금흐름 대용으로 이익을 가지고 여기에 일정 배수를 곱해 현재의 현금흐름 수준이나 증가율이 향후 얼마나 오래 지속될 지 대충 추정하기도 하며, 또 어떤 애널리스트들은 장기 인플레이션 전망치 같은 영구성장률perpetual growth rate을 적용해 해당 기업의 영구적인 미래현금흐름을 계산한 후 이를 다시 현재 수치로 할인하기도 한다.

모닝스타의 경우, 가능한 정확한 계산을 위해 가치평가에 대한 기본적인 분석법fundamental approach to valuation analysis을 적용하고, 분석 대상이 되는 각 기업별로 현금흐름할인모형을 수립한다. 이에 대해서는 5장에서 자세히 소개하기로 하고, 여기서는 그 의미만 간략히 살펴보겠다. 우리는 해당 기업과 그 기업이 속한 산업을 분석한 후, 기업의 향후 7년(상황에 따라서는 5년에서 10년)의 수입, 이익, 재무 상황 그리고 현금창출력을 수치로 계산해낸다. 이때 우리는 미시경제학 이론에 따라 경쟁자들이 어떠한 초과수익이라도 잠식할 것이므로 모든 기업이 결국에는 그들의 자본비용 수준만 벌게 될 것으로 가정한다. 그러나 넓은 해자를 가진 기업은 좁은 해자를 가진 기업보다 더 오래 초과수익을 누릴 것으로 가정한다. 물론 좁은 해자를 가진 기업은 해자가 없는 기업보다는 더 오래 초과수익을 벌 것이다. 그런 후에는 그 기업의 자본비용 예상치를 사용해 미래현금흐름을 현재가치로 할인한다.

　이런 계산에는 많은 부분에서 불확실성이 존재한다. 따라서 우리는 우리의 분석을 강화하고 알려지지 않은 (때로는 알 수 없는) 변수들의 혹시 있을지 모를 영향을 고려해 추가로 몇 단계 분석을 더 진행한다. 먼저 시나리오 분석을 특히 강조한다. 요컨대 다양한 상황을 상정하고, 각 상황에서 그 기업의 가치가 어떻게 될지 살펴본다. 어떤 기업이든 그 기업의 정확한 적정시장가를 아는 사람은 사실상 없다는 점을 인정해야 한다. 따라서 우리의 목적은 가능한 적정시장가의 범위를 파악하고, 할 수 있을 때마다 그 범위를 좁히는 것이다. 둘째, 넓은 해자를 가진 기업이라 해도 실제 투자를 하기 전에 우리는 늘 안전마진을 찾는다.

안전마진

안전마진은 수십 년간 회자된 개념이다. 벤저민 그레이엄, 워렌 버핏, 세스 클라먼 같은 전설적인 가치투자자들은 기회 있을 때마다 안전마진에 대해 말했고, 실제 투자에도 안전마진 원칙을 활용했다. 안전마진의 기본 개념은 한 증권의 진정한 가치는 누구도 모르기 때문에 계산된 적정가치보다 상당히 낮은 가격에 그 증권을 매수하는 것이 투자 성공의 확률을 높일 수 있다는 것이다. 그 증권의 진정한 가치true value가 여러분이 계산한 적정가치fair value보다 낮다 해도, 적정가치에서 상당히 할인된 가격에 그 증권을 사면 플러스 수익을 올릴 가능성이 높아지기 때문이다.

그렇다 해도 모든 기업에 동일한 안전마진을 적용할 필요는 없다. 그리고 각 기업별로 필요한 할인율을 적용하는 법을 이해하면 승리의 확률은 여러분 편에 서게 될 것이다. 이 때문에 우리는 '모닝스타 불확실성 등급Morningstar Uncertainty Rating'이란 것을 개발해 주식의 매수(혹은 매도)를 추천하기 전에 우리가 추구해야 할 할인율(혹은 프리미엄)을 분명히 밝히고자 했다. 우리는 불확실성이란 개념이 '해당 기업의 미래현금흐름을 예측하기 어려운 정도'라는 의미로 요약된다고 본다. 이 불확실성의 정도를 측정하기 위해, 우리는 한 경기주기 동안 해당 기업이 보인 수입(매출), 영업이익, 재무레버리지의 변동성 그리고 기업 고유의 리스크들을 살펴본다. 왜냐하면 시멘트 제조사인 시멕스Cemex처럼 큰 수입 변동성, 높은 고정비용, 많은 부채를 가진 기업의 현금흐름은 대형 식품회사 네슬레처럼 매우 안정적이고 보수적으로 운영되는 회사의 현금흐름보다 예측이 훨씬 어렵기 때문이다.

결국 우리의 주식 분석 과정을 간단히 요약하면 다음과 같다. 우선 해자를 찾고, 그 다음 적정가치를 계산하며, 마지막으로 분석에 실수의 여지가 있음을 고려한다. 그러나 말은 쉬워도 실천은 어려운 법이다. 이어지는 장들에서 우리는 이 각각의 주제를 보다 심도 있게 살펴보고, 여러분이 모닝스타가 사용하는 것과 동일한 주식 분석 도구 및 기법을 사용해 이런 분석을 수행하는 법을 소개할 것이다.

2장에서 우리는 경제적 해자의 5대 원천을 자세히 살펴볼 것이다. 이때뿐만 아니라 이 책 전반에 걸쳐, 실제 상황에서 우리가 해자와 가치에 대해 어떻게 생각하는지를 보여주기 위해 특정 기업들을 실례로 들 것이다. 3장에서는 해자 추세에 초점을 맞출 것이다. 이는 시간이 가면서 해자가 성장, 쇠퇴하는 양상을 이해하는 데 필요한 적절한 시각을 제공해 줄 것이다. 해자 추세 분석은 한 기업의 경쟁력 지위가 변화하는 양상을 보다 역동적으로 평가할 수 있게 해준다. 4장과 5장에서는 한 기업의 해자를 평가할 때 경영진과 스튜어드십(경영진의 능력)은 어떻게 고려해야 할지에 대해—특히 자본 배분과 배당금에 초점을 맞춰—살펴볼 것이다.

그 다음 가치평가법으로 주제를 옮겨, 우리가 현금흐름을 할인하는 법 그리고 그 방법을 사용해 한 기업의 내재가치를 계산하는 법에 대해 살펴볼 것이다. 여기서 우리는 실제 포트폴리오 사례 한두 가지를 소개하면서, 우리가 해자와 가치평가, 안전마진을 실제로 어떻게 적용하는지 보여 줄 것이다.

  이 책 후반부는 업종별로 해자를 분석하는 법을 소개하고 있다. 각 업종의 특징을 자세히 살펴봄으로써 여러분은 한 기업의 경쟁우위와 그 기업이 속한 산업과의 관련성을 이해할 수 있고, 업종별로 해자의 양상이 다르다는 것을 알 수 있을 것이며, 한 기업의 해자를 분석하는 데 필요한 도구들을 얻을 수 있을 것이다.

  이 책 전반에 걸쳐 우리의 투자 철학과 기업분석법에 대해 자세히 설명하고자 했다. 우리의 목표는 기업의 해자와 적정가치, 안전마진을 평가하는 법을 소개함으로써 여러분이 그 방법을 여러분의 투자 결정에 응용할 수 있게 하는 것이다.

2 무엇이 해자를 만드는가

여러분은 우리가 말하는 '경제적 해자'가 무엇인지, 성공적인 주식 투자를 위해 우리가 왜 경제적 해자를 그렇게 중시하는지에 대해 어느 정도 이해했을 것이다. 이제는 개별 기업의 경우에 우리가 해자를 어떻게 정의하고 찾아내는지를 보다 자세히 살펴보도록 하자.

한 기업의 경제적 해자를 평가하기 위해 우리는 먼저 다음 두 가지 질문을 던진다.

1. 미래에 그 기업의 투하자본수익률(ROIC)이 가중평균자본비용

(WACC)을 초과할 수 있는가?[1]

2. 지속적인 경쟁우위, 즉 해자의 5대 원천(무형자산, 비용우위, 전환비용, 네트워크 효과, 효율적 규모) 중 최소한 한 가지는 보유하고 있는가?

이런 점에서 볼 때, 우리의 해자분석법은 양적 요인과 질적 요인을 모두 고려한 것이라 할 수 있다. 여기서 양적 요인은 '경제적 이윤economic profits'이라고도 하는 투하자본수익률과 가중평균자본비용 간의 스프레드이고, 질적 요인은 해자의 원천들이다. 기업의 경제적 이윤은 이익이 회계비용뿐만 아니라 투자자의 기회비용보다 클 때 발생한다. 그런데 기업이 자기 회사에 자금을 투입한 주식투자자들에게 보상을 제공하지 않으면 경제적 이윤을 내지 않고도 순이익과 회계적 이윤accounting profits에서 플러스를 낼 수 있다.

미래의 경제적 이윤과 지속 가능한 경쟁우위에 대한 이런 기본적인 질문에 답하기 위해서는 먼저 해당 기업과 그 기업이 속한 산업에 대한 신중한 분석이 필요하다. 이를 위해 모닝스타는 그 기업의 재무제표를 분석하고, 경영진과 대화를 나누며, 필요할 경우 그 기업의 사업장을 방문하고, 해당 산업과 관련된 간행물들을 읽는다.

---

1) 모닝스타는 '투하자본수익률(ROIC)=이자 차감 전 영업이익(earnings before interest ; EBI)÷투하자본(invested capital ; IC)'으로 계산한다. 여기서 '이자 차감 전 영업이익=(판관비를 제한 후의)영업이익+상각비−법인세'를 말하고, '투하자본(IC)=영업자산(operating assets)−영업부채(operating liabilities)'를 말한다. '가중평균자본비용(WACC)=타인자본비용×타인자본비중+자기자본비용×자기자본비중'으로 계산한다.

이런 기본적인 분석이 기업의 미래 수익성과 경쟁력을 전망하는 데 핵심적인 부분이다. 미래에 해당 기업의 투하자본수익률이 자본비용을 초과할 것으로 전망되고 경쟁우위의 5대 원천 중 적어도 하나는 가지고 있는 것으로 보이면, 좁든 넓든 간에 이 기업은 경제적 해자를 가지고 있을 가능성이 많다. 그러나 우리의 분석은 여기서 멈추지 않는다. 그 다음 우리는 이 기업이 향후 10~20년 동안 플러스 경제적 이윤을 창출할 능력이 있는지를 평가한다. 시장경제에서는 경제적 해자가 없는 기업이 벌어들인 초과수익은 결국 경쟁자들에 의해 잠식되고 만다. 긴 시간지평에서 볼 때, 경쟁자들이 해당 시장에 진입하는 데 필요한 시간과 자금은 시장 진입에 그다지 장애 요인이 되지 않는다. 현재와 향후 몇 년 동안은 투하자본수익률이 자본비용을 초과하는 기업이라 해도 경쟁우위가 충분히 지속 가능하지 않으면 시간이 가면서 경쟁자들이 그 초과수익을 잠식하기 시작할 것이다.

따라서 한 기업이 우리로부터 좁은 해자 등급을 받으려면, 최소한 한 가지의 경쟁우위 원천이 있고 향후 적어도 10년은 플러스 경제적 이윤을 기록할 것이라는 증거가 있어야 한다. 만약 플러스 경제적 이윤이 향후 최소 20년간 지속될 것으로 전망되면, 이 기업에는 넓은 해자 등급을 부여한다. 경제적 해자를 평가할 때 우리는 경제적 이윤의 크기보다는 그 지속 가능성을 훨씬 중요하게 본다. 요컨대 약간의 경제적 이윤이라도 향후 20년간 계속될 것이 확실한 기업이 단 몇 년간만 특별히 높은 투하자본수익률을 기록하는 기업보다 훨씬 가치 있는 해자를 가진 것으로 본다. 10년과 20년을 해자 평가를 위한 지표기간으로 정한 것이 다소 자의적이기는 하지만, 이런 지표기간을 설정한 것은 해당 기업의 장기적인 현금 창출력에 초점을 맞추고 우리가 예상하는 그 기업의 초과수익 지속 기간에 대한 평가 기준을 마련하기 위해서였다. 또 중요한 것은 우리가 경제적 이윤을 평균normalized or midcycle 관점에서 본다는 것이다. 이런 관점에서 우리는 한 기업이 해당 산업의 호황기에만 강력한 투하자본수익률을 기록할 것으로 전망되면, 그 기업에 긍정적인 해자 등급(좁은 혹은 넓은 해자 등급)을 부여하지 않는다. 반대로 지금 현재 한 기업이 깊은 업종 불황에 빠져 있거나 일시적 요인으로 경제적 이윤(심지어는 회계적 이윤)을 창출하지 못하고 있어도, 좁은 혹은 넓은 해자 등급을 받을 수 있다.

우리의 해자 등급 평가는 상대평가가 아니라 절대평가임을 유념해야 한다. 우리의 목적은 단지 (1) 지속 가능한 경쟁우위와 (2) 10년 이상 플러스 경제적 이윤을 창출할 가능성이 있는 기업을 찾으려는 것이다. 좁은 해자와 넓은 해자 등급은 특정 산업에 속한 기업 중 최고의 기업에만 부여되는 것이 아니다. 어떤 산업의 경우에는 지속 가능한 경쟁우위를 가진 기업이 전혀 없을 수도 있다. 해자 등급 평가법을 광범위한 대상에 일관되게 적용하기 위해 그리고 모닝스타의 주식분석법에서 경제적 해자 평가법이 가지는 중요성을 고려해, 모닝스타 리서치팀의 선임 애널리스트 15명으로 구성된 위원회가 모든 개별 기업의 해자 등급 평가를 감독한다. 이 위원회 구성원은 각자 서로 다른 주요 업종을 대표하고 있기 때문에, 개별 기업의 해자 등급에 일정한 맥락을 제공할 수 있고, 우리는 한 산업에서 최고의 기업만 넓은 해자 등급을 받을 자격이 있다고 생각하거나, '산업 내 최고'의 지위 자체를 지속 가능한 경쟁우위와 동일시하는 식의 흔히 범할 수 있는 오류를 피할 수 있다.

해자의 원천들

이제 해자의 원천들을 하나하나 살펴보도록 하자. 이 과정에서 우리는 특정 기업의 해자를 평가할 때 고려해야 할 중요한 질문들을 해자 원천별로 제시할 것이다. 기업이 금융당국에 제출하는 연차보고서를 약간만 읽어보아도 대부분의 기업이 마치 해자를 보유한 양 특허권, 브랜드, 비용우위 그리고 강력한 고객 기반 같은 여러 경쟁우위 요인들을 언급하고 있는 것을 보게 될 것이다. 우리가 정리한 질문들은 해당 기업이 정말 이런 해자 원천들의 혜택을 누리고 있는지 파악하는 데 도움이 될 것이다. 실제 우리는 수년간 각 기업의 연차보고서를 읽어본 결과 기업들이 전환비용, 네트워크 효과 혹은 효율적 규모 같은 경쟁우위 요인들을 '분명히' 언급하는 경우는 매우 드물다는 사실을 발견했다. 따라서 이런 해자 원천을 가진 기업을 찾기 위해서는 특별한 수준의 분석이 필요하며, 우리가 정리한 질문들은 여러분이 이런 강력한 해자 원천을 가진 기업을 찾는데 도움이 될 것이다. 그리고 각각의 해자 원천별로 몇 개의 실제 사례를 소개했기 때문에 각각의 해자 원천이 실제로 어떻게 작용하는지도 보게 될 것이다.

1. 무형자산

무형자산은 브랜드, 특허권, 정부로부터 획득한 사업권 등을 포함하는 광범위한 개념이다.

(1) 브랜드

고객의 구매 의욕을 높이거나 고객을 묶어두는 힘이 강한 브랜드는 기업의 이익을 보호하는 경제적 해자가 된다.

> **브랜드 : 핵심 질문**

① 브랜드 파워를 어떻게 측정할 것인가? 브랜드가 가지고 있는 가격 결정력은 어느 정도인가? 해당 기업이 경쟁기업에 비해 얼마나 높은 가격(프리미엄)을 부과할 수 있는가?
▶ 높은 브랜드 인지도가 항상 가격 결정력으로 이어지는 것은 아니다. 유나이티드항공United Airlines이나 아메리칸항공American Airlines 같은 항공사들을 생각해보자. 여러분은 이 항공사 이름(브랜드)은 아주 잘 알고 있겠지만, 그렇다고 해서 이 두 항공사 티켓을 다른 항공사 티켓보다 비싼 값을 주고 사지는 않을 것이다. 아마 분명히 좌석 등급, 마일리지, 수하물 요금 등을 고려한 후 가격만을 기준으로 티켓 구매를 결정할 것

이다. 이는 이 항공사들의 열악한 수익성에서 확인할 수 있다. 결과적으로 대부분의 항공사는 (그 브랜드가 널리 알려져 있다 해도) 지속 가능한 경쟁우위가 없다.

② 경쟁기업보다 높은 가격 프리미엄이 경쟁기업보다 높은 비용으로 상쇄되고 있지는 않은가?
▶ 실제 일부 기업은 경쟁자보다 높은 가격을 부과하는데, 이는 경쟁기업보다 생산비용이 높기 때문인 경우도 있다. 브랜드가 진정한 가치를 가진 해자가 되려면 적어도 어떤 비용 차이도 상쇄하는 가격 결정력이 있어야 한다. 즉 경쟁자에 비해 생산비용이 아무리 높아도 그 생산비용을 충분히 상쇄할 수 있는 높은 프리미엄의 가격을 부과할 수 있는 브랜드라야 해자가 될 수 있다.

③ 강력한 브랜드를 보유하지 못한 경쟁자들과 비교했을 때 해당 기업의 이윤은 어떠한가?
▶ 한 기업의 가격과 비용에 대한 구체적인 자료를 확보하지 못했다면, 경쟁자들과 비교해 본 그 기업의 이익률profit margins을 그 기업의 가격 결정력 지표로 볼 수 있다.

④ 해당 기업의 브랜드 파워, 프리미엄 가격 결정력, 경쟁자보다 높은 영업이익률이 10~20년 동안 지속 가능하다는 것을 무엇으로 확신할 수 있는가?
▶ 브랜드는 뜨고 지는 것이기 때문에 경제적 해자를 평가할 때는 지속 가능성을 가장 중요한 요인으로 보아야 한다. 역사적으로 보면 패션

신발업체 크록스Crocs, 핸드폰 제조사 노키아, PDA 제조사 팜Palm처럼 인지도가 높은 브랜드를 가졌으면서도 지속 가능한 수익을 올리지 못한 수많은 사례가 존재한다. 어떤 브랜드가 향후 수십 년 동안 강력한 브랜드로 남아 있을지 예측하기가 쉽지는 않지만, 혁신과 마케팅에 자금을 지속적으로 투자하는 기업이 미래에도 강력한 브랜드를 유지하고 있을 가능성이 높다. 또 평생 고객을 보유한 브랜드가 고객 변동이 심한 기업보다 장수할 가능성이 높다고 할 수 있다. 예를 들어 일단 한 고객이 펩시콜라 대신 코카콜라에 맛을 들이면, 코카콜라에 대한 선호가 계속될 가능성이 높고, 그러면 코카콜라는 수십 년 동안 그를 고객으로 확보할 수 있다. 그러나 유아용 분유를 선택하는 젊은 부모들은 초기 육아 기간에만 일정한 브랜드 선호도를 갖게 된다. 따라서 미드 존슨Mead Johnson 같은 유아용 분유업체들은 계속해서 새로운 젊은 부모들을 고객으로 확보해야 한다.

사례 ①: 월트 디즈니 브랜드라는 무형자산에 기초해 해자를 구축한 좋은 사례는 월트 디즈니다. 사실 강력한 브랜드는 월트 디즈니의 두 핵심 사업인 케이블채널과 디즈니 브랜드 사업(디즈니랜드 테마파크, 영화, 소비재)이 굳건하고 지속 가능한 경제적 이윤을 창출하는 데 큰 도움을 주고 있다. 케이블채널의 경우, ESPN 같은 강력한 채널이 상당한 유료 가입 시청료 수입과 이윤을 올리고 있는데, ESPN은 이런 이윤을 주요 프로스포츠와 대학스포츠 리그의 장기 중계권을 확보하는 데 투자했고, 이는 다시 ESPN의 업계 선두 지위를 더욱 강화해 주었다. 이런 브랜드 파워를 통해 ESPN은 독점 사업 영역franchise을 확대해 몇 개의 자매 채널과 가장 인기 있는 스포츠 전문 웹사이트를 확보할 수 있었다. 디즈니 브랜드 사업의 경우, 월트 디즈니는 강력한 캐릭터들과 사업독점권을 다양하게 이용하고 있다. 디즈니는 수십 년 동안 고품질의 가족용 오락물을 제공하면서, 아이들이 즐겨 찾고 부모들이 신뢰하는 브랜드로 자리매김했다. 디즈니의 테마파크와 리조트들은, 특히 다른 사업부와의 사업 연계를 고려했을 때, 경쟁자들이 모방하기가 매우 어렵다. 디즈니의 콘텐츠 및 캐릭터 사업은 보통 영화의 출시와 함께 시작되며, DVD 판매, TV 방영권 판매, 속편 출시, 캐릭터 상품화사업 그리고 테마파크 인기 기념물 등의 형태로 추가된다. 그리고 각각의 성공적인 신규 콘텐츠 및 캐릭터 사업은 디즈니의 거대한 콘텐츠 창고를 채우는 귀중한 부분이 된다.

사례 ②: 스타벅스   스타벅스는 커피전문점 업계를 지배하는 회사이며, 커피라는 음료가 진정한 상품(다른 제품과 별 차별성이 없는 제품)임에도 불구하고 그 브랜드는 프리미엄 가격 결정력을 가지고 있다. 커피는 완전한 가격 투명성을 가진 유동적인 시장liquid exchange(활발한 매매가 이루어지는 시장)에서 활발히 거래되는 세계적으로 대체 가능한 상품이다. 그럼에도 불구하고 스타벅스 고객들은 스타벅스가 자기 브랜드의 한 부분으로 창조한 경험(스타벅스에서 커피를 마실 때 느끼는 경험) 때문에, 녹색 인어가 그려진 컵에 든 한 잔의 커피를 마시기 위해 추가로 몇 달러를 더 지불할 용의가 있는 사람들이다. 결과적으로 우리는 스타벅스가 장기적으로 20%를 초과하는 투하자본수익률을 기록하면서 향후 몇 십 년 동안 상당한 경제적 이윤을 창출할 것으로 전망한다.

사례 ③ : BMW   우리는 BMW에 좁은 해자 등급을 부여했다. 세계적으로 알려진 브랜드 인지도와 브랜드 파워, 동력 전달 장치 분야의 기술적 우수성, 소비자들에게 소유하고 싶은 최고의 차종으로 평가받고 있는데 따른 프리미엄 가격 결정력 그리고 지속적으로 초과수익을 창출하는 능력 때문이다. 물론 유서 깊은 롤스로이스(2003년 BMW는 롤스로이스 브랜드를 인수했다)와 자체 BMW 브랜드를 통해 프리미엄 가격 결정력을 행사한다 해도, 소비자들은 벤틀리나 아우디 같은 다른 브랜드로 쉽게 옮겨 갈 수 있으며, 외견상 강력해 보이는 브랜드 이미지도 빠르게 퇴색될 수 있다. 그러나 고객들의 시시콜콜한 요구까지 진지하게 고민하는 BMW의 뿌리 깊은 기업문화 덕분에 우리는 BMW가—프리미엄 가격에 판매되는 BMW 오토바이와 쿠퍼 미니Cooper MINI 승용차에서부터 고급 BMW 세단과 CUV(레저용 승용차와 세단의 결합형 차량) 그리고 최고급 롤스로이스에 이르는—여러 브랜드 이미지들을 성공적으로 관리하면서 투자자들을 위한 경제적 가치를 창출할 것으로 본다. BMW는 2003년부터 2013년까지의 11년 중 10년은 자본비용을 초과하는 수익을 올렸는데, 이는 자동차제조사로는 매우 뛰어난 실적이며, 이런 현상은 앞으로도 지속될 것으로 보인다.

(2) 특허권

모든 특허권이 그 자체로 좁은 혹은 넓은 해자를 보장해 주는 것은 아니지만, 기업의 지속 가능한 경쟁우위의 원천이 되는 경우가 있다. 특허권이 해당 기업의 주요 제품을 보호해 주고 있고 다른 경쟁적인 대체재가 없으면, 다른 업체들이 법적으로 경쟁에 뛰어들 수 없는 상당 기간 동안 그 기업은 가격 결정력을 행사할 수 있다.

특허권 : 핵심 질문

① 해당 기업이 보유한 특허권의 만기 스케줄은 어떠한가?
  ▶ 해당 기업이 향후 10년 혹은 그 이상의 기간 동안 경제적 이윤을 올릴 수 있는지가 좁은 혹은 넓은 해자 등급을 결정하므로, 향후 몇 년 안에 만기가 도래하는 특허권은 그 자체만으로는 해자를 제공하지 못한다.

② 해당 기업이 보유한 특허권이 얼마나 다양한가?
  ▶ 보다 다양한 특허제품을 가진 기업이 좁은 혹은 넓은 해자 등급을 받을 가능성이 더 높다. 다양한 특허를 가지고 있으면 10년 이상 경제적 이윤을 창출할 가능성이 더 크기 때문이다. 그간 특허 포트폴리오에 성공적인 연구개발 투자를 해온 기업일수록 그런 실적이 없는 기업보다 특허 관련 경쟁우위를 유지할 가능성이 더 크다.

③ 연구개발 및 특허출원 중인 잠재적인 제품들의 시장 잠재력과 성공 가능성은 어떠한가?

▶ 우리가 평가해야 할 것은 해당 기업의 향후 10~20년의 경제적 이윤 창출 능력이기 때문에 시장에 아직 출시되지 않은 제품의 이익 잠재력도 분석해야 한다.

④ 일단 제품의 특허가 소멸될 경우, 경쟁자가 해당 제품시장에 진입하기가 얼마나 용이한가?

▶ 한 제품의 특허가 소멸되어도 동일한 제품(예를 들어 복제약)을 만들기가 어려워 경쟁자가 해당 제품시장에 진입하기를 주저하는 경우가 있다. 예를 들어 제조의 어려움, 임상실험 및 마케팅 비용 때문에 생물학제재 제약사들에 가해지는 복제약 생산에 따른 경쟁 압박은 전통적인 제약사처럼 그렇게 강하지 않다.

⑤ 해당 특허 제품에 잠재적인 대체재가 있는가?

▶ 아무리 특허 제품이라도 효과적인 대체재가 있으면 해자를 구축할 수 있는 가격 결정력을 갖지 못한다. 기술이나 산업재 분야처럼 특허가 더욱 쉽게 이루어질 수 있는 시장의 경우 해자 원천으로서 특허권의 중요성은 작아진다.

⑥ 관련 시장의 지적재산권 보호는 얼마나 강한가?

▶ 해당 기업이 사업하고 있는 시장의 지적재산권 보호가 느슨한 탓에 특허로 경쟁자들을 물리치기가 사실상 어려울 경우, 해당 특허의 가격 결정력은 감소하며 특허만으로 지속가능한 경쟁우위를 갖기가 어려울 수 있다.

사례 ①: 사노피 성공한 다른 제약사와 마찬가지로 사노피Sanofi도 특허 보호를 통해 수년 동안 경쟁자들을 물리쳐 왔다. 사노피는 이를 통해 자본비용을 상당히 초과하는 투하자본수익률이 가능한 가격을 부과하고 있다. 또한 인슐린시장에서 차지하는 사노피의 독보적인 지위로 인해 특허 만료 후에도 복제약 생산 경쟁이 발생할 위협은 훨씬 적다. 경쟁자가 복제약 생산 경쟁에 뛰어들기에는 저비용 인슐린 생산을 위한 규모의 경제를 구축하는 데 필요한 선행투자 비용이 너무 크기 때문이다. 사노피의 현 제품군에는 효과가 장시간 지속되는 인슐린 란투스Lantus를 포함해 여러 개의 최고 의약품이 들어 있다. 효과가 하루 종일 지속되는 란투스는 다른 인슐린제품과 차별되는 최고의 의약품이다. 인슐린제품의 제조와 마케팅이 매우 복잡한 것을 감안하면, 2015년 란투스의 특허가 만료된 후에도 복제약 생산 경쟁이 그리 치열하지는 않을 것으로 전망된다. 인슐린 및 희귀병 치료 생물의약품 시장에서 차지하는 주도적 지위로 인해 사노피가 직면할 복제약 생산 위협은 그리 강하지 않다. 생물의약품의 제조와 마케팅이 매우 복잡하다는 것을 고려했을 때, 궁극적으로 복제약 생산 경쟁이 벌어진다 해도 수많은 경쟁자가 달려들 경우 입게 될 정도의 매출 타격은 없을 것으로 보인다. 또한, 사노피는 현 제품군을 보강하고 현 제품군의 특허 만료 충격을 완화시키는 데 도움이 될 강력한 출시 임박 제품군을 보유하고 있다.

사례 ②: 아이로봇 로봇 진공청소기 룸바Roomba와 군 및 경찰용 로봇 제작사인 아이로봇iRobot은 주목할 만한 특허 포트폴리오를 보유하고 있다. 아이로봇은 강력한 특허 보호로 획득한 분명한 제품 우위를 가지고 있다. 삼성과 LG 같은 업체가 자체 첨단 제품으로 성공을 거둔 한국을 제외하면, 아이로봇은 미국 로봇시장에서 경쟁 상대가 거의 없고 세계적으로도 지금까지 600만 대 이상의 룸바를 판매했다. 아이로봇의 이런 성공은 지속적으로 강력한 특허 포트폴리오를 유지하고 있기 때문으로 분석된다. 경쟁제품이라고 있는 것들은 너무 비싸거나, 품질이 저급하거나, 관리가 제대로 안 돼 아이로봇의 경쟁력을 훼손하지 못하고 있다.

사례 ③ : 몬산토 경쟁 무대인 농업생물공학시장을 직접 만든 몬산토Monsanto는 넓은 경제적 해자를 보유하고 있다. 특허 보호를 받는 약품이 제약사 해자의 기초가 되는 것처럼 몬산토도 보유하고 있는 형질특허patented trait 포트폴리오(형질은 농민의 수익성을 개선시키는 종자의 특성을 일컫는다)가 해자의 기초를 이루고 있다. 몬산토는 자체 판매하는 종자에 회사가 개발한 형질을 사용하기도 하고, 다른 기업에 그 형질 사용권을 판매하기도 한다. 이런 전략으로 몬산토는 지배적인 시장점유율을 가지게 되었고, 보유하고 있는 특허 형질에 프리미엄 가격을 부과할 수 있게 되었다. 몬산토는 현재의 제품군에서 창출된 현금을 차세대 제품 개발을 위한 투자에 사용하고 있다. 몬산토는 매년 매출액의 10%를 연구개발에 쏟아붓고 있다. 몬산토는 폭넓은 자체 종자 기반이 없는 농업생물공학 기업들의 매우 매력적인 파트너이기도 하다. 또한 몬산토는 업계 최고의 생식질 germplasm(전통적인 품종 개량 및 분자 하이브리드 품종개량을 위한 종자은행) 보유 기업이며, 타 기업이 모방하기 힘든 세계적인 품종 개량 기술을 보유하고 있다. 경쟁자들이 몬산토가 불공정한 독점을 행사하고 있다고 비판하고 있는 점, 일부 경쟁자의 경우 몬산토와 대결하기보다는 그 기술 사용권을 구매하고 있다는 사실을 볼 때, 몬산토가 유전자변형종자(GM종자) 분야에서 차지하고 있는 지배적 지위는 매우 확실하다. 예를 들어 신젠타 Syngenta와 듀퐁 DuPont은 자신들의 2세대 대두제품 생산을 위해 자체 종자 개발에 투자하는 대신 몬산토의 라운드업레디2일드 Roundup Ready 2 Yield 종자 사용권을 구매하기로 했다. 결과적으로 우리는 몬산토가 상당 기간 자본비용을 초과하는 투하자본수익률을 올릴 것으로 본다.

(3) 규제

경쟁자의 시장 진입을 어렵게, 심지어는 불가능하게 하는 정부 규제도 지속 가능한 경쟁우위를 제공할 수 있는 또 하나의 무형자산이다. 규제는 한 기업이 독점기업처럼 사업할 수 있으면서도 가격 책정 규제는 받지 않을 경우 특히 유리하다.

규제 : 핵심 질문

① 유리한 규제를 상쇄시키는 가격 통제나 사업 의무 같은 불리한 규제는 없는가?

▶ 경제적 이윤 창출을 막는 가격 통제나 사업 의무 같은 부담이 동반될 경우 진입장벽 규제는 해자를 제공하지 못한다. 예컨대 파리공항공사Aéroports de Paris는 세계 최고 관광지 파리의 지역독점 공항이지만, 정부의 가격 통제로 일부 서비스 가격이 너무 낮게 책정되어 적절한 경제적 이윤을 창출하지 못하고 있다.

② 진입장벽 규제가 핵심이라면, 대체재의 위협은 없는지 살펴보라.

▶ 한 기업이 특정 국가에서 어떤 상품이나 서비스를 제공하면서 경쟁으로부터 보호받고 있다면, 대상 고객들이 타국 기업이 제공하는 상품이나 서비스로 수요를 충족시킬 가능성은 없는지 살펴봐야 한다.

③ 가능성이 가장 높은 미래의 규제 방향은?

▶ 정부 규제가 보다 느슨한 규제를 했을 때와는 상당히 다른 왜곡된 시장 상황을 초래할 경우에는 미래에 가장 유력한 규제 방향에 기초해 미래의 경제적 이윤을 예상해야 한다.

④ 규제가 불리하게 바뀔 위험은 어느 정도인가?

▶ 좁은 혹은 넓은 해자 등급을 주기 위해서는 미래의 경제적 이윤에 대한 강한 확신이 있어야 한다. 규제가 미래의 경제적 이윤을 압박하는 방향으로 바뀔 가능성이 있다면, 규제 변경의 가능성과 충격의 정도에 따라 좁은 혹은 넓은 해자 등급을 부여하지 않을 수도 있다.

사례 ①: 그루포 텔레비사 그루포 텔레비사Grupo Televisa는 유리한 정부 규제로 넓은 해자를 갖게 된 전형적인 사례다. 이 회사는 TV 방송을 통해 영업이익의 반을 올리고 있으며, 멕시코 정부와의 사업면허 계약을 통해 멕시코의 여러 주요 TV 채널을 소유, 운영하고 있다. 멕시코 시청자를 대상으로 광고를 원하는 광고주가 있다면 사실상 그루포 텔레비사가 유일한 광고매체다. 방송 분야에서 확보한 이런 지속 가능한 경쟁우위를 바탕으로 하나의 거대한 프로그램 제국을 구축한 그루포 텔레비사는 케이블과 인공위성 TV 프로그램 배급사업에도 소유권을 확대함으로써 멕시코 유료 TV시장의 50% 이상을 장악했다.

사례 ②: 라스베이거스 샌즈와 윈 리조트 라스베이거스 샌즈Las Vegas Sands와 윈 리조트Wynn Resorts처럼 아시아 사업체를 가진 카지노업자들은 미국 카지노업자보다 아시아 카지노업자에게 훨씬 넓은 경제적 해자를 부여하는 진입장벽 규제의 혜택을 톡톡히 보고 있다. 중국 카지노시장은 6개의 업자에게만 사업면허가 발급되어 있으며 마카오라는 작고 인구밀도가 높은 지역에만 도박이 합법화된 과점시장이다. 싱가포르의 경우는 2개 업자에게만 사업이 허가된 복점시장이다. 중국 중앙정부가 마카오 말고 다른 지역에 카지노를 허가할 가능성은 극히 낮다. 그러기 위해서는 헌법을 개정해야 할 뿐만 아니라, 본토의 다른 지역에서까지 도박으로 인한 사회적 병폐가 발생하는 걸 원치 않기 때문이다. 중국에서는 카지노 광고가 불법이며,

중국 정부는 불법도박을 강력히 단속하고 있다. 마카오의 카지노 사업권은 미국과는 사뭇 다르다. 마카오의 경우, 카지노 사업권을 받은 기업은 한 개 이상의 카지노를 개장할 수 있다. 제한이 있다면, 추가로 카지노를 개장할 때는 정부의 허가를 받아야 하고 새로 개장하는 각각의 카지노마다 추가로 정부에 세금을 납부해야 한다는 정도다. 이에 반해 미국에서는 카지노 사업면허를 받아도 복수의 카지노를 개장할 수는 없으며, 추가로 신규 카지노를 개장하기 위해서는 별도로 신규 사업면허를 받아야 한다.

2. 비용우위

기업은 경쟁자보다 지속적으로 낮은 비용을 유지함으로써 사업을 보호하는 경제적 해자를 구축할 수 있다. 비용우위는 공정우위 process advantage, 보다 좋은 위치, 보다 우수한 규모 혹은 한 특정 자산의 보다 효과적인 활용 등으로 확보할 수 있다. 공정우위는 흥미로운 요소이기는 하지만, 경쟁자가 해당 공정을 쉽게 모방하지 않거나 할 수 없을 경우에만 해당 기업에 경제적 해자 등급을 부여한다. 유리한 위치도 기업에 비용우위를 제공할 수 있다. 특히 위치는 모방하기 어렵다는 점을 감안할 때, 유리한 위치는 지속 가능한 요인이 될 수 있다. 한편 규모의 경제를 누리는 기업은 생산 능력이 떨어지는 경쟁기업보다 낮은 평균비용을 유지할 수 있다.

비용우위 : 핵심 질문

① 해당 기업이 규모의 경제economy of scale를 누리고 있는가? 구체적으로 어떤 비용이 고정비용이며, 총비용에서 고정비용이 차지하는 비중은 어느 정도인가? 해당 기업의 단위당 제품이나 서비스 생산비용이 생산 규모가 더 작은 경쟁자보다 낮다는 양적 증거가 있는가?
▶ 많은 기업이 규모의 경제를 누린다고 주장하지만, 해당 기업이 생산 규모가 더 작은 경쟁기업보다 실제로 단위당 생산비용이 낮다는 것을 보여 주는 증거를 찾아야 한다.

② 해당 기업이 범위의 경제economy of scope를 누리고 있는가?
▶ 어떤 비용이 얼마나 다양한 제품 생산에 사용되고 있는가? 해당 기업이 덜 다양한 제품을 생산하는 경쟁기업보다 단위당 생산비용이 낮다는 것을 보여 주는 양적 증거가 있는가? 일부 기업은 상당한 연구개발 지출과 공정지식process knowledge을 통해 다양한 고객의 수요를 충족시키는 다양한 제품을 만들어 낼 수 있다. 여기서도 해당 기업이 그런 능력을 통해 경쟁자보다 낮은 단위당 생산비용을 지출하고 있다는 것을 보여주는 실제 양적 증거를 찾아야 한다.

③ 해당 기업의 운송비용이 낮은가?
▶ 총비용이나 제품 가격에서 운송비용이 차지하는 비중은 얼마인가? 운송비용은 실제로 회사의 경쟁우위를 변화시킬 수 있다. 특히 가치중량비value/weight ratio가 낮은 상품(상품 무게에 비해 가격이 낮은 상품)의 경우 특히 그렇다. 예를 들어 부피와 중량에 비해 가격이 월등히 비싼

금을 운반할 때 운송비용은 거의 문제가 되지 않는다. 반면 골재는 1톤 가격이 고작 10달러에 불과하다. 이 경우 잠재적인 고객에 가장 가까운 곳에 위치한 생산자가 고객과 멀리 떨어진 경쟁자보다 훨씬 큰 비용우위를 갖는다.

④ 해당 기업이 유리한 특성을 가진 광물을 소유 혹은 통제하고 있는가? 고품질 광물의 경우 얼마나 희귀한가 혹은 흔한가?
▶ 에너지와 기초소재 부문의 경우, 유리한 광물의 소유는 강력한 경쟁우위를 제공할 수 있다. 상당한 자본과 시간을 가지고 있다 해도 인간은 자연이 수백만 년에 걸쳐 만든 것을 똑같이 만들어 낼 수는 없기 때문이다.

⑤ 해당 기업이 비용우위를 확보할 수 있는 독자적인 생산공정을 보유하고 있는가? 이런 생산공정에서 발생하는 비용우위를 계량화해야 한다. 또 경쟁자가 이런 생산공정을 모방할 수 있는지도 확인해야 한다.
▶ 공정에 기초한 비용우위는 궁극적으로 모방될 수 있는 것이지만, 일부 기업은 경쟁자보다 우수한 생산공정을 통해 수십 년간 비용우위를 유지하기도 한다. 생산공정에 따른 비용우위의 경우, 그 공정을 모방하는 잠재적인 새로운 진입자는 없는지 유심히 관찰해야 한다. 현재의 경쟁자는 이미 구축한 열등한 생산공정을 계속 사용할 수밖에 없겠지만, 새로운 진입자는 처음부터 시작하는 것이기 때문에 우수한 생산공정을 모방하기가 쉽기 때문이다.

⑥ 해당 기업이 공급자(납품업자)에 대한 협상력을 통해 비용우위를 확보

할 수 있는가? 협상력을 통해 확보한 비용 혜택은 총비용의 몇 퍼센트인가? 협상력을 통해 어떤 형태의 할인을 받았는가?

▶ 많은 기업들이 공급자로부터 할인을 받을 수 있을 정도로 크고 강하다고 주장한다. 그러나 이런 주장에만 입각해 좁은 혹은 넓은 해자 등급을 부여해서는 안 되며, 그 전에 해당 기업의 협상력이 실질적인 비용우위를 제공한다는 양적 증거를 확인해야 한다. 협상력이 지속 가능한 경쟁우위를 제공하려면, 가격 협상에 있어 공급자 측으로부터 어떠한 위협도 없어야 한다.

⑦ 해당 기업이 원자재 확보에 유리한 위치에 있는가(해당 원자재를 싸게, 충분히 공급받을 수 있는가)? 총비용에서 해당 원자재가 차지하는 비율은 어느 정도인가? 해당 원자재 확보에 유리하지 않은 위치에 있는 업계 경쟁자들에 비해 해당 기업이 누리는 비용우위는 어느 정도인가? 왜 다른 업체들은 이런 저렴한 원자재를 확보하지 못하는가? 해당 원자재의 공급, 수요, 가격 전망은 어떠한가?

▶ 예를 들어 일부 기업은 저렴한 에너지를 확보하는 혜택을 누리기도 한다. 그렇다 해도 이 기준에 입각해 좁은 혹은 넓은 해자 등급을 부여하기 전에, 그를 통해 확보한 비용우위가 지속 가능한지 확인해야 한다. 수요와 공급 혹은 대체재의 지역적 변화가 저렴한 원자재에 기초한 비용우위를 훼손할 수 있다.

사례 ① : 관리의료조직   규모의 경제가 비용우위를 제공하는 좋은 예는 MCO라고 하는 관리의료조직Managed Care Organizations이다. MCO

는 보험에 가입한 개인, 집단 혹은 정부 구성원에게 건강보험서비스를 제공하는 민간보험사로, 이들이 보유한 대규모 보험 가입자 기반이 제공하는 가장 가치 있는 효과 중 하나는 판매 및 일반관리비를 상당히 줄일 수 있다는 것이다. 기업비용, IT인프라 투자비용, 고정자산의 감가상각비, 일부 판매비용, 결제처리비용, 고객서비스비용 같은 비용의 상당 부분이 고정비용이기 때문에 더 많은 가입자를 확보할수록 가입자당 평균비용은 낮아진다. 우리가 보기에 경제적 해자를 가진 MCO들—유나이티드헬스UnitedHealth, 웰포인트WellPoint, 애트나Aetna 등—은 해자가 없는 소규모 MCO들보다 가입자당 판매관리비가 낮다.

더욱이 대규모 가입자 기반을 가진 MCO는 의료서비스 공급자(병원 및 의사)들과 유리한 가격 협상을 할 수 있어서 전체적인 의료비용을 더 잘 통제할 수 있다. 기업이 자신의 제품이나 서비스에 대해 수익성 있는 가격을 확보하기 위해서는 전국 여러 지역의 수요를 충족시키는 지리적으로 넓은 사업 범위를 가지고 있거나 특정 지역의 수요 상당 부분을 흡수하는 지역적 사업 밀집도가 있어야 한다. 기본적으로 공급자(여기서는 병원과 의사)는 더 많은 수요를 통제하는 매수자(여기서는 가입자 기반이 큰 MCO)에게 더 유리한 가격 결정력을 주게 된다. 이런 메커니즘은 다음 두 가지 요인에 따른 것이다. 첫째, 보통 해당 서비스(의료서비스)가 추가로 공급될 때마다 공급자의 서비스 제공비용은 낮아진다. 따라서 공급자는 대규모 가입자를 가진 매수자(MCO)에게 가격을 할인해 줄 수 있으며, 그래도 총이윤은 보존할 수 있다. 둘째, 수요의 상당 부분을 통제하는 매수자는 잠재적으로 공급자의 총이윤의 상당 부분을 통제할 수 있기 때문에, 공급자가 할인가격을 제공할 가능성이 더 크다.

사례 ②: 철도회사   북미 최고의 철도회사들―CSX, 노포크 서던Norfolk Southern, BNSF, 유니온 퍼시픽Union Pacific, 캐나다 국립철도Canadian National, 캐나다 퍼시픽Canadian Pacific, 캔자스시티 서던Kansas City Southern―은 부분적으로 지속 가능한 비용우위를 통해 넓은 해자를 보유한 회사들이다. 바지선, 선박, 항공기, 트럭으로도 화물을 운반하지만 출발지와 목적지를 잇는 물길이 없는 곳에서는 철도가 가장 저렴한 화물 운송수단이 된다. 더욱이 철도회사들은 부분적으로 철도차량의 화물 적재량이 훨씬 많을 뿐만 아니라 많은 차량을 연결해 운송할 수 있기 때문에, 톤마일 연료효율성(1갤런으로 화물 1톤을 운송하는 거리, '갤런당 톤마일'이라고도 하며, 클수록 연료효율성이 높다)이 트럭운송의 네 배에 이르며 조차장 인력이 필요하기는 하지만 인력을 보다 효과적으로 사용하고 있다고 주장한다. 트럭운송이 가능한 상품도 동일한 운송경로인 경우에 철도 운송비용이 컨테이너트럭 운송비용보다 10~30% 저렴한 것으로 추산된다. 또한 우리는 철도회사들이 비용우위 확보에 상당한 투자를 했고 또 하고 있기 때문에 이들의 경제적 이윤이 지속 가능하다고 확신한다. 이들은 가장 많은 비용이 소요되는 두 가지 투입 요소, 즉 인력과 연료를 점점 더 효과적으로 이용하고 있다. 인력의 경우, 철도회사들의 인력당 톤마일은 과거보다 높아지고 있다. 이는 부분적으로 철도차량이 더 커졌고, 속도는 빨라졌으며, 터미널에서의 운송 정지 시간이 감소했고, 업무 규칙과 관행은 더욱 효과적으로 변했기 때문이다. 연료의 경우 미국 철도협회 보고에 따르면, 2012년 미국 철도는 갤런당 1톤의 화물을 평균 476마일 운송했는데(갤런당 476톤마일), 이는 2005년의 갤런당 414톤마일보다 높고 1980년의 갤런당 235톤마일의 두 배에 이른다. 이런 성과는 대형화된 철도차량, 보다 연료효율적인 기관차, 운송 정지 시간 축소 기술, 연료와 안전에 최적화된 경로를 탐지하는 스로틀 위치선택 소프트웨어, 필요한 마력을 줄이는 분산발전, 마찰력이 감소한 철로, 기관사에 대한 교육과 인센티브 때문에 가능했다.

3. 전환비용

전환비용이란 고객이 기존에 이용하던 한 생산자에서 다른 생산자로 바꿀 때―시간적으로든, 번거로움이든, 금전적이든 혹은 어떤 리스크건 간에―고객에게 발생하는 비용을 말한다. 새로운 경쟁기업이 보다 낮은 가격 혹은 보다 우수한 제품이나 서비스를 제공하더라도 높은 전환비용을 부담해야 할 경우 고객은 굳이 전환을 하지 않으려 한다. 품질이나 가격의 개선 정도가 전환비용을 상쇄하고도 남을 정도로 충분해야 전환이 이루어진다. 전환에 따른 실패의 비용이 크거나, 대상이 되는 특정 제품 혹은 서비스 비용이 고객(고객사)의 총운영비용에서 차지하는 비중이 그리 크지 않을 때 높은 전환비용은 특히 효과적이고 강력하다.

전환비용 : 핵심 질문

① 전환에 따른 혜택과 비용은 어떠한가?
▶ 전환비용을 가능한 대안(경쟁하고 있는 제품이나 서비스)들 간의 가격 차이와 비교하는 것이 해당 기업이 전환비용에 따른 혜택을 누리고 있는지 확인할 수 있는 가장 좋은 방법이다.

② 고객(혹은 고객사)의 기존 자산과 업무 절차가 공급자(해당 기업)가 제공하는 특정 제품이나 서비스에 연계되어 있는가? 공급자를 바꿀 경우 고객이 새 공급자(와 그의 제품이나 서비스)에 적응하기 위해 학습해야 할 필요성은 어느 정도인가? 고객이 새 공급자로 완전히 전환하는 데 소요되는 시간은 어느 정도인가? 고객이 공급자를 바꿀 경우 자신의 사업이 타격을 받을 가능성은 어느 정도인가?
▶ 이런 질문에 대한 답은 전환으로 인해 어떤 일들이 벌어질지 이해하는 데 도움이 된다. 전환비용을 계량화하기가 어려운 경우가 자주 있지만, 높은 자산 특정성asset specificity, 많은 학습의 필요성, 긴 전환 소요 시간, 높은 사업 타격 가능성 등이 고객의 전환비용을 발생시키는 요인들이다.

③ 해당 기업의 고객 갱신율renewal rate은 얼마인가?
▶ 일반적으로 높은 고객 전환비용은 높은 고객 갱신율(기존 고객이 다시 해당 기업의 고객이 되는 비율)에서 확인된다.

사례 ①: 애플　애플Apple은 고객이 제품을 바꿀 경우 전환비용으로 고통을 받게 되는 대표적인 사례다. 애플이 가격 경쟁에 뛰어들지 않고도 기존 이용자 기반의 상당 부분을 유지할 수 있게 해주는 iOS 플랫폼에는 다양한 전환비용이 존재한다. 아이튠즈 스토어iTunes store에서 영화, TV쇼, 애플리케이션 등을 구매하는 애플 iOS 사용자들은 이런 미디어상품을 안드로이드나 다른 휴대용 기기로 전송할 수 없다(음악은 전송 가능하다). 아이클라우드iCloud는 미디어상품, 사진, 메모, 기타 아이템들을 모든 애플 기기에 동기화시킴으로써 전환비용을 더욱 높이고 있다. 우리는 애플 iOS 기기―예를 들어 아이패드iPad―보유자들이 아이폰에서 안드로이드폰으로 전환할 가능성은 적다고 본다. 그럴 경우 자신의 기존 콘텐츠 일부분을 안드로이드폰으로 동기화하거나 그 콘텐츠에 접근할 수 없기 때문이다. 애플 맥Mac이나 아이워치iWatch 같은 또 다른 애플 기기를 추가로 사용하면 애플 고객들의 전환비용은 훨씬 높아질 것이다.

사례 ②: 블랙록　블랙록BlackRock 같은 자산운용사도 전환비용의 혜택을 누리고 있다. 투자자 입장에서 볼 때, 전환비용이란 것이 분명히 느낄 수 있을 정도로 그렇게 큰 것은 아닐지 몰라도, 한 자산운용사에서 다른 자산운용사로 전환했을 때 기대할 수 있는 혜택이 매우 불확실한 경우가 많기 때문에 많은 투자자들은 기존 자산운용사에 거의 저항하지 않고 그대로 머무는 경향이 있다. 따라서 한 자산운용사로 유입된 자금은 계속 그곳에 남아 있는 경향이 있다. 예를 들어 장기 뮤추얼펀드의 경우에 지난 5년, 10년, 15년, 20년, 25년 각각의 기준으로 본 연평균 환매율redemption rate은 30%에 불과한데, 이 정도 환매율이면 단기금융시장펀드money market funds(MMF)의 영향을 거의 받지 않는 수준이라고 할 수 있다. 자금이 장기간 한 자산운용사에 머무는 정도를 말하는 이른바 '자산고착성asset stickiness'은 자산운용업계에서 어떤 회사가 가장 넓은 해자를 가졌는지 판단하는 데 핵심 변수가 된다.

우리는 자산운용업계에서 가장 넓은 해자를 가지고 있다고 생각한 블랙록을 보다 자세히 살펴본 후, 이 회사가 적극적 투자 및 소극적 투자 전략으로 균등하게 나뉜 다양한 상품 포트폴리오로 이점을 누리고 있음을 발견했다. 이런 포트폴리오는 회사를 금융상품과 투자 전략의 변화에 둔감하게 만들어 시장 변동이 전체 운용자산에 미칠 수 있는 충격을 제한해 준다. 또 개인 고객보다 장기지향적인 기관 고객의 자금이 운용자산의 많은 부분을 차지하고 있기 때문에, 블랙록은 지금까지 여러 다른 경쟁사보다 훨씬 고착된 자산군(群)을 유지할 수 있었다. 블랙록은 대중에게 그리 널리 알려진 회사는 아니지만, 기관투자가들 사이에서는 특히 채권 부문에서 매우 유명하고 평판도 좋다. 채권 부문에서 블랙록은 핌코PIMCO, 레그 메이슨Legg Mason과 더불어 실질적인 과점을 형성하고 있다. 블랙록이 기관투자가들의 사랑을 받고—우리가 보기에는 소매 부문에서 가장 고착적인—소매투자자문사retail advisor들 사이에서 강력한 브랜드 인지도를 갖게 된 것은 세계적인 상장지수펀드(ETF) 상품공급자인 아이쉐어즈iShares를 소유하고 있기 때문이다. 이런 모든 특징들이 결합되면서 블랙록은 넓은 경제적 해자를 구축할 수 있었다.

사례 ③ : 록웰 오토메이션   록웰 오토메이션Rockwell Automation은 자사 제품인 로직스Logix 자동제어플랫폼에 대한 고객의 전환비용이 높아 넓은 경제적 해자를 구축하게 된 기업이다. 제조업체는 자동제어장치 공급자를 쉽게 바꿀 수 없다. 그럴 경우 많은 비용을 발생시킬 수 있는 전반적인 공정 중단organizational disruption 상태가 발생하기 때문에 문제가 발생할 소지가 적은 선택, 다시 말해 현상 유지에 매달리게 된다. 제조 공정의 뇌라 할 수 있는 제어장치controller의 경우를 생각해 보자. 제어장치 변경을 포함하는 모든 공정의 변화는 매우 예민한 작업이며, 제조업체는 공정 변화에 극도로 신중하게 접근한다. 결과적으로 록웰 같은 자동제어장치 생산기업은 상당한 현직 우위incumbency advantage(어떤 지위―예를 들어 공급자의 지위―를 점하고 있음으로써 갖게 되는 우위)를 가지며, 경쟁자의 성공적인 시장 진입을 막는 효과적인 장애물을 구축하고 있다.

4. 네트워크 효과

네트워크 효과는 갈수록 더 많은 고객이 그 제품이나 서비스를 사용하기 때문에 신규 및 기존 고객 모두에게 그 제품이나 서비스의 가치가 증대될 때 발생한다. 네트워크 효과는 강한 기업을 더욱 강하게 만들어 주는 선순환을 이룬다.

네트워크 효과 : 핵심 질문

① 더 많은 고객과 공급자가 해당 네트워크에 참여할 때 해당 상품과 서비스의 가치가 어떻게 증대되는지 설명할 수 있어야 한다. (사용자당 매출액이나 지점당 매출액 같은 평가 기준을 가지고) 고객이나 공급자가 추가되는 속도보다 (실질적인 견지에서) 가치가 더 빨리 증가한다는 양적 증거를 찾아야 한다.

▶ 진정으로 네트워크 효과를 누리고 있는 기업의 경우에는 고객과 공급자가 추가될 때 가치가 어떻게 증대되는지를 분명하고 논리적으로 설명할 수 있는 것이 일반적이다. 양적 증거는 그런 주장과 설명을 더욱 확고하게 해준다.

② 해당 기업이 자신의 네트워크를 어떻게 현금화하는가?

▶ 많은 인터넷기업은 이용자가 늘수록 서비스의 가치가 증대된다는 점에서 강력한 네트워크 효과를 가지고 있다. 그런데 불행히도 이들은 자신이 제공하는 서비스에 대해 항상 충분한 가격을 부과할 수 있는 것은 아니다. 가입자, 광고 혹은 요금을 통해 자신의 네트워크를 충분히 현금화하는 능력이 있어야 투자자에게 수익을 제공하고 네트워크에 재투자할 수 있는 자금을 확보할 수 있다. 네트워크의 충분한 현금화가 좁은 혹은 넓은 해자 등급을 부여하는 데 필요한 하나의 선결조건이다.

③ 네트워크가 커질수록 해당 제품이나 서비스의 가치가 증대된다고 할 때, 해당 기업의 공급자와 고객들의 협상력은 어느 정도인가? 해당 기업은 얼마나 많은 가치를 공급자 및 고객들과 나눠야 하는가?

▶ 기업이 네트워크의 가치를 높이기 위해서는 공급자와 고객이 필요하기 때문에 공급자와 고객이 협상력을 갖는 경우가 있다. 이때 해당 기업의 협상력이 약하면, 이 기업은 자신의 네트워크를 충분히 현금화 하지 못할 수 있다.

사례 ① : 익스피디아와 프라이스라인   네트워크 효과로 경제적 이윤을 보호받고 있는 좋은 사례는 익스피디아Expedia와 프라이스라인Priceline 같은 대형 온라인여행사들이다. 여행 관련 상품 공급자들과 고객들은 지속적으로 최대 규모의 여행상품 및 관련 아이템들을 축적하고 이를 효과적으로 유통시키는 대형 온라인여행사들로 모여들고 있다. 익스피디아와 프라이스라인의 예약사이트들을 통해 매년 수십억 달러에 이르는 거대한 거래가 이루어지고 있다. 이런 엄청난 거래가 이루어지는 익스피디아와 프라이스라인 예약사이트들은 자신의 서비스를 노출시키고 싶어 하는 여행사(상품 공급자)들 관점에서 볼 때 매우 절실한 판매 채널이다. 또 이런 엄청난 거래는 여행자에 대한 해당 예약사이트의 매력도를 높인다. 결과적으로 익스피디아와 프라이스라인 예약사이트를 이용하는 공급자와 고객이 증가하고 이로 인해 거래량이 증가하면, 이것이 다시 공급자와 고객을 증가시키는 선순환이 이루어진다.

사례 ②: 텐센트   텐센트Tencent는 인스턴트 메시징, 온라인게임, 소셜네트워킹 부문에서 지배적 위치를 점하고 있는 중국의 가장 영향력 있고 수익성 있는 인터넷기업 중 하나다. 10년이 넘는 기간 동안 중국 인터넷 이용자들이 지속적으로 접속해, 메시지를 주고받고, 게임을 즐길 수 있게 한 고품질의 온라인서비스를 제공함으로써, 텐센트는 수억 명에 이르는 충성스러운 가입자들을 확보했다. 처음 인스턴트 메시징 서비스로 사업을 시작한 텐센트는 지난 10년 동안 5억 명에 이르는 중국 인터넷 이용자들을 위한 거대하고 흡수력 있는 온라인 플랫폼으로 급성장했다. 독립 조사기관 아이리서치iResearch에 따르면 인스턴트 메시징 부문에서 80% 이상의 시장점유율을 기록하고 있는 인기 만점의 QQ 인스턴트 메시징 서비스 외에도, 텐센트는 지난 몇 년 동안 상당한 규모의 소셜네트워킹 및 소셜미디어 플랫폼을 구축해 왔다.

현재 텐센트는 블로그 서비스 큐존Qzone과 중국판 트위터 웨이보에서 5억 개 이상의 가입자 계정을 보유하고 있으며(한 이용자가 다수의 계정을 개설할 수 있기는 하다), 불과 2년 전에 제공한 모바일 채팅 애플리케이션 위챗Wechat(중국명 웨이신)의 가입자는 4억 명을 넘는다. 중복 가입을 감안해도, 이런 엄청난 가입자 수는 경쟁자가 따라잡기 힘든 네트워크 효과를 제공하고 있다. 인터넷 사용자들이 경쟁 플랫폼에서 쉽게 계정을 개설할 수 있기는 하지만, 경쟁자 중 어느 기업도 텐센트의 규모에 접근해 있다고는 보이지 않는다. 후발주자임에도 불구하고 텐센트는 거대한 이용자 기반과 사이트 트래픽(방문횟수)을 활용해 온라인게임과 상품광고 부문에서 중국 최고의 시장점유율을 확보할 수 있었다.

사례 ③ : 코어 랩 코어 랩Core Labs은 유전 저류층(원유가 모여 저장된 층)의 지질구조와 유체역학을 심층 연구하는 데 필요한 분석력과 분석도구를 제공하는 기업이다. 코어 랩은 유전 중심층에 대한 분석과 유전에서 탄화수소(에너지 자원)의 움직임에 대한 분석을 통해 성숙 단계에 이른 유전의 회수율recovery rate을 1~2% 정도 개선하는 방법을 제안할 수 있다. 이런 서비스에 대한 보상으로 코어 랩은 석유가스기업이 확보하는 추가 이익의 일부를 수수료로 받는데, 코어 랩이 제안한 방법으로 석유가스기업이 확보하는 추가 이익은 수십억 달러에 이를 수도 있다.

코어 랩은 자사의 유전층 연구 프로그램을 통해 석유서비스업계에서 독보적인 위치를 점하고 있다. 석유가스기업들은 적은 수수료를 지불하고 특정 유전에 대한 최선의 생산 방법을 연구할 목적으로 구성되는 산업 컨소시엄에 참여한다. 이런 산업 컨소시엄 하나에 100개 이상의 기업이 참여할 수도 있다. 이런 연구들은 코어 랩이 상당한 네트워크 효과를 창출하면서 핵심 고객집단과의 관계를 강화할 수 있는 중요한 채널이 된다. 석유가스기업들은 이런 연구 컨소시엄에 참여함으로써 소중한 지식을 상대적으로 신속하고 저렴하게 확보하며, 코어 랩은 이 기업들이 그간―수십억 달러는 아니지만―수억 달러를 지불하고 확보해 온 중요한 정보를 받게 된다. 따라서 더 많은 기업이 컨소시엄에 참여할수록, 코어 랩은 더 많은 정보를 받아 컨소시엄 참여기업에 제공한다. 이때 코어 랩이 제공하는 더 많은 정보는 더 많은 가치를 가지게 되므로, 바로 여기서 네트워크 효과가 발생한다. 그런 후 코어 랩은 데이터 분석을 통해 시추자금을 적절히 분배하는 데 필요한 정보를 컨소시엄에 제공한다. 또 저류층의 흐름이 바뀌기 때문에, 연구 컨소시엄은 자연히 저류층에 대한 추가 분석을 요구하고, 코어 랩의 관련 서비스와 장비를 추가로 구매하게 된다. 특정 유전을 개발해 가능한 최고의 수익을 올리는 데 필요한 최고의 기술을 원하는 석유가스기업들은 코어 랩의 연구 컨소시엄에 가입해 코어 랩의 단골고객이 되어야만 독보적인 지식기업인 코어 랩의 서비스와 장비를 이용할 수 있다.

사례 ④ : 다쏘   다쏘Dassault시스템은 3D 컴퓨터설계(CAD)와 제품주기관리 소프트웨어(PLM S/W) 분야의 대표기업이다. 다쏘의 솔루션을 통해 고객들은 시의적절하게 그리고 비용면에서 효율적으로 제품을 설계, 공동제작, 생산, 관리할 수 있다. 다쏘의 대표적인 CAD제품 솔리드웍스SolidWorks와 PLM제품 카티아CATIA는 회사의 성공을 이끄는 원동력이며(다쏘그룹 매출의 약 60% 차지하고 있다), 보잉·BMW·노키아·네슬레·GE 같은 다쏘의 고객군은 다쏘가 제공하는 솔루션의 품질이 매우 우수하다는 것을 보여주고 있다. 다쏘는 유아부터 고등학교 및 대학교 단계 그리고 다쏘의 솔루션에 능숙해지는 단계에 이르기까지 이용자들을 교육시키는 포괄적인 교육 프로그램도 가지고 있는데, 이는 다쏘 제품을 선호하는 고용주와 종업원 네트워크를 확장시키는 역할을 하고 있다. 이와 같은 사용자 네트워크의 확장은 다쏘에 긍정적인 네트워크 효과를 제공한다. 학생들은 미래의 가장 유력한 고용주가 사용하는 소프트웨어(다쏘의 소프트웨어)에 대한 교육을 원하고, 고용주는 대부분의 학생이 알고 있는 소프트웨어(역시 다쏘의 소프트웨어)를 사용하려고 하기 때문이다.

5. 효율적 규모

효율적 규모는 한 기업 혹은 소수의 기업이 제한된 크기의 시장에서 사업하는 경우를 말한다. 해당 시장에서 사업하고 있는 기존 기업들은 경제적 이윤을 창출하고 있지만, 잠재적인 새로운 경쟁자는 그가 시장에 진입하는 순간 해당 시장의 수익이 자본비용 훨씬 아래로 떨어지게 되므로 시장 진입을 꺼리는 상황이다.

이런 현상은 신규 진입자가 많은 자본을 투자해야 할 경우에 더욱 확연해진다. 신규 진입자는 진입 비용을 충당하기 위해 충분한 시장점유율을 원하지만, 시장기회가 제한적이면 시장점유율 경쟁이 불가피하며, 이로 인해 제품가격이 하락하고 업계 종사자는 모두 수익에 타격을 입는다. 이런 진입장벽은 잠재적인 신규 진입자가 합리적이어야 제대로 기능하는데, 잠재적인 신규 진입자들이 합리적이라는 것을 잘 알고 있는 기존 사업자들은 자신들로서는 충분한 투하자본수익률이 가능할 정도로 높은 그러나 잠재적인 신규 진입자가 진입 동기를 갖지 못할 정도로 낮은 가격을 책정하는 경우가 많다.

효율적 규모의 경우, 잠재적 경쟁자가 기존 기업들의 비용우위를 모방하는 것이 반드시 어려운 일은 아니기 때문에 효율적 규모는 비용우위와 다르다. 효율적 규모는 다른 잠재적 경쟁자들이 궁극적으로 기존 기업과 동일한 비용구조를 달성한다 해도 시장에 진입할 동기를 전혀 갖지 못하는 상황을 말한다. 또한 특정 혹은 틈새시장에 종사하고 있는 기업이 하나뿐인 경우, 비교의 기준이 없기 때문에 그 회사가 비용우위가 있다고 말하는 것은 불합리하다.

효율적 규모를 누리는 기업이 높은 수준의 단기 및 중기 가격 결정력을 갖는 경우가 종종 있다. 이때 이 기업이 가격 결정력을 최대한 행사할 경우 수익성을 극대화할 수 있지만, 그러지 않는 경우가 많다. 경쟁자가 시장에 진입하면 둘 모두 경제적 초과 이윤을 달성할 수 없기 때문에 경쟁자가 시장 진입 동기를 갖지 못하도록 가격 인상을 자제하는 것이다. 충분한 수익을 내되 경쟁자의 진입을 막는 식으로 '경제적 파이'의 크기를 통제하기 위해 가격 결정력을 현명하게 사용하는 능력은 효율적 규모를 누리는 기업이 가진 특징이다.

효율적 규모 : 핵심 질문

① 시장의 경계를 확인하라. 시장의 경계가 분명히 파악될 정도로 확실한가, 아니면 그 경계가 모호한가? 시장의 규모는 어느 정도이며, 기존 업체들의 공급 능력은 어느 정도인가? 얼마나 많은 기업이 그 산업(시장)

에 종사하고 있는가?
▶ 효율적 규모를 가진 시장은 그 경계가 분명하며, 소수의 혹은 그보다 적은 업체만 종사하고 있는 시장이다.

② 시장 진입에 소요되는 비용은 어느 정도인가? 신규 진입자가 진입비용을 회수하기 위해 확보해야 할 시장점유율은 어느 정도인가?
▶ 이 질문은 잠재적인 시장 진입자가 직면하는 경제성을 평가하는 데 도움이 된다.

③ 잠재적인 경쟁자가 시장 진입을 시도했으나 결국 실패했는가?
▶ 잠재적인 경쟁자들이 시장 진입에 실패했다는 증거가 있다면, 해당 기업이 종사하고 있는 시장은 효율적 규모를 가진 시장이며, 해당 기업은 그 혜택을 누리고 있다고 강하게 주장할 수 있다.

사례 ① : 송유관기업들 효율적 규모의 범주에 속하는 가장 좋은 사례는 송유관기업들이다. 넓은 해자를 가진 송유관기업들은 다른 해자 원천은 그리 많지 않지만, 매년 경제적 이윤을 창출하는 능력을 보여주고 있다. A라는 유전에서 B라는 정유공장으로 하루 25만 배럴(25만 bpd)의 원유를 보내야 하며, 이 노선에 27만 5,000bpd의 수송 능력을 가진 송유관이 있다고 가정해 보자. 이 노선에 다른 경쟁자들이 진입할 동기는 거의 없다. 기존 송유관의 공급 능력이 시장의 수요에 아주 효율적으로 맞춰져 있기 때문이다. 또 송유관의 경우, 잠재적 시장진입자가 꼭 합리적이어야 할 필요도 없다는 추가 혜택도 누리고 있다. 송유관산업은 환경 및 안전 문제 그리고 토지 수용권 문제로 규제가 매우 심한 산업이다. 더욱이 규제당국은 꼭 그래야 할 경제적 필요가 입증되지 않는 한, 신규 송유관 건설을 허락하지 않고 있다. 많은 송유관기업이 가지는 독점적 지위 때문에 규제당국은 가격을 통제하기도 하지만, 일반적으로는 이들이 적절한 자본수익률을 올리는 것을 허락하고 있다. 이는 송유관사업이 자본집약적이라는 점과 가격을 규제하고 있다는 점을 감안한 것이다. 그러나 우리의 경제적 해자 분석틀에서 볼 때, 중요한 것은 투하자본수익률과 가중평균자본비용의 스프레드가 아니라 경제적 초과 이윤의 지속 가능성이다. 일반적으로 송유관기업들은 고객과 장기 계약을 하기 때문에, 그리고 기술적 사업 중단 리스크(새로운 기술의 송유관 설치를 위해 기존 송유관 가동을 중단해야 하는 리스크)가 거의 없기 때문에, 이들의 경제적 이윤은 매우 지속 가능하다.

<u>사례 ②</u> : 멕시코 공항들   멕시코의 공항들은 효율적 규모의 혜택을 누리고 있는 또 다른 좋은 사례다. 이 기업들은 멕시코에서 지역별 공항 독점운영권을 가지고 있으며, 이를 통해 고객으로부터 높은 경제적 이윤을 뽑아내고 있다. 이런 독점은 국가 주요 공항을 민영화하기로 한 1998년 멕시코 정부의 결정에 따른 것이다. 이 결정에 따라 델 파시피코 공항그룹Grupo Aeroportuario del Pacifico, 델 수레스테 공항그룹Grupo Aeroportuario del Sureste, 델 센트로 노르테 공항그룹Grupo

Aeroportuario del Centro Norte 그리고 또 하나의 비상장 민간기업이 거점지역 공항을 50년간 운영한다는 사업권을 받았다. 사실상 경쟁을 제한하는 독점 사업권이었다. 그 대가로 이들은 항공사와 여행객에 부과하는 요금에 대해 정부 규제를 받고, 필요한 인프라 투자를 한다. 사업허가계약에 따라 이 민간 공항사업자들은 매 5년마다 멕시코 교통부에 종합개발계획서master development program(MDP)를 제출해 검토와 승인을 받아야 한다. 이 종합개발계획서에는 향후 5년 및 그 후 10년간 각 공항에 대한 자본적 지출 계획이 포함되어야 한다. 그러면 멕시코 교통부는 이 종합개발계획서와 다른 요인들을 고려해 공항사업자가 출국 승객에게 부과할 수 있는 최대 요금을 산정한다. 정부가 부여한 사업권의 무형자산적 성격 외에도, 주변의 많은 도시들이 한 곳의 주요 공항을 이용하기 때문에 멕시코 공항들은 효율적 규모에 따른 혜택을 누리고 있다.

3 해자 추세가 중요한 이유

 이제 여러분은 경제적 해자에 대한 그리고 경제적 해자를 구축하는 데 필요한 것은 무엇인지에 대한 상당한 지식을 갖게 되었을 것이다. 그러나 우리가 아직 충분히 설명하지 않은 해자의 또 다른 중요한 측면―해자가 움직이는 방향―이 있다. 해자 등급은, 10~20년 정도의 전망이 반영된 것이기는 하지만, 그 자체로는 정적인 지표이며 해당 기업의 경쟁력이 개선되고 있는지 혹은 약화되고 있는지는 말해 주지 않는다. 바로 이 때문에 2009년 우리는 '해자 추세 등급'이라는 것을 도입해 경제적 해자 등급 분석법을 보완했다. 해자 추세 등급은 경쟁우위 측면에서 기업이 어느 방향으로 가고 있는지를 나타낸 것이다. 우리는 해자 추세 등급이 매우 중요한 추가 정보라고 믿고 있다. 해자 등급은 해당 기업이 현재 구축해 놓은 해자의 넓이를 말해 주지만, 해자 추세 등급은 그 해자가 잘 유지되고 있는지, 훨씬 더 강해지고 있는지, 아니면 맹렬한 침입자들이 뚫고 들어올 위험이 있는지를 말해 준다.

해자 추세 등급은 기업은 진화하고 해자는 생성-성장-성숙-소멸의 과정을 거치게 된다는 인식에 입각한 것이다. 다시 말해 경제적 해자에는 생의 주기가 있다는 것이다. 따라서 우리는 해자 등급을 매길 때마다 해자 추세 등급도 함께 매기고 있다. 우리가 평가하는 해자 추세 등급은 '긍정적(경쟁우위가 개선되고 있을 경우)', '부정적(경쟁우위가 약화되고 있을 경우)', '안정적(경쟁우위가 개선되거나 약화되는 분명한 모습을 발견할 수 없을 경우)'의 세 가지이다. 2013년 중반 우리가 평가한 기업 중 부정적 등급을 받은 기업은 약 16%인 반면, 긍정적 등급을 받은 기업은 8%에 불과했다. 우리에게 넓은 해자 등급을 받은 기업이 13%였다는 점을 고려하면, 긍정적 해자 추세 등급이 8%에 불과하다는 것은 그마저도 획득하기 어려운 넓은 해자 등급보다 긍정적 해자 추세 등급이 훨씬 드물다는 것을 의미한다.

해자를 평가할 때 우리의 시간지평이 10년에서 20년인 것을 감안하면 경쟁 환경이 현재 어떻게 변하고 있는가에 더 많은 관심을 집중하는 것은 우리의 전체적인 해자분석법을 더욱 유용하게 강화시켜주는 것이다. 우리가 원하는 것은 경쟁과 위협 요인을 심각하지 않은 것으로 잘못 판단하는 상황은 최소화하면서, 공격자들이 한 기업의 해자를 넘어섰다면 그 기업의 해자 등급을 낮출 필요성을 찾는 것이다. 애널리스트이자 투자자로서 우리는 분명 한 기업의 경쟁 우위 변화 전망을 평가하고, 본질상 일시적인 경쟁 위협을 보다 위험하고 영구적인 전체적인 경쟁 환경 변화와 구분하는 일을 수행하고 있다. 요컨대 우리는 우리의 분석 도구함에 해자 추세란 도구를 추가함으로써 한 기업의 경쟁력에 대해 보다 완전한 그림을 그릴 수 있다고 생각한다.

〈그림 3-1〉은 모닝스타의 현재 업종별 분석 대상 기업군에서 긍정적 해자 추세와 부정적 해자 추세 등급의 분포 양상을 나타낸 것이다.

우리는 해자 추세를 평가할 때도 해자 등급을 평가할 때 사용하

〈그림 3-1〉 업종별 해자 추세(%)

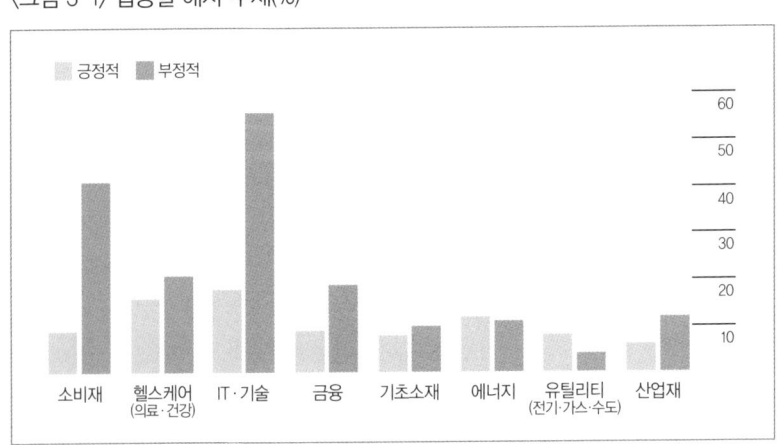

자료 : Morningstar Equity Research

는 해자의 5대 원천(무형자산, 비용우위, 전환비용, 네트워크 효과, 효율적 규모)을 먼저 살펴본다. 예를 들어 한 기업의 해자 원천이 저비용 제조 설비(즉 비용우위)에 있고 기업이 생산 능력을 확장하고 있다면, 우리는 그 기업이 경쟁자와의 비용 격차를 벌리고 있는지(즉 비용우위를 강화하고 있는지) 확인한다. 아니면 비용우위를 이미 보유한 기업이 추가적인 해자 원천으로 네트워크 효과를 발전시키는 중일 수도 있다. 이런 요인들은 긍정적인 해자 추세 등급을 받을 가능성을 높인다.

해자 추세와 기본 실적

우리 애널리스트들이 긍정적 해자 추세 기업과 부정적 해자 추세 기업들을 대상으로 해서 현금흐름할인법으로 뽑아낸 자료를 살펴보면(〈표 3-1〉), 긍정적 해자 추세 기업들은 S&P 500에 포함된 기업보다 빨리 성장하고, 더 많은 이익을 올리고 있으며, 더 높은 투하자본수익률을 기록하는 경향을 보이고 있음을 알 수 있다.

반면 부정적 해자 추세 기업들은 긍정적 해자 추세 기업은 물론 S&P 500 기업들보다 일반적으로 약한 실적을 보이고 있다. 우리가 경쟁우위에 초점을 맞추고 있음을 감안하면, 이는 당연한 것이다. 경쟁력이 약한 부정적 해자 추세 기업들은 보통 시장점유율을 잃고 있거나, 비용을 상쇄하기 위해 가격을 인상할 수 없거나 혹은 경쟁

〈표 3-1〉 중앙값으로 측정한 실적 : 성장성, 수익성, 가치

	S&P 500 기업(%)	긍정적 해자 추세 기업(%)	부정적 해자 추세 기업(%)
최근 3년 연평균 EPS 성장률	11.9	14.7	2.1
향후 5년 연평균 EPS 성장률 전망	9.4	13.6	7.3
최근 3년 연평균 매출(수입) 성장률	7.9	12.8	4.8
향후 5년 연평균 매출(수입) 성장률 전망	5.2	9.2	3.8
향후 5년 연평균 EBIT 성장률 전망	7.8	12.7	6.8
최근 3년 연평균 영업이익률	15.7	15.9	11.9
향후 5년 연평균 영업이익률 전망	17.4	19.4	13.2
최근 3년 연평균 ROIC	13.0	10.9	11.4
향후 5년 연평균 ROIC 전망	12.6	12.4	9.8
EBITDA 대비 부채 비율(선행)	1.72	1.5	1.45
이자비용 대비 EBITDA 비율(선행)	11.7	11.8	8.4
선행 PER	16.0	17.8	13.8

* EPS : 주당 순이익, EBIT : 이자 및 세금 공제 전 영업이익, ROIC : 투하자본수익률, EBITDA : 이자·세금·감가상각비·상각비 공제 전 영업이익, PER : 주가수익비율

자료 : Morningstar Equity Research

자들에 의해 경쟁력을 잠식당하고 있는 상태에 있다. 반면 긍정적 해자 추세 기업들은 경쟁 양상이 개선되면서—예를 들어 시장점유율 상승 혹은 규모의 경제 확대—성장률과 수익성이 더욱 높아지기 때문에 보다 강한 실적을 보이는 경향이 있다.

해자 추세 분석 시 5대 고려 사항

1. 넓은 해자와 긍정적 해자 추세 등급을 동시에 받는 것도, 해자 없음과 부정적 해자 추세 등급을 동시에 받는 것도 가능하다.

해자 없음과 부정적 해자 추세 등급을 받은 기업들이 조만간 파산할 위험에 처한 것은 꼭 아니라 해도, 우리는 이런 기업들의 전략적 지위와 경쟁력이 이미 약해졌고 시간이 갈수록 더 약해질 것으로 본다. 또 우리는 긍정적 해자 추세를 가진 넓은 해자 등급의 기업이 자신의 해자를 계속 강화하고 있는 경우도 알고 있다. 넓은 해자를 가진 기업은 이미 큰 경쟁우위를 가진 기업이다. 이때 이 기업의 경쟁우위가 훨씬 더 강해지고 있거나 다른 추가적인 해자 원천들을 발전시킨다면, 우리는 이 기업에 긍정적 해자 추세 등급을 부여하게 될 것이다.

2. 해자 등급과 해자 추세 등급은 별개다.

우리는 해자 등급과 해자 추세 등급을 서로 독립적으로 평가한다. 그리고 해자 추세 등급을 해당 기업의 경쟁우위가 주어진 해자 범위 내에서 어떻게 변하고 있는지를 보여주는 지표로 본다. 예를 들면 좁은 해자에 긍정적 해자 추세 등급을 받은 기업은 경쟁우위가 강화되고 있기는 하지만, 해자의 질적·양적 특성이 넓은 해자 등급을 줄 정도로 강하지는 않은 기업을 말한다. 또 우리는 해자 등급이 변해도 해자 추세 등급은 별도로 평가한다. 예를 들어 부정적 해자 추세 등급을 가진 좁은 해자 등급의 기업이 있다고 할 때, 이 기업의 해자 등급을 해자 없음으로 낮춰도 해자 추세는 부정적 등급 그대로 유지될 수 있다.

우리는 〈그림 3-2〉에서처럼 해자 등급을 세 가지(넓은 해자, 좁은 해자, 해자 없음)로 분류하고, 각각의 해자 등급 내에서 별도로 해자 추세 등급(긍정적, 부정적, 안정적)을 부여한다. 넓은 해자 등급 기업 중에서도 어떤 기업은 다른 기업보다 강하고 보다 지속 가능한 경쟁 우위를 가지는데, 이런 기업은 넓은 해자 범주에서도 가장 넓은 해자를 가진 기업이다. 〈그림 3-2〉의 해자 등급 스펙트럼에서 보다 강한 넓은 해자 기업은 그보다 약한 넓은 해자 기업의 오른쪽에 위치하게 된다. 그러나 이 스펙트럼 상에서 한 기업이 섬하는 위치를 보여줄 목적으로 해자 추세 등급을 사용하지는 않는다. 보다 강한 넓은 해자 기업도 부정적 해자 추세 등급을 받을 수 있으며, 보다 약한 넓은 해자 기업도 긍정적 해자 추세 등급을 받을 수 있다. 이들 각각의 경쟁우위의 강도와 그 방향은 서로 다른 것이다.

〈그림 3-2〉 경제적 해자 등급과 해자 추세 등급의 독립성

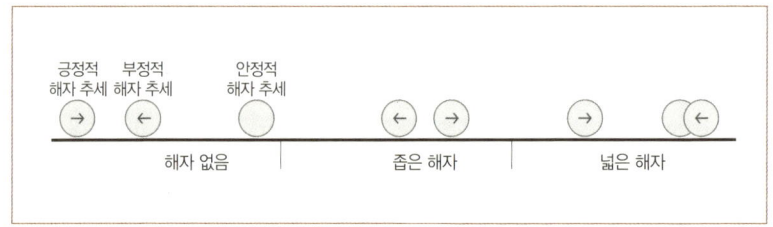

자료 : Morningstar Equity Research

3. 투하자본수익률의 변화가 해자 추세 등급 평가에 반드시 영향을 미치는 것은 아니다.

투하자본수익률의 증가와 긍정적 해자 추세가 서로 관련된 경우가 많지만, 언제나 그런 것은 아니다. 투하자본수익률은 해자와 관계없는 다른 많은 이유로도 상승할 수 있다. 예를 들어 제품 주기와 경기가 투하자본수익률에 상당한 영향을 미칠 수 있다. 사업 구성business mix의 변화도 해자 역학에 변화를 주지 않으면서 투하자본수익률을 변화시킬 수 있다. 심지어는 부정적 해자 추세임에도 불구하고 최소한 당분간은 투하자본수익률이 상승할 수도 있다. 예를 들어 성장 전망이 크지 않은 한 기업이 투자를 중단하거나 줄이면(그럼으로써 자신의 해자를 스스로 '거둬들이면' – 이 경우에 해자 추세는 부정적이 된다), 당연히 수년간 수익률은 상승하게 된다. 수익률 공식에서 분자(수익) 대비 분모(투하자본)가 줄었기 때문이다.

같은 논리로 투하자본수익률 하락이 그 자체로 해자 추세가 부정적임을 나타내는 것은 아니다. 투하자본수익률은 여러 이유로 하락할 수 있다. 그 중에는 실제로는 좋은 이유도 있다. 한 기업이 결국에는 해자를 강화하게 될 상당한 투자를 하면, 투하자본수익률이 하락할 수 있다. 그 기업이 무형자산을 강화하기 위해 광고나 연구개발에 상당한 지출을 하고 있거나, 궁극적으로 비용을 낮춰 줄 상당 규모의 신규 공장을 건설 중일 수도 있다. 어떤 경우든 해당 프로젝트가 오늘 바로 이익을 창출하는 게 아니고 오히려 투하자본수익률을 억누르지만, 이 기업은 지속적으로 자신의 경쟁우위를 유지하기 위해 장기적으로 올바른 행동을 하고 있는 것이다. 해자 추세에 대해서는 투하자본수익률을 넘어선 관점에서 생각해야 한다.

4. 해자 추세가 반드시 성장과 관계된 것은 아니다.

수입이나 매출의 상당한 증가나 급격한 감소가 그 기업이 긍정적 혹은 부정적 해자 추세에 있음을 나타내는 것은 아니다. 해당 기업의 사업이 급성장하는 시장에 속해 수입(매출)이 증가하고 있지만, 경쟁이 격화되거나 진입장벽이 없는 점 등이 이 기업의 지속적인 성장 능력을 위협할 수 있다. 반대로 한 기업이 사업상 불경기를 겪고 있거나 고객이 이 기업의 신제품에 대한 주문을 늦추고 있다면 수입은 일시적으로 감소할 수 있다. 기업의 경쟁력 현황을 적절히 평가하기 위해서는 단순한 수입 증가보다는 시간이 감에 따라 기업의 해자 원천들이 어떻게 변하고 있는지 살펴보는 것이 중요하다.

5. 사업 구성의 변화는 해자 추세 평가에 영향을 미치지 않는다.

해자 추세를 평가할 때 사업 구성의 변화는 어떻게 고려해야 하는지에 대해서는 두 가지 주장이 있다. 하나는 시간이 감에 따라 한 사업 부문이 보다 해자다운 모습을 갖출 경우 그 기업은 긍정적 해자 추세 등급을 받을 수 있다는 주장이다. 다른 하나는 사업 구성의 변화는 해당 사업 부문 자체의 경쟁력이 실제로 개선 혹은 악화되는 모습이 아니라 해자를 가진 상대적으로 고성장하는 사업 부문이 있다는 것을 보여주는 것에 불과하므로—이것이 경제적 해자 평가에는 중요한 요인이 되기는 하지만—해자 추세 평가에는 영향을 미치지 않는다는 주장이다. 우리는 두 번째 주장이 더 타당하다고 보는데, 그것은 이 주장이 단순한 성장률보다는 기업의 경쟁우위가 어떻게 변하고 있는지에 관심의 초점을 두고 있기 때문이다. 이런 시각은 단순한 성장이나 하락보다 경쟁우위가 개선 혹은 악화되고 있는지를 더욱 중시하는, 요컨대 해자를 강조하는 우리의 전체적인 분석법에 일치한다. 더욱이 경영진이—예를 들어 해자가 없는 대기업을 인수함으로써 기존의 넓은 해자 사업을 '열악하게 다변화diworsifying(다변화diversify와 열악화worsen를 합성한 저자의 조어)'시키는 식의—열악한 자본 배분 결정을 할 경우, 우리는 새로운 (열악한) 사업 구성을 감안해 해자 등급을 좁은 해자로 낮추거나 열악한 스튜어드십poor stewardship 등급을 줄 수 있다(우리의 스튜어드십 등급에 대해서는 다음 장을 참조하기 바란다. 우리는 경영진의 자본 배분 결정이 그 기업의 경쟁력과 경제적 해자에 큰 영향을 미칠 수 있기 때문에 주주자본을 활용하는 경영진의 스튜어드십을 평가하는 것이 우리의 분석에 매우 중요하다는 사실을 발견했다).

해자 추세 평가법을 배우는 가장 좋은 방법은 실제 사례에서 우리가 다양한 상황을 어떻게 분석했고 또 어떻게 해자 추세를 평가했는지 직접 살펴보는 것이다. 해자 추세 평가의 출발점은 어떤 해자 원천이 영향을 받는지 평가하는 것이므로, 우리의 실제 사례 연구를 해자 원천별로 소개했다.

해자 추세 분석 1 : 무형자산

해자 원천으로서의 무형자산에는 특허권, 브랜드, 연구개발 능력, 규제 환경 그리고 개념상 계량화하기 힘든 다른 항목들이 포함된다. 무형자산에 기반을 둔 해자는 특허권에 대한 의존도가 큰 헬스케어(의료건강)산업에서 많지만, 현재 이 산업은 긍정적 해자 추세와 부정적 해자 추세로 다소간 양분되어 있다. 그 한편에는 1980년대와 90년대 제약업계에 혁신의 물결이 몰아친 후 2000년대에 시작된 지속적인 연구개발 생산성 하락이라는 고통을 겪고 있는 거대 제약회사 아스트라제네카AstraZeneca 같은 기업이 있다. 간단히 말해 아스트라제네카는 보유 특허권이 만료되는 의약품을 대체할 새로운 혁신적인 약품 개발에 어려움을 겪고 있다. 그 와중에 FDA의 의약품 승인이 더욱 까다로워지고 있어 아스트라제네카가 사양 의약품을 신규 의약품으로 대체하는 것을 훨씬 어렵게 만들고 있다.

그런데 지난 10년 동안 거대 제약사들이 연구개발 생산성 문제로 고전하는 사이 바이오테크놀로지 기업들은 상당한 생산성을 기록해왔고, 이들 중 많은 기업이 현재 긍정적 해자 추세를 누리고 있다. 긍정적 해자 추세를 보이는 이런 기업들의 한 가지 핵심적인 공통점은 그들만의 독자적인 연구개발 플랫폼을 가지고 있다는 것이다. 이런 독자적인 연구개발 플랫폼을 통해 리제네론Regeneron과 시애틀 제네틱스Seattle Genetics 같은 바이오테크 기업들은 성공 가능성이 더욱 높은 분자와 항체를 골라낼 수 있었다. 요컨대 이들 각 기업에는 지식

공유가 지속적으로 이루어지고 있으며, 바로 이것이 연구기술적 관점에서 그들을 경쟁자보다 훨씬 생산적으로 만들 뿐만 아니라 긍정적 해자 추세까지 제공하고 있는 것이다.

이런 바이오테크기업은 각자 단일 개발 플랫폼을 이용해 다수의 솔루션을 만들어 내고 있으며, 그 과정에서 추가적인 응용 솔루션이 발견되기 때문에 이들의 무형자산 해자 원천은 더욱 강해진다. 예를 들어 시애틀 제네틱스는 항체-약물결합체antibody-drug conjugate(ADC) 기술 플랫폼을 개발했다. ADC에 의해 항체는 강력한 화학요법제와 직접 결합해 보다 정확하고 효과적인 치료를 할 수 있게 된다. 유방암 치료제 허셉틴Herceptin 같이 그 자체로 이미 상당한 암세포 살상력을 가진 항체는 암세포에 달라붙음으로써 암 화학요법제를 효과적으로 암세포로 운반할 수 있다. 암세포에 달라붙는 항체를 통해 암세포로 운반된 화학요법제는 유효 함량이 암세포에 작용하게 된다. 그 결과 화학요법제의 극심한 부작용이 경감된다. 항체가 암세포에 달라붙고, 보다 많은 용량의 암 치료제가 암세포에 전달되기 때문에 가능한 일이다. 이런 ADC들은 부유기뢰(물 위 또는 물속에 떠다니다가 어떤 물체에 닿으면 폭발하는 기뢰) 혹은 미니어처 약 폭탄으로 묘사되어 왔다. 현재 시애틀 제네틱스는 자체 의약품에 적용할 가장 효과적인 부유 결합체(혹은 기뢰)를 골라낼 수 있는 상대적으로 강력한 기술 플랫폼 중 하나를 보유하고 있으며, 시애틀 제네틱스의 결합체(ADC)들은 타 제약사와의 파트너 협력을 통해 개발한 차세대 암 치료제에 가장 널리 쓰이고 있다. 요컨대 자체 ADC 기술 플랫폼에 대한 경험이 쌓이면서, 시애틀 제네틱스의 결합체는 더 많은 의약품에 사용되고 있고, 시애틀 제네틱스는 파트너제약사에 더 높은 로열티를 부과할 수 있게 되었다. 이런 요인들을 고려해 우리는 시애틀 제네틱스의 무형자산 기반 해자가 계속 넓어질 것으로 평가했다. 〈그림 3-3〉은 항체-약물결합체 부문에서 갖는 시애틀 제네틱스의 지위를 경쟁자들과 비교한 것이다.

반면 세계에서 가장 강력한 브랜드임에도 불구하고 그 명성을 상실할 수도 있음을 보여주는 좋은 사례는 프록터&갬블Procter & Gamble(P&G)이다. 지난 10년 동안 P&G의 혁신 능력은 정체되었고, 그 사이 경쟁자들이 빠르게 격차를 줄여왔다. 1%의 시장점유율 변화도 큰 영향을 미치는 산업에서 P&G는 여러 시장에서 고진해 왔다. 예를 들어 P&G의 면도기 브랜드 질레트Gillette는 2005년 이후 면

〈그림 3-3〉 항체-약물결합체에 대한 임상시험 진행 10대 기업

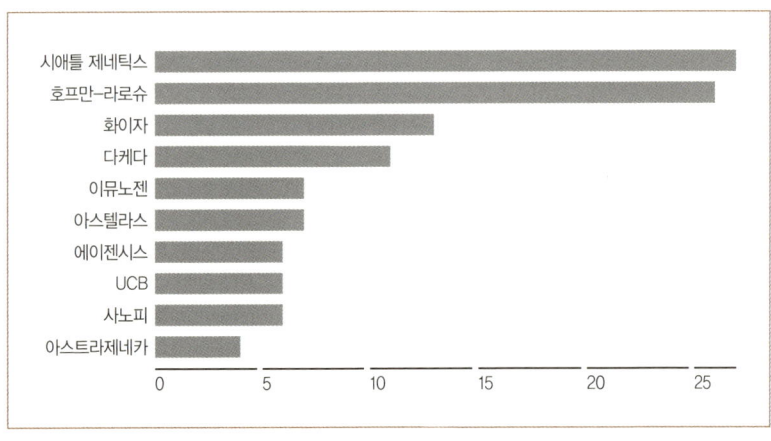

* 2012년 10월 현재   자료 : TrialTrove

도기와 면도날 시장에서 시장점유율이 계속 하락했고, P&G의 두 미용 브랜드 팬틴Pantene과 올레이Olay 역시 고전을 면치 못하고 있다. P&G가 직면한 문제를 가장 잘 보여주는 사례는 세제 부문일 것이다. 2007년에서 2012년 사이 북미 액체세제시장에서 P&G의 점유율은 약 0.7% 하락했으며, 미국 국내시장 점유율도 2012년 말 56% 밑으로 떨어졌다. 이에 P&G는 가격을 낮춰 점유율을 회복할 수밖에 없었고, 8년간의 연구 끝에 2012년 시의적절하게 출시한 신제품 타이드 포즈Tide Pods도 전체적인 시장점유율을 높이는 데 도움이 되었다. 현재 타이드 포즈는 75억 달러에 이르는 미국 액체세제시장에서 5억 달러의 시장을 점유하고 있다.

그러나 타이드 포즈의 성공에도 불구하고 우리는 P&G가 몇 가지 이유로 부정적인 해자 추세에 있다고 생각한다. 첫째, 매출액 대비 연구개발비 비율로 볼 때, P&G는 더 이상 경쟁자들보다 많은 투자를 하고 있지 않다. 그 결과 10년이 지난 지금도 타이드 포즈는 여전히 P&G 최초의 주요 혁신 사례로 남아 있다. 둘째, 2000년 P&G CEO로 취임한 A. G. 래플리A. G. Lafley는 단기 이익 실현을 보다 중시하면서 연구개발 노력을 분산시켰다. 그 결과 연구 초점이 카테고리 게임체인저game-changer(기존 시장의 게임 룰을 바꿀 수 있는 새로운 범주의 혁신적인 제품)를 만드는 것이 아니라 기존 제품 개량으로 전환되면서 2000년대 신제품 출시가 반으로 줄었다. 그 후 CEO로 취임한 밥 맥도날드Bob McDonald는 연구개발 노력을 집중화하기 위해 노력했지만, 북미시장에서의 경쟁 격화로 회사가 타격을 받는 가운데 신흥

시장으로의 진출을 너무 적극적으로 추진했다. 이는 특히 서브프라임모기지 사태 이후 대침체Great Recession(1930년대 대공황Great Depression과 구분해 말할 때 사용되는 서브프라임모기지 사태 이후의 경제 침체)를 겪은 북미지역 소비자들이 가치를 보다 중시하면서 대부분 고가인 P&G 제품에 대한 소비를 줄였기 때문이었다. 현재 맥도날드가 축출된 후 래플리가 다시 CEO가 되었고, 그 전에 P&G가 발표한 지출 100억 달러 감소계획을 고려할 때, P&G가 장기적인 경쟁력에 손상이 될 정도로 연구개발을, 궁극적으로는 혁신을 줄이게 되는 것은 아닌지 우려된다. 셋째, 지난 10년 동안 경쟁 환경이 매우 악화되었고, 이런 악화된 경쟁 환경은 앞으로도 계속될 것으로 보인다. 예컨대 지금 유니레버Unilever는 과거 한 제품을 10개국에서 출시할 때 들였던 시간과 같은 시간에 별 어려움 없이 여러 제품을 60개국에 출시할 수 있다. 과거 한때 이런 능력을 보유한 회사는 P&G뿐이었다. 캡슐세제 부문에서조차 72개들이 한 팩을 기준으로 할 때, 월마트에서 판매되는 타이드 포즈의 가격은 선 프러덕트Sun Products의 올 마이티 팩스All Mighty Pacs보다 80% 비싸고 독일 헹켈Henkel의 퓨렉스 울트라팩스Purex UltraPacks보다는 두 배나 비싸다. P&G가 8년에 걸쳐 개발한 제품과 동일한 제품을 두 주요 경쟁기업이 아주 신속하게 출시할 수 있었다는 것은 P&G에게 매우 곤혹스러운 일이며, 〈그림 3-4〉에서 볼 수 있는 것처럼 경쟁자들에 대한 P&G의 연구개발 우위가 축소 및 약화되고 있는 현상의 한 원인이기도 하다. 이런 모든 이유들로 인해 소비자들이 경쟁 제품과의 가치 차이를 뚜렷하게 인식하지

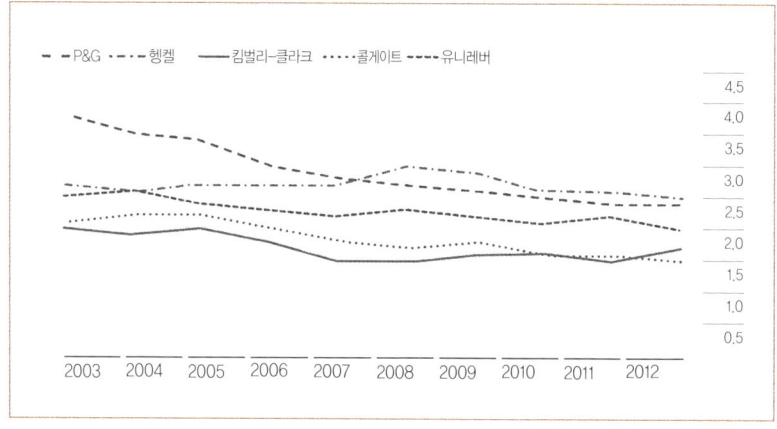

〈그림 3-4〉 P&G와 경쟁사들의 연구개발비 지출, 2003~2012년(매출액 대비 비율 기준)

자료 : 각 기업의 연차보고서

않는 한, P&G가 자사 제품에 프리미엄 가격을 부과하는 능력은 앞으로도 계속 약화될 것으로 보인다.

해자 추세 분석 2 : 비용우위

배달업계의 쌍두마차 UPS와 페덱스FedEx를 모르는 사람은 없을 것이다. 이 두 기업은 항공기와 트럭, 물류기지 그리고 매일 수백만 개의 소포를 정시에 세계 곳곳의 기업과 소비자에게 배달하는 기술 덕분에 거대한 규모의 우위를 누리고 있다. 이 두 거인이 업계 총매출액의 75%를 차지하는 미국시장에서 이들과 효과적으로 경쟁하는 데 필요한 비용은 수십억 달러에 달할 것이다. 경쟁자로 나섰던

DHL의 경우, 2000년대에 미국시장에 뛰어들었다 실패하면서 시장에서 철수하고 말았고, 그 결과 성과 없이 보낸 10년 동안 거의 100억 달러에 달하는 손실을 입었다. 그 사이 페덱스는 〈그림 3-5〉에서 볼 수 있는 것처럼 10년 이상에 걸쳐 미국 내 육상배달시장 점유율을 높이면서 UPS를 앞서 나감으로써 긍정적 해자 추세를 받았다.

 이런 페덱스의 성공 비결은 무엇일까? 1990년대 말까지만 해도 페덱스는 주로 항공배달시장을 지배했고, UPS는 육상배달시장을 지배하고 있었다. 사실 1990년대 중반 페덱스는 육상배달시장에 거의 관심이 없었고, '트럭'은 페덱스에 아무 의미도 없는 한 단어에 불과했다. 그런데 1990년대 말 UPS가 페덱스의 항공배달시장을 노리고 이베이와 아마존 같은 거대 인터넷쇼핑몰의 공식 배달업체가 되자 상황이 변했다. 항공배달시장 또한 장기적인 변화의 초기 단계에 있

〈그림 3-5〉 페덱스의 미국 육상배달시장 점유율, 2002~2013년

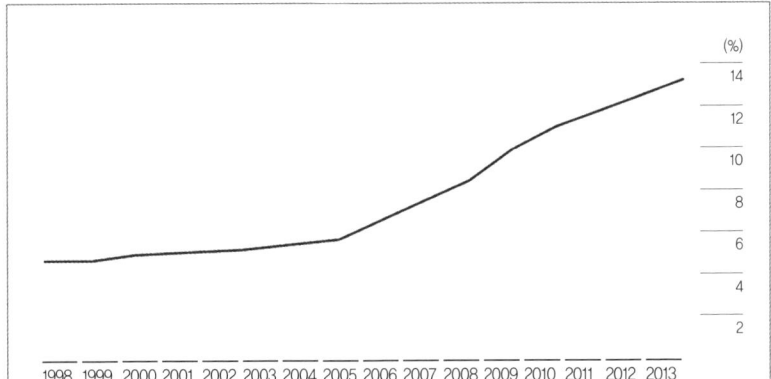

자료 : FedEx, Morningstar의 추산

었다. 비용에 신경 쓰는 기업들이 그 후 지난 10년 동안 보다 저렴한 육상배달 서비스를 선택한 것이다. 이로 인해 항공배달시장은 위축되고 말았다. 이에 페덱스는 UPS에 실제적인 반격을 가하며 미국 육상배달시장으로 뛰어들어야 한다는 것을 깨달았다. 행동에 나선 페덱스는 1998년 당시 육상배달시장에서 UPS의 최대 경쟁자였던 피츠버그의 로드웨이 팩키지 시스템Roadway Package System(RPS)을 인수해 페덱스 그라운드FedEx Ground로 개명하고 육상배달시장에 진출했다.

이 전투에서 페덱스의 가장 첫 번째 우위는 비용구조에 있었다. UPS는 갈색 유니폼을 입은 노조화된 회사직원들에 의존한 반면, 페덱스는 소포 접수 및 배달, 화물 트럭운송 모두를 회사직원이 아닌 외부 하청업체에 맡겼다. 페덱스 화물운송 트럭기사들은 더 많은 화물을 보다 정시에 운반할수록 더 많은 보상을 받는 보수체게 때문에 보다 효율적으로 일할 동기가 있었을 뿐만 아니라 스스로를 하나의 사업가처럼 생각하게 되었다. 페덱스 트럭기사들은 자신이 들르는 곳의 수, 다루는 소포의 수 그리고 배달지역 밀집도에 따라 보수를 받는다. 반면 UPS의 노조화된 직원들은 회사에 대한 충성심이 있기는 하지만, 페덱스에 고용된 트럭기사들만큼 그렇게 열심히 일할 동기는 적었다.

페덱스의 두 번째 우위는 기술이다. 2013년 초 페덱스는 회사의 육상배달 노선 1/3에서는 UPS보다 빠르게, 2/3에서는 UPS와 같은 속도로 배달했고, UPS보다 느린 경우는 3%에 불과했다. 이런 성과는 트레일러에서 소포를 내려 분류한 후 다른 트럭에 실을 때만 인력이 소요되는 매우 자동화된 페덱스 물류센터 덕분에 부분적으로 가능했다. 그리고—소포의 크기, 무게, 목적지 우편번호, 특정 시점에 그 소포가 분류 과정의 어느 단계에 있는지 등을 확인하는—실제 소포 분류 과정은 완전 자동화되었으며 0.001초 단위로 측정이 이루어진다. 또한 페덱스는 분류 장비 판매상들의 소프트웨어에 의존하기보다는 이들에게 페덱스 자체의 고객 분류 및 포장 소프트웨어 솔루션을 사용하도록 강제했다. 이는 월마트가 납품업자들에게 납품업체의 것이 아니라 월마트 자체의 납품명세에 따르도록 한 것과 유사한 것이다. 분류 과정에 대한 강화된 통제를 통해, 페덱스는 보통 일 년에 두 번 배달노선을 재설계하면서 8만 개 이상의 우편번호 지역에 대한 배달시간을 단축하려 노력하고 있다.

페덱스는 인력 구조와 배달 속도의 우위를 통해 우수한 수익성을 확보하고 있다. 항공운송보다 트럭운송에 소요되는 비용이 저렴한 탓에 페덱스의 육상배달 부문(페덱스 그라운드)은 항공배달 부문보다 훨씬 수익성이 좋다. 2013년 초 페덱스 항공배달 부문의 영업이익률이 6%에 불과한 반면, 페덱스 그라운드의 영업이익률은 20%에 육박했다. 페덱스의 시장점유율이 계속 상승 중이며 비용 및 기술 우위도 계속 강해지고 있는 점을 고려해, 우리는 페덱스를 비용우위에 기초한 긍정적 해자 추세를 가진 좋은 사례로 판단했다.

부정적 해자 추세의 예로는 엑슨모빌ExxonMobil, 세브런Chevron, 토탈Total 같은 메이저 석유회사를 들 수 있다. 이들은 모두 악화되는 비용 구조 때문에 경쟁우위를 잃어가고 있다. 우리는 오래전부터 저유가시대는 끝났으며, 이들 기업은 그런 변화에 제일 먼저 영향을 받을 것이라고 말해 왔다. 이런 변화를 가장 쉽게 설명할 수 있는 것은, 우리가 조사한 대형 석유회사들의 총생산량에서 재래식 원유와 천연가스가 차지하는 비중이 2008년 77%였지만 2016년에는 62%로 떨어질 것으로 전망된다는 점이다. 그렇다면 그 차이는 무엇이 메울까? 재래식 원유나 가스보다 생산비용이 높은 심해유전, 액화천연가스(LNG), 타이트 오일과 가스 등이 될 것이다. 결론적으로 우리는 석유기업의 배럴당 자본적 지출(1배럴 생산에 소요되는 비용)이 2006년의 32달러에서 41달러까지 30% 정도 상승할 것으로 예상한다. 이 문제를 다른 식으로 보자. 〈그림 3-6〉에서 볼 수 있듯이, 메이저 석유회사들의 원유 및 가스 생산 프로젝트 지출 비용은 2001년 400억 달러에서 2012년 1,200억 달러로 증가했다. 그럼에도 불구하고 이들의 총생산량은 2001년보다 감소했다. 원유 및 가스 생산이 주주들에게는 값비싼 일이 된 것이다.

산업 변화에 따른 비용 문제 외에도, 이 메이저 석유회사들의 경쟁우위는 세븐 시스터즈Seven Sisters(7대 대형 석유기업)가 전 세계 원유 및 가스 가채매장량(현재 사용하고 있는 채취 방법을 계속 쓰면서 현재의 원가 및 가격 수준으로 캘 수 있는 광업 자원 매장량)의 85%를 지배하던 1960년대와는 전혀 다르다. 오늘날 이 슈퍼 메이저들은 전 세계 원유 및 가스 가채매장량의 고작 6%밖에 지배하지 못하고 있으며, 석유수출국기구(OPEC)와 주요 산유국 국영 석유회사들이 거의 90%를 지배하고 있다. 원유 및 가스 가채매장량 지배권의 변화는 지

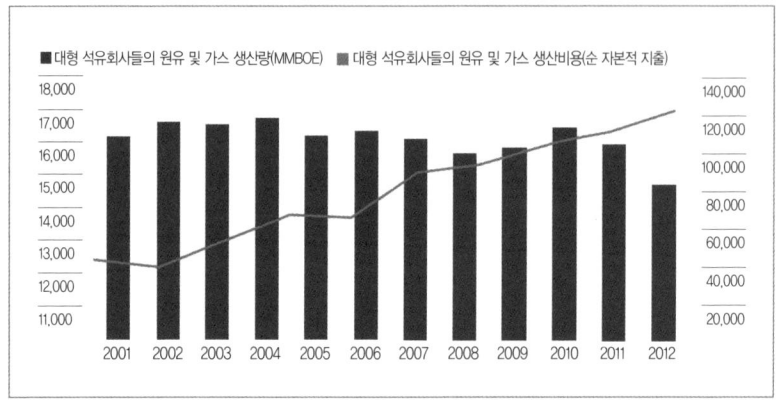

〈그림 3-6〉 대형 석유회사들의 자본적 지출과 생산량, 2001~2012년 (단위 : 100만 달러)

* 10년 연평균 생산 증가율 : 0.5%, 10년 연평균 자본적 지출 증가율 : 12%
자료 : 모닝스타 추산치, 각 기업 연차보고서

난 10년간 진행된 유가 상승과 더불어 산유국 국영 석유회사들이 점점 더 강한 가격 협상력을 갖게 되었음을 의미한다. 과거 메이저 석유회사들은 저유가 환경에서 기술과 자본에 목말라하던 국영 석유회사들에 기술과 자본을 제공할 수 있었다. 그러나 오늘날은 사정이 다르다. 원유가 배럴당 약 100달러인 지금(2012년) 사우디아라비아는 7,000억 달러 이상의 외환보유고를 가지고 있고, 사우디 국영 석유회사 사우디 아람코Saudi Aramco는 오일 및 가스 생산 프로젝트와 나노테크놀로지 같은 유전기술 투자에 향후 10년간 2,000억 달러 이상을 투자할 계획이다. 국영 석유회사들은 마구 쏟아지는 현금을 이용해 외국에서도 자산을 확보할 수 있게 되었으며, 많은 경우 메이저 석유회사들과 경쟁할 뿐만 아니라 이들과의 계약에서 보다 좋은 조건을 요구할 수 있게 되었다. 가격 협상력의 변화는 가채매장량을 가진 산유국들이 이란이 그런 것처럼 메이저 석유회사들과의 계약으로 창출된 수입의 99%를 주장할 수 있는 계약을 요구하고, 그런 계약을 체결할 수 있게 되었음을 의미한다. 서구의 메이저 석유회사와 국제 석유회사들에게 남아 있는 최선의 성장 가능 영역은 멕시코만의 심해유, 호주의 LNG 그리고 캐나다의 오일샌드처럼 국영 석유회사들이 통제하지 않는 분야인데, 이런 영역의 원유 생산비용은 배럴당 10달러인 사우디아라비아의 재래식 원유 생산비용을 훨씬 초월한다. 이런 모든 요인을 고려해 결론적으로 우리는 메이저 석유회사들의 경쟁우위가 하락하고 있으며, 해자 추세 역시 부정적이라고 본다.

해자 추세 분석 3 : 전환비용

기술 분야는 해자와 해자 추세를 평가하기 특히 어려운 분야이기는 하지만, 전환비용의 힘을 가장 잘 보여주는 사례이기도 하다. 기업이 소프트웨어 공급자를 바꾸는 것은 어마어마한 비용이 들어가는 일이 될 수 있다. 해당 소프트웨어가 그 회사의 핵심 업무와 관련된 경우 특히 그렇다. 더욱이 IT 부서들은 새로운 소프트웨어를 익히고, 새로운 고객 적응 시스템을 구축하며, 신규 사용자들을 교육시켜야 하는 노고와 소동을 원치 않는 경우가 많다. 또 새로운 소프트웨어 프로그램으로 전환하면 생산성과 안전성에 문제가 발생할 수 있고, 생산이 계획대로 이루어지지 않을 경우 전환은 수백만 달러의 비용만 소모한 채 무용지물이 될 수도 있다. 이런 높은 전환비용 때문에 기업을 대상으로 사업하는 좋은 소프트웨어 회사들은 기술적 위험성은 상대적으로 매우 적은 상황에서 라이선스 갱신으로 매년 현금을 받는 연금수령자와 거의 흡사하다고 볼 수 있다.

우리가 가장 좋아하는, 이런 범주에 드는 기업 중 하나가 병원·제약사·개인병원 등에 전자의료시스템을 제공하는 서너Cerner다. 서너는 의사, 간호사, 연구기술자, 제약사, 기타 의료진이 실수할 확률은 줄이면서도 보다 우수하고 효율적인 서비스를 제공할 수 있도록 병원에 완전한 기술 시스템을 제공해 준다. 서너시스템을 사용해서 얻을 수 있는 주요 혜택 중 하나는 의사가 병원의 어느 파트에서 기록된 것이든 환자의 의료 기록을 확인하고 업데이트할 수 있다는 것이다. 이는 환자가 치료를 위해 여러 곳을 이동해야 해서 그 환자의 가장 최근 기록을 찾기 어려울 경우에 특히 유용한 시스템이다. 또한 이 시스템을 통해 의사들은 처방전을 발행하고, 스케줄을 관리하며, 검사를 지시하고, 병원 내 많은 실수의 원인이 되는 환자 이송에 필요한 정보를 제공하며, 온라인으로 검사 결과를 제때 환자에게 알려 줄 수 있다. 모든 기록이 컴퓨터로 정리되어 자료 기입에서 생길 수 있는 오류의 확률을 줄이기 때문에 청구서 작성도 더욱 쉬워진다.

일단 이 시스템을 도입해 사용하면, 전환비용은 어마어마해진다. 많은 경우 서너시스템은 환자의 생사와 관련되기 때문에 소프트웨어를 변경하기 위해 시스템 작동을 중단한다는 것은 절대 선택할 수 없는 일이다. 서너시스템 재사용률이 99%라는 것이 이를 증명한다.

전자의료시스템 산업은 여전히 초기 단계에 있기 때문에, 서너의 전환비용은 지금부터 본격적으로 상승할 것으로 보인다. 2009년 제정된 건강정보기술법Health Information Technology for Economic and Clinical Health Act(HITECH)은 의사들이 전자의료기록시스템(EHR)을 채택하도록 유도하는 실질적인 금전적 동기를 제공할 뿐만 아니라, 의사들이 그 시스템을 실제로 일상 업무에 깊이 접목해 사용하고 있음을 증명하도록 요구하고 있다. 이런 규제는 서너와 그 경쟁자들의 입지를 매우 강화시켜 주고 있다. 2015년 이후에 전자의료기록시스템을 사용하지 않는 의사들은 의사에게 지급되는 노인의료보험 정부지급액의 1%를 벌금으로 물어야 하고, 이 벌금은 단계적으로 인상될 예정이다.

그런데 건강정보기술법만으로는 서너의 경쟁우위가 강화되고 있다는 것을 충분히 설명하지 못한다. 이 법은 산업 전체를 지원하는 제도로 서너 외에 다른 기업에도 도움이 되기 때문이다. 그러나 의료보험 정부지원금 인센티브를 받기 위해 실질적으로 전자의료기록시스템을 사용해야 한다는 조건을 충족시키는 일은 서너를 제외한 다른 기업들에게는 다소 어려운 과제다. 현재 전자의료기록시스템의 '실질적 사용'은 세 단계로 나뉘어 있으며, 처음 두 단계에 충족시켜야 할 조건은 50개에 이른다. 의료정보가 당사자는 물론이고 약사, 의사, 간호사, 보험사, 공공의료기관, 예방접종기록 전산등록 의료기관immunization registries들 사이에 아주 원활하게 전달되어야 하기 때문에 이런 조건을 충족하기 위해서는 매우 통합된 시스템이 필요하다. 현재 다른 기업의 의료정보 관리 시스템을 사용하는 의사나 간호사도 있기는 하다. 그러나 서너의 경쟁기업들은 문제를 더욱 악화시켜 왔을 뿐이다. 올스크립트Allscripts, 맥케슨McKesson, 메디테크 MEDITECH 같은 서너의 경쟁자들은 지난 몇 년 간 여러 시스템과 기술을 인수했는데, 그 결과 전체 시스템이 처음부터 하나의 시스템으로 통합 발전한 솔루션이 아니라 서로 다른 종류의 여러 솔루션이 뒤섞인 잡탕이 되었다. (반면 서너는 시냅스Synapse라는 자체 임상 프로그래밍 언어를 사용한다). 기술 인수를 통한 성장 전략으로 인해 병원에 시스템을 보급하는 일정이 지연되었으며, 이로 인해 그들은 전자의료기록시스템의 실질적 사용에 대한 정부의 인센티브 지급 데드라인을 맞추지 못했다. 그 결과, 실질적 사용에 대한 데드라인을 보다 쉽게 맞출 수 있는 유기적으로 구축된 서너의 시스템이 이 전통기업들로부터 시장을 계속 빼앗아 오는 중이다.

우리는 실질적인 사용 지침이 서너에 특히 중요하다고 보고 있다. 이 지침에 따라 의료 전문인들은 서너시스템을 사용하는 습관을 들여야 하고, 일단 그런 습관이 들면 바꾸기 어렵기 때문이다. 전자 처방, 검사 지시, 청구서 발행에 새로운 습관을 들이는 일은 서너의 증가하는 전환비용에 사실상 거의 영향을 미치지 않는다. 또한 서너는 의사들이 특정 질환을 가진 모든 환자들의 기록을 추적 조사하여 그들의 검사 결과를 살펴보고 치료가 어떻게 진행되고 있는지 확인할 수 있는 고객의료관리 툴도 제공하고 있다. 서너의 소프트웨어 알고리즘은 단 몇 초 내에 환자의 치료 기록을 분석해 의료진이 알아야 할 가장 중요한 정보를 찾아낸다(1~2분 내에 여러 정보로 가득 찬 두꺼운 바인더를 정리해 중요한 정보를 찾아내야 한다고 생각해 보라). 이런 혁신적인 소프트웨어로 인해 직업의료인들은 서너시스템을 단순한 거래 및 기록 저장 시스템이 아니라 하나의 유용한 분석 툴로 보고 의존하게 되었다. 우리는 이런 요인들로 인해 서너에 선순환이 이루어지고 있으며 해자 추세도 긍정적이라고 보고 있다.

그러나 우리가 소프트웨어 기반의 해자를 좋아하기는 하지만, 이런 해자는 시간이 가면서 서서히 파괴될 수 있고, 또 실제로 그러하다. 그 대표적인 사례가 SAP이다. SAP의 강점은 단일 소프트웨어 패키지로 기업의 마케팅, 판매 유통, 생산 계획, 자산 회계, 공급 사슬, 비용 통제, 프로젝트, 설비 유지, 인력 등 모든 것에 대한 관리를 지원하는 전사적 자원관리enterprise resource planning(ERP) 소프트웨어에 있다. SAP가 부과하는 상당한 연간 라이선스 수수료 외에도, SAP 소프트웨어를 실행하는 데만도 수천만 달러의 비용이 들 수 있고, 관련 직원 교육비도 비싸며, 소프트웨어의 실행 과정을 감시하는 외부 컨설턴트가 필요할 수도 있다. 또 기업들은 필요한 서버와 디스크 드라이버를 포함해 ERP 플랫폼 전체를 관리하는 IT 전문인력을 고용해야 한다. 그 후에도 시스템 운영이 잘못될 경우 회사의 핵심 업무 과정이 마비될 수 있으며, 이는 고객들을 화나게 할 뿐만 아니라 회사에 수천만 달러가 넘는 매출 손실을 발생시킬 수도 있다. 엄청난 비용과 시스템 운영에 필요한 노력 때문에 SAP 사용자들은 그다지 고착적인 경향을 보이지 않는다.

그러나 클라우드 기반 서비스형 소프트웨어software-as-a-service(SaaS)의 부상으로 SAP의 전환비용은 하락 추세에 있다. 세일스포스닷컴Salesforce.com이 보급한 SaaS는 고객들 입장에서 볼 때 매우 다른 새로운 모델이며, SAP의 사업에 상당히 파괴적인 모델이기도 하다. 세일스포스닷컴의 수입은 2004년부터 2012년 사이에 연간 48% 증가했다. 그리고 SAP의 소프트웨어는 핵심 데이터가 고객기업의 서버에 있어서 '사용자 PC 기반on-premise' 소프트웨어로 불리는 반면, SaaS는 그 기반을 자신의 머리(서버)로 바꿨다. 세일스포스닷컴의 소프트웨어는 모두 인터넷으로 접근 가능한 세일스포스닷컴 서버에서 제공되기 때문에 고객은 인터넷 브라우저만 사용하면 된다. 이는 전담 IT 인력과 컨설턴트가 필요 없음을 뜻한다. 고객 입장에서 SaaS를 선택하면 회사 비용을 상당히 줄일 수 있다. 이는 〈그림 3-7〉에서 확인할 수 있다.

SaaS는 기업의 소프트웨어 비용을 연간 라이선스 수수료라는 고정비용에서 용도와 변화하는 기업 니즈needs에 기초한 가변비용으로 바꿨다. 세일스포스닷컴과 유사 기업들은 처음에는 고객관리(CRM) 분야에서 최근에는 애플리케이션에서 성공을 거뒀지만, 특히 인력, 회계, 공급망계획 관리 분야에도 새로운 SaaS 모듈들이 출시되고 있다. 요컨대 시간이 가면서 모든 ERP 소프트웨어는 클라우드를 통해 그리고 아마도 단일 판매자를 통해 사용되는 제품이 될 것이다. 설

〈그림 3-7〉 SAP와 SaaS 사용 시 5년 총비용(%)

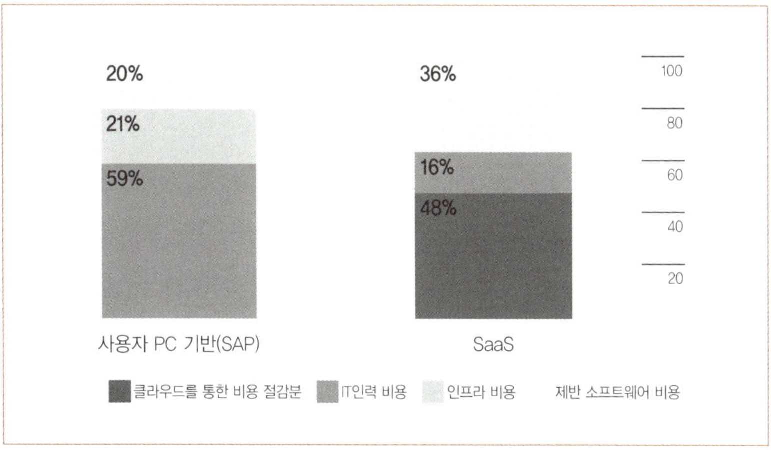

20%
36%
100
80
60
40
20
21%
59%
16%
48%
사용자 PC 기반(SAP)
SaaS
클라우드를 통한 비용 절감분
IT인력 비용
인프라 비용
제반 소프트웨어 비용

자료 : Salesforce.com, IDC

치의 용이성, 고정비용에서 가변비용으로의 전환, 필요 없어진 IT인력으로 인해 훨씬 낮아진 운영비용 등을 고려해 보면, 기업들이 SAP의 PC 기반 ERP 소프트웨어에서 점차 유연한 SaaS 솔루션으로 옮아갈 것으로 보인다. SAP가 전통적인 PC 기반 애플리케이션을 SaaS 형태로 제공함으로써 다시 거듭날 수 있을지는 여전히 지켜볼 일이다.

해자 추세 분석 4 : 네트워크 효과

우리가 볼 때, 네트워크 효과는 기업이 가질 수 있는 가장 강력한 해자 원천 중 하나다. 미국 온라인 쇼핑몰의 두 거인인 이베이와 아마존의 경제적 해자의 기반도 네트워크 효과에 있다. 기본적으로 이용자 기반이 확대될 때 제공되는 서비스의 가치가 증대되기 때문에 시장은 규모가 커질수록 그 가치도 커진다. 월간 이용자가 10억 명이 넘는 페이스북도 네트워크 효과가 발휘되고 있는 또 다른 좋은 예다.

메르카도리브레MercadoLibre는 네트워크 효과 때문에 긍정적인 해자 추세를 가진 가장 흥미로운 사례다. 메르카도리브레(번역하면 '자유시장free market')는 이베이 및 아마존과 유사한 쇼핑몰을 제공하는 중남미 최대의 온라인쇼핑몰이다. 1999년 이후 이 회사는 중남미 각국으로 사업을 확대해 상대적으로 동질적인 미국시장과 달리 운송, 관세, 진입장벽 규제 등이 서로 다른 여러 시장에서 성공했다. 인터넷 보급률이 80%에 이르는(그중 거의 90%가 브로드밴드를 사용하는) 미국과 달리 남미의 인터넷 보급률은 50%가 안 되며, 브로드밴드 보급률은 한 자릿수에 불과하다. 그러나 중남미에서 이런 수치는 급격히 상승하고 있으며, 더불어 온라인쇼핑몰의 매출과 인터넷 이용자도 두 자릿수 비율로 성장하고 있다. 향후 1~2년 내에 중남미지역에서 1억 명의 신규 인터넷 이용자가 늘어날 것으로 예상되므로 현재 9,000만 명인 메르카도리브레 이용자 수도 늘어날 게 분명하다. 더 중요한 것은 메르카도리브레의 이용자 기반이 이미 매우 크기 때문에 신규 진입자가 메르카도리브레 정도의 가치를 구축하려면 사실상 넘기 힘든 진입장벽을 넘어야 한다는 점이다. 이는 결국 메르카도리브레가 증가하는 신규 인터넷 이용자 중 훨씬 많은 이용자를 고객 기반으로 확보할 가능성이 매우 높다는 것을 의미한다.

메르카도리브레의 흥미로운 전략은 네트워크 효과에서 메르카도리브레가 갖는 우위를 훨씬 더 강력하고 지속 가능하게 만들어 준다. 메르카도리브레는 아마존, 이베이(메르카도리브레 지분의 18%를 소유하고 있다), 페이팔의 성공을 가능하게 만든 여러 요인들을 모방했다는 사실을 숨기지 않는다. "좋은 예술가는 모방하고, 위대한 예술가는 훔친다"는 말이 있다. 메르카도리브레의 경우가 그랬다. 예를 들어 메르카도리브레는 정가 판매fixed-price listings에 일차적인 초점을 맞춤으로써 경매가 거품auction bubble과 최근 이베이가 경매에서 정가 판매로 옮겨갈 때 겪은 고통스러운 과도기 상황을 피했다. 또한 메르카도리브레는 서로 다른 여러 판매수수료를 부과했던 이베이와 달리 약 6.5%의 단일 판매수수료를 부과하는 매우 단순한 수수료 구조를 가지고 있다. 이베이의 복수 판매수수료 체계는 지금도 여전히 판매자들의 불만의 근원이 되고 있다. 더욱이 메르카도리브레의 저가 수수료 정책은 경쟁자가 더 낮은 수수료로 공격해 올 여지를 사실상 없앴다.

메르카도리브레는 다른 기업에서 좋은 아이디어를 가져오기도 한다. 예를 들어 메르카도리브레는 메르카도파고MercadoPago를 통해 페이팔과 동일한 결제 서비스를 제공하고 있다. 현재 메르카도파고를 통한 연간 결제금액은 20억 달러에 이른다(페이팔의 경우는 1,000억 달러를 훨씬 넘는다). 또 메르카도리브레는 광고가 늘고 있는 크레이그리스트craigslist와 구글에서 아이디어를 가져와 홈페이지에도 광

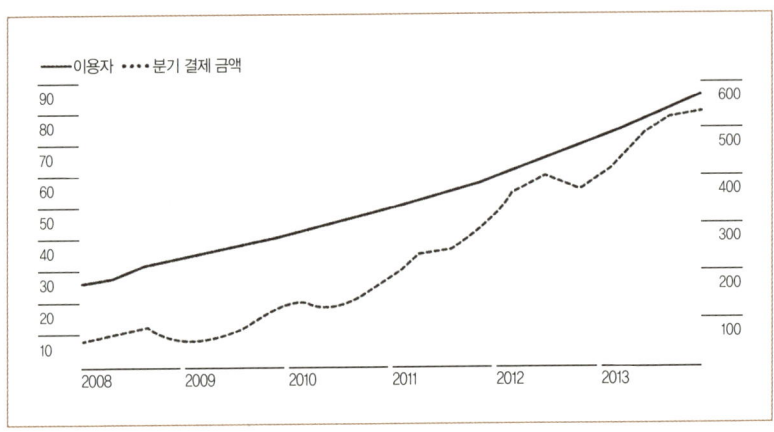

〈그림 3-8〉 메르카도리브레의 이용자 기반과 메르카도파고의 결제금액 증가

(단위 : 100만 달러)

자료 : MercadoLibre

고를 게재하고 있다. 〈그림 3-8〉에서 메르카도리브레의 이용자 기반 확대와 메르카도파고의 결제금액 증가를 확인할 수 있다.

네트워크 효과가 반대로 작용하는 사례로는 부정적 해자 추세를 보이는 나스닥Nasdaq과, 2013년 말에 인터컨티넨탈익스체인지 IntercontinentalExchange Group에 인수되기 전 독립기업이었을 때 부정적 해자 추세 등급을 받았던 뉴욕증권거래소(NYSE)가 있다. 과거 이 두 거래소는 증권 매매를 원하는 투자자들을 위한 주요 유동성 원천(즉 활발한 매매가 이루어지는 증권시장)으로서의 혜택을 누렸으며, 특히 뉴욕증권거래소는 상장을 통해 회사 평판을 높일 수 있다는 이유로 많은 좋은 회사를 유치할 수 있었다. 뉴욕증권거래소의 사업은 더 이상 그러지 못할 때까지 200년 이상 훌륭한 사업 모델로 존재해 왔다. 그러나 1990년대 말과 2000년대 초에 이르러 기술 발전과 규제 완화로 거래소산업에 경쟁이 격화되기 시작했다.

돌이켜 보면 거래소산업에서 속도, 기술, 낮은 거래비용이 강조되기 시작한 것은 이 두 대표 거래소의 경쟁우위가 하락하고 있다는 신호였다. 온라인 매매의 도입으로 주당 단 몇 센트라도 이익을 낼 수 있다면, 그것을 노리고 1/1,000초 단위로 매매에 들어오고 나갈 수 있는 초단타 매매 거래소들이 생겨나기 시작했다. 이들은 현재 두 대표 거래소에서 이루어지는 일간 거래량의 50~70%를 차지하고 있으며, 이들의 최우선 관심사는 뉴욕증권거래소나 나스닥에서 거래되고 있다는 식의 브랜드 평판이 아니라 매매 처리 속도와 매매 비용에 있다. 그 결과 나스닥과 뉴욕증권거래소는 향상된 전산 처리 능력을 이용해 주문을 보다 빨리 그리고 보다 잘 체결시킬 수 있는, 그래서 매매 체결 시간이 1/1,000초에 불과한 다이렉트 엣지Direct Edge와 배츠BATS 같은 기술적으로 우수한 시장 진입자들에게 추월당했다. 더욱이 이런 새로운 시장 진입자들의 소유자는 대개 고객들에게 사적 유동성 풀private pools of liquidity을 제공하고자 했던 JP 모건 같은 월스트리트 투자은행들이다.

시장의 필요와 우선순위가 변하자 두 대표 거래소들은 유동성(활발한 매매)을 유지하기 위해 지속적으로 가격을 인하하고 고객들에게 리베이트를 제공할 수밖에 없었다. 그러나 모두 헛된 노력이었다. 주식거래소는, 지정되어 보호받는 선물거래소 같은 제품이 아니라, 고객이 원하면 어느 거래소나 이용할 수 있는 대체 가능한 상품이 된 탓에 뉴욕증권거래소와 나스닥은 더 이상 최고의 주식거래소가 아니라 여러 거래소 중 하나에 불과하게 되었다. 따라서 이들이 보유했던 네트워크 효과 기반 해자의 가치는 사라지고 말았다. 그 결과, 2006년 뉴욕증권거래소의 '뉴욕증권거래소 상장주식 거래' 시장점유율은 1976년 이후 처음으로 75% 밑으로 하락했다. 이런 시장점유율 하락은 그 후에도 계속되어, 2013년 중반 뉴욕증권거래소는 '뉴욕증권거래소 상장주식 거래량'의 약 32%밖에 차지하지 못하고 있다. 나스닥도 비슷한 양상으로 시장점유율이 하락했다. 〈그림 3-9〉에서 볼 수 있듯이, 나스닥의 '나스닥 상장주식 거래' 시장점유율은 2006년 52%에서 2013년 30%로 하락했다. 두 대표 거래소가 보다 빠른 새로운 매매시스템을 도입해 반격에 나서면서 시장점유율 하락 추세가 최근 다소 둔화되기는 했지만, 경쟁 환경이 개선될 것

〈그림 3-9〉 나스닥과 뉴욕증권거래소의 시장점유율, 2006~2013년(%)

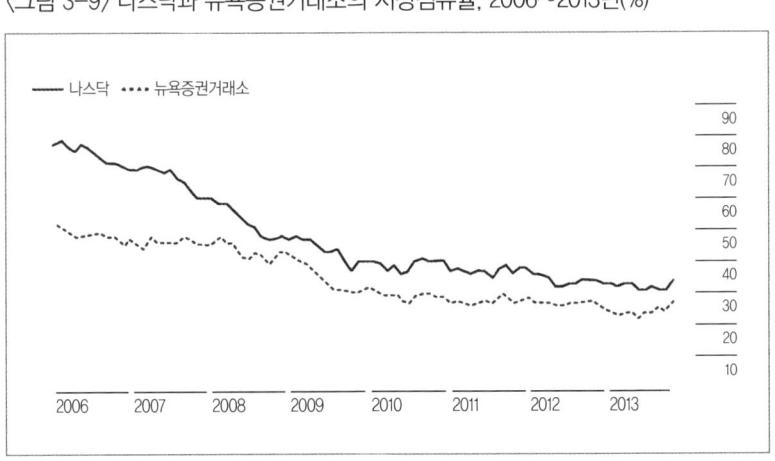

자료 : Nasdaq, NYSE

으로는 보이지 않는다. 주식 매매자들은 가장 우수한 주문 집행과 가장 유리한 가격을 찾아 수시로 온라인 주식매매 네트워크(매매 내역이 공개되지 않는 또 다른 유동성 근거지를 기관투자자에게 제공해 주는 상장 및 비상장 다크 풀dark pools)를 바꿀 것이기 때문에, 두 대표 거래소가 충분한 유동성을 유지하기 위해서는 가격을 인하해야 할 압력이 상존한다.

해자 추세 분석 5 : 효율적 규모

우리가 발견한 가장 새로운 해자의 원천인 효율적 규모가 분석에 도입된 것은 2011년 말이 되어서이다. 효율적 규모란 기업들이 매우 제한된 규모의 시장에서 사업을 하고 있으며 신규 진입자가 시장에 진입할 경우 업계 전체의 수익이 자본비용 밑으로 떨어지기 때문에 잠재적인 경쟁자가 시장에 진입할 동기가 거의 없는 상황을 말한다. 오랫동안 효율적 규모라는 해자의 원천이 우리 분석에 포함되지는 않았지만, 우리는 한 기업이 가진 효율적 규모의 우위가 긍정적 혹은 부정적으로 변하는 몇 가지 상황을 파악해 냈다.

예를 들어 희귀의약품을 전문으로 하는 바이오테크 회사들은 모두 효율적 규모를 통해 해자를 구축하고 있다. 1983년 미 의회는 고콜레스테롤처럼 환자군이 수백만 명이 아니라 몇 백 명 혹은 몇 천 명에 불과한 희귀병을 치료할 의약품 개발을 촉진할 목적으로 희귀의약품법Orphan Drug Act of 1983을 제정했다. 제약사들이 1960년대 초의 키포버-해리스 수정법Kefauver Harris Amendment에 따라 대규모 환자군을 대상으로 일반 질환을 치료하는 의약품 개발에만 초점을 맞추고 있는 문제를 시정하기 위해서였다. 제약사들은 FDA의 엄격한 안전 및 효능 조건을 충족시키기 위해 상당한 비용이 드는 임상시험을 거친 후 의약품을 판매해야 했는데, 이에 소요되는 엄청난 비용을 회수하기 위해서는 일반질환 의약품에 집중하는 것이 가장 효과적인 방법이었다. 그 결과 1980년대 초에 이르자 일반질환에 속하지 않은 많은 질환이 마치 고아처럼 방치되었다. 제약사들이 희귀의약품 개발을 비경제적으로 본 탓에 희귀병 치료가 사실상 불가능해진 것이다. 설혹 제약사가 희귀의약품을 개발했다 하더라도 소규모인 희귀병 환자군은 제약사가 개발비용을 회수하기 위해 고가로 책정한 의약품을 살 수 없었을 것이다.

희귀의약품법은 이런 문제를 해결하기 위해 제정되었다. 희귀병 치료제를 개발하는 대가로 규제를 통해 수익성을 보장해 줌으로써 희귀병 환자 대상 사업에도 경제성을 부여해 주었다. 현재 미국에서는 대상 환자군이 20만 명 미만인 경우에 희귀의약품 자격을 얻을 수 있다. 이런 희귀의약품을 개발 판매하는 제약사에 제공되는 혜택으로는 7년간의 배타적 시장독점권, 세제 혜택, 의약품 개발 정부지원금, 신속한 약품 허가 등이 있다. 희귀의약품법은 성공적인 법으로 평가된다. 희귀의약품법 제정 전에는 고작 38개의 의약품만 희귀의약품으로 지정된 반면, 법 제정 후 지난 30년 동안에는 무려 1,000

개가 넘는 의약품이 희귀의약품으로 지정되었다.

해자 중심의 시각에서 볼 때, 희귀의약품은 매우 매력적이다. 보통 한 기업이 한 희귀의약품시장을 장악하고 있기 때문이다. 모닝스타는 둘 다 좁은 해자를 가진 알렉시온Alexion과 바이오마린 제약BioMarin Pharmaceutical을 포함해 몇 곳의 희귀의약품 제약사를 분석하고 있다.

알렉시온의 솔리리스Soliris가 발작성야간혈색소뇨증Paroxymal nocturnal hemoglobinuria(적혈구를 파괴해 빈혈, 피로, 혈병血餠을 일으킴으로써 환자의 반을 15년 내에 사망에 이르게 한다) 치료제로 유일하게 승인받은 이유를 이해하기는 어렵지 않다. 솔리리스를 개발하는 일 외에도, 알렉시온은 겨우 8,000명에서 1만 명에 불과한 환자들을 확인하고 이들에게 약을 홍보하는 것은 물론 의사들에게 치료법을 교육하는 데도 심혈을 기울였다. 이런 노력의 대가로 알렉시온은 솔리리스에 대해 연간 사용가 40~50만 달러라는 높은 가격을 부과하고 있다. 바이오마린은 1형 점액다당질증mucopolysaccharidosis(MPS 1) 치료제인 알두라자임Aldurazyme을 포함해 다양한 질병을 대상으로 한 제품군을 보유하고 있다. MPS 1 환자들은 당사슬sugar chain을 분자로 분해하는 데 필요한 11개의 효소 중 하나를 충분히 생산해 내지 못해 뼈, 장기, 뇌에 손상을 입는다. 미국에서 이 병으로 고통 받는 사람은 겨우 3,000명에 불과하며, 바이오마린은 알두라자임에 20만 달러의 연간 사용가를 부과하여 이 약을 연매출 약 2억 달러의 제품라인으로 만들었다. 희귀의약품법에서 부여한 배타적 시장독점기간 외에도, 이런 약들은 제조하기가 매우 어려운 탓에 신규 경쟁자들이 이 조그만 시장에 뛰어들 가능성을 훨씬 낮추고 있다.

희귀의약품을 새로운 시장에 출시할 수 있다는 점이 두 기업을 훨씬 매력적으로 만드는 데, 이 때문에 이들은 긍정적 해자 추세를 보이고 있다. 효율적 규모의 시장은 한 기업이 효과적으로 사업을 하고 있는 시장이기 때문에, 한 제약사가 한 희귀의약품의 적응질환을 확대해 다수의 희귀병 틈새시장에서 사업할 수 있을 때 요컨대 다수의 효율적 규모의 시장을 갖게 될 때, 긍정적 해자 추세가 나타날 수 있다.

알렉시온은 솔리리스로 이런 전략을 추구하면서, 중증 및 재발성 시신경척수염neuromyelitis optica(눈 통증, 시력 상실, 수족 약화나 마비, 방광 및 직장 조절장애 등을 유발), 시가톡신이란 독소를 만드는 대장균에 의한 용혈성요독증후군Shiga-toxin-production E. coli hemolytic uremic syndrome(장기 손상 유발), 중증 및 난치성 근무력증myasthenia gravis(시야 침침, 발음 불명확, 씹기 장애, 삼키기 장애, 호흡 장애 등 유발) 같은 몇 가지 다른 질병에 이 약의 효능을 테스트하고 있다. 희귀의약품시장에서 솔리리스가 대결할 경쟁자 수가 지극히 제한적이라는 점을 고려했을 때, 알렉시온은 이 각각의 새로운 적응 영역을 확보하면서 경쟁우위를 확대할 것으로 보인다.

바이오마린도 향후 몇 년 후 새로운 제품과 적응 영역을 확보하면서 희귀의약품 포트폴리오를 확대할 것이기 때문에 긍정적 해자 추세를 보이고 있다. 희귀의약품 전문 제약사들에 대한 추가적인 보너스로 FDA는 비희귀의약품보다 희귀의약품에 훨씬 빠른 사용 허가를 내주는 경향이 있는데, 이는 〈그림 3-10〉에서 볼 수 있는 것처럼 희귀의약품 전문 제약사들의 비용을 크게 줄여줌으로써 수익성을 높이는 데 도움을 주고 있다.

이와는 반대로 효율적 규모에 기초한 해자가 훼손되는 경우는 어떤 때일까? 한때는 한 기업이 효율적으로 사업했지만 지금은 여러 기업이 효율적으로 사업을 할 수 있는 시장을 찾아보자. 통신산업이 좋은 예가 될 것이다. 텔레콤 뉴질랜드Telecom Corporation of New Zealand 의 사례가 그렇다. 1980년대까지의 미국 통신회사들처럼 뉴질랜드 통신회사들도 지역 독점을 누리고 있었다. 통신시장에서 경쟁을 촉진하면 나라 곳곳에 전선과 전신주가 중복 설치되어 낭비와 비효율

〈그림 3-10〉 의약품 사용 허가 속도와 희귀 및 비희귀 의약품의 성공 가능성

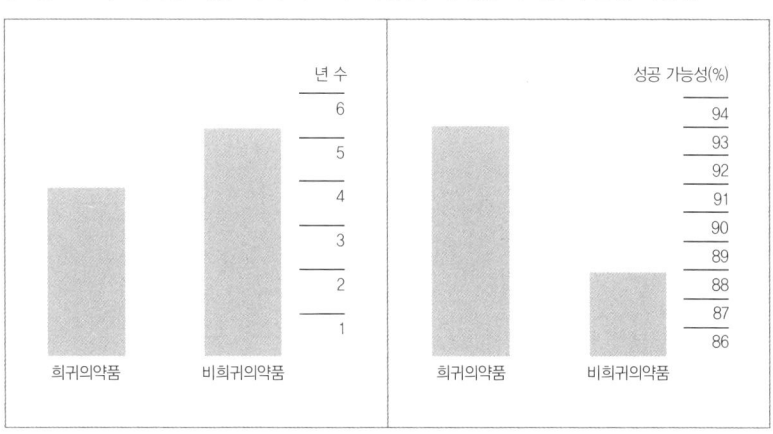

* 사용 허가 시간은 2단계 임상시험 시작부터 약품의 상업적 출시까지 걸린 시간

자료 : Drug Discovery Today

이 초래될 것으로 본 규제당국의 우려 때문이었다. 그런데 2000년대 초 뉴질랜드 정부는 자국민이 다른 선진국과 달리 부적절한 통신서비스에 대해 너무 비싼 요금을 내고 있다고 보고 통신산업에 대한 규제를 점진적으로 완화했다. 그 결과 텔스트라클리어$_{TelStraClear}$(지금의 뉴질랜드 보다폰$_{Vodafone\ New\ Zealand}$), 오콘$_{Orcon}$, 투디그리즈$_{2degrees}$, 아이허그$_{ihug}$ 같은 새로운 경쟁자들이 통신시장에 뛰어들었고, 이로 인해 텔레콤 뉴질랜드의 이동통신시장 점유율은 1999년 68%에서 2012년 중반 32%까지 하락했다. 더욱이 향후 더 많은 경쟁자가 계속 통신시장에 뛰어들어 통신업체들의 시장점유율과 산업 전반의 수익성을 압박할 것으로 예상된다. 요컨대 규제당국이 어떤 한 시장에서 한 기업이 아니라 다수의 기업도 효율적으로 사업할 수 있다고 판단할 때, 부정적 해자 추세가 나타날 가능성이 높다.

해자 추세 분석을 위한 체크리스트

지금까지 우리는 해자 추세를 평가할 때 고려해야 할 모든 것을 보여주기 위해 여러 구체적인 사례들을 살펴보았다. 여기서는 각 해자의 원천에 대해 고려해야 할 핵심 질문들을 상기하는 데 도움이 될 체크리스트를 요약해 보도록 하겠다.

1단계 – 해당 기업의 해자 원천(들) 파악 :
  이를 위해 다음의 질문을 하고 변화가 발생한 이유를 설명할 수 있어야 한다.

2단계 – 일반적이고 양적인 추세와 관련된 질문 :
  ① 해당 기업이 해당 산업에서 차지하는 시장점유율이 상승 중인가, 하락 중인가?
  ② 경기주기 평균 영업이익률이 현재 수준보다 높은가, 낮은가?
  ③ 한계 투하자본수익률 incremental ROIC이 현재 수준보다 현저히 높은가, 낮은가?
  ④ 전체 산업의 이익에서 해당 업종이 차지하는 비중이 증가하고 있는가, 감소하고 있는가?
  ⑤ 해당 기업 제품의 가격 추세는 어떠한가?
  ⑥ 해당 기업이 직면한 큰 기회와 위협은 무엇인가? 해당 기업이 보유한 기존의 우위를 새로운 제품 범주나 시장으로까지 확대할 기회가

있는가? 반대로 해당 기업 시장에 대한 진입장벽이 낮아지고 있어 신규 진입자들이 해당 기업에 타격을 줄 위험이 있는가?

3단계 – 해자 원천별 질적인 추세 관련 질문 :

1. 비용우위

① 공급업체의 가격협상력이 강화되고 있는가? 해당 기업이 공급업체가 청구하는 비용을 시의적절하고 효율적으로 처리할 수 있는가?

② 한 기업의 비용구조 추세가 향후 경쟁자 및 해당 산업과 다른 이유는? 그렇게 다른 이유가 그 기업만의 독특한 현상인가?

③ 해당 기업 제품의 가격/가치 방정식을 변화시킬 수 있는, 요컨대 해당 기업 제품의 가격 하락 압력으로 작용할 대체재나 보완재가 있는가?

2. 네트워크 효과

① 각각의 이용자(고객)가 해당 네트워크나 시장과 어느 정도 연계되어 있는가? 연계 정도가 증대되고 있나, 하락하고 있나?

② 고객이 다른 네트워크에 들어가서 유사한 혜택을 얻을 수 있는가? 아니면 해당 시장이 단일 승자가 독식하는 시장인가? 경쟁자들이 자체 네트워크 구축을 시작했는가?

③ 해당 기업이 자신의 네트워크에 부가되는 각각의 추가 접점을 어떻게 획득하고 있는가? 이용자들이 중개자를 배제하고 서로 직접 연합하여 해당 네트워크와 동일한 네트워크를 형성할 수 있는가?

3. 전환비용

① 기술 발전이 해당 산업에 타격을 주고 산업 전체의 전환비용을 낮추고 있는가?

② 계약 기간이 길어지고 있나, 짧아지고 있나?

③ 해당 기업의 제품이 특정 용도에 어떻게 고객 맞춤화되어 있는가? 해당 산업에서 고객 맞춤화 수준이 증가하고 있는가 혹은 감소하고 있는가?

4. 무형자산

① 해당 기업 브랜드를 소비하기 위해 기꺼이 가격을 지불할 용의가 있는 고객이 증가하고 있는가, 감소하고 있는가? 만약 그 브랜드가 명성, 사회적 평판 혹은 다른 감정적 유대에 관련된 것이라면, 그 브랜드에 대한 인식에 영향을 미치고 있는 요인들의 중요성이 커지고 있나, 작아지고 있나?

② 해당 기업의 무형자산에 기반한 해자 추세가 특허권을 통해 형성된 것이라면, 그 특허권으로 제품이나 서비스를 설계하기가 얼마나 쉬운가? 연간 특허 획득, 개발한 기술에 대한 라이선스 이용 고객 혹은 전체적인 의약품 허가율 측면에서 연구개발 생산성 추세는 어떠한가?

③ 해당 산업이 학습곡선 효과 learning-curve benefits(경험, 학습, 생산이 증가하면서 비용이 낮아지는 효과)가 있는 산업인가?

5. 효율적 규모

① 해당 기업과 규제당국의 관계는 어떠한가?

② 새로운 기술과 시장의 출현 혹은 다른 상황의 전개로 인해 규제당국이 기존 규제의 전제와 가정들을 재고하고 있지는 않는가?

③ 해당 시장의 성장률 전망으로 볼 때, 시간이 감에 따라 신규 진입자가 보다 확대된 시장에 진입하기가 더 쉬워지는가, 아니면 더 어려워지는가?

4 스튜어드십이 경제적 해자에 미치는 영향

시간이 가면서, 기업 경영진의 자본 배분 능력이 그 기업의 가치에 큰 영향을 미친다.
― 버크셔해서웨이, 1994년 주주서한

오늘날 자본의 신중한 배분은 과거 그 어느 때보다 중요해졌다. 정상에 오른 성공적인 기업이라 해도 급속한 기술의 발전, 세계화, 치열한 이윤 추구 등으로 인해 정상에 머물 수 있는 시간은 급격히 짧아지고 있다. 컨설팅기업 이노사이트Innosight에 따르면, S&P 500에 속한 한 기업이 그 지위를 유지하는 기간은 1958년 평균 61년에서 1980년 평균 25년, 2011년에는 평균 18년으로 줄었다. 이처럼 갈수록 다원적 적자생존이 치열해 지는 기업 환경에서, 그리고 그런 기업 환경이라면, 기업 경영진이 자사주 매입과 배당금 지급을 통해 주주들의 현금 수익은 유지해 주면서도 주주자본을 해자 확대 프로젝트 및 투자에 얼마나 효과적으로 배분하고 있는지 이해하는 것이 매우 중요하다.

스튜어드십 분석법

모닝스타의 스튜어드십Stewardship 분석법의 핵심은 '경영진이 회사 자본을 얼마나 효과적으로 배분하고 있는지'를 분석하는 것이다. 우리는 오랫동안 아무리 능력 있는 경영진이라 해도 경영진 자체가 해자를 이루는 것은 아니라고 믿었다. 해자 등급을 평가할 때 우리는 주로 해당 기업의 구조적 특징을 찾는 데 주력했고, 이론상 훌륭한 경영진을 해자의 원천으로 볼 경우 이들이 회사를 나가면 그 회사의 지속 가능한 경쟁우위도 사라진다는 결론이 나오기 때문이었다. 그러나 강력한 경영진 자체가 경제적 해자의 원천이 될 수는 없어도, 경영진의 자본 배분 결정이 해자의 구축, 강화, 훼손을 초래할 수는 있다고 믿는다. 요컨대 우리는 조사하는 각 기업에서 경영진과 해자의 상호관계를 보다 잘 이해하고자 노력한다.

스튜어드십(경영진의 자본 배분 능력)을 평가하는 목적은 언제나 '경영진이 주주이익에 얼마나 잘 헌신하고 있는지' 밝히려는 데에 있지만, 2011년 중반에 와서는 기존의 평가법을 다소 개선했다. 애초에 우리는 스튜어드십 평가를 위해 기업지배 관행corporate governance practices에 대한 일종의 '체크리스트check-the-box' 평가법을 사용했다. 그러나 곧 이 방법이 경영진의 자본 배분 결정과 주주가치 창출 능력을 제대로 평가할 수 있는 도구가 아니라는 것을 발견했다. 사실, 우리는 열악한 기업지배 관행에도 불구하고 매우 훌륭하게 자본 배분을 하는 기업을 상당수 발견했고, 반대로 우수한 기업지배 관행에도 불구하고 자본 배분이 열악한 기업도 상당수 발견했다. 예를 들어 기존의 평가법을 사용했을 때, 포드자동차는 특히 의결권이 서로 다른 두 개 클래스의 주식이 있는 등 열악한 기업지배 관행 때문에 스튜어드십 등급이 매우 낮았다. 그러나 우리는 포드의 CEO 앨런 멀러리Alan Mulally가 2006년 취임 후 주주자본을 훌륭히 배분해 왔다고 믿는다. 더욱이 좋은 기업지배 관행으로 간주되는 사항들도 선진국시장이나 신흥국시장 등 시장에 따라 꽤 다르며, 따라서 서로 다른 시장에 속한 두 기업의 스튜어드십을 비교하기가 어렵다는 사실을 발견했다.

우리가 새로 도입한 개선된 스튜어드십 평가법은 체크리스트 항목을 체크하는 것보다는 투자 전략, 투자 시기 및 가치, 재무레버리지 사용, 배당 및 자사주 매입 정책, 실행력, 경영진 보수, 관련 당사자와의 거래, 회계 관행 등과 관련된 경영진의 그간의 성과에 더 초점을 맞춘 것이다. 우리는 이런 요인들이 서로 다른 시장에 속한 기업들의 스튜어드십을 비교하는 데 보다 보편적으로 적용될 수 있을 뿐 아니라, 경영진이 주주자본을 얼마나 잘 배분해 경제적 해자를 구축하고 강화하는지도 더 잘 보여준다는 것을 발견했다.

경영진의 성과를 평가할 때, 우리는 일부 성과—특히 단기 성과—는 능력보다는 운 때문일 수 있다는 점을 항상 염두에 둔다. 투자자가 올바른 모든 단계를 거쳐서 주식을 평가했음에도 시장의 급락이나 다른 예상치 못한 사건이 실적을 훼손할 수 있듯이, 경영진이 훌륭한 결정을 했음에도 단기적으로는 나쁜 성과를 낼 수 있다. 마이클 모부신Michael Mauboussin이 『성공 방정식The Success Equation』에서 말한 것처럼, "어느 정도 행운이 따라 주면, 좋은 과정은 좋은 결과를 가져올 것이다. 그러나 '장기적으로 볼 때만' 그렇다". 행운은 있을 수도 없을 수도 있기 때문에, 우리는 경영진의 투자 평가 과정이 얼마나 철저했는지를 관심 있게 보고 최근의 성공과 실패가 그 과정을 변화시키지는 않았는지 판단하려고 한다. 이런 분석을 통해 단기 실적이 갖는 의미보다는 해당 기업의 일반적인 자본 배분 결정의 질에 대해 더 많은 것을 알 수 있다고 믿는다.

우리는 스튜어드십을 평가할 때 경영진이 보유 자원을 얼마나 잘 활용해 왔는지를 확인한다. 어떤 결정의 결과가 어땠는지 평가하기 위해 단순한 사후 판단을 하기보다는 결정을 내리던 순간의 경영진 입장이 되어보려고 노력한다. 타 회사 인수, 합작회사 설립, 자본적 지출에 대한 투자, 자사주 매입 등을 결정할 당시 경영진의 사고 과정을 평가하기 위해서는 다음 사항들을 알아야 한다.

- 그 당시 경영진에게 다른 선택이 있었는가?
- 결정 시점이 해당 산업의 경기주기와 얼마나 잘 맞아 떨어졌는

가?
- 기업 인수나 투자 회수를 발표할 당시에 해당 산업의 일반적인 가치는 어떠했나?

한 기업의 자본 배분 실적과 신규 투자 평가 과정을 철저히 검토한 후, 우리는 해당 기업 경영진에게 모범적exemplary, 평균standard, 열악poor의 스튜어드십 등급을 매긴다. 〈표 4-1〉은 이런 등급의 분포 현황과 등급별 평가 이유를 나타낸 것이다.

〈표 4-1〉 스튜어드십 등급 분포와 등급별 평가 이유

등급	비율(%)	평가 이유
평균	84	조사 대상 기업 대부분이 우리가 기본적으로 부과하는 평균 등급을 받았다. 경영진이 특별히 강하거나 열악한 자본 배분 결정을 했다는 증거가 없거나, 그 결정의 순결과가 주주가치에 거의 아무런 영향을 미치지 못했기 때문이다.
모범	9	주주자본을 모범적으로 활용한 경영진은 가치를 제고한 기업 인수, 최적의 재무레버리지 활용, 이상적인 배당 및 자사주 매입 정책, 경쟁우위를 강화하는 투자 등을 한 실적이 있다. 또한 모범적인 경영진은 단기적으로 비용을 치르더라도 장기적으로 주주가치를 창출하는 일에 더 초점을 맞춘다. 모범 등급을 확인할 수 있는 좋은 리트머스검사는 "해당 기업 경영진이 올해의 CEO나 CFO 후보인가?"를 묻는 것이다.
열악	7	주주자본을 열악하게 활용하는 경영진은 주주 관점에서 볼 때 매우 부적절한 재무레버리지를 보이고, 가치 파괴적인 투자 실적(영업권 상각이 그 증거 중 하나다)을 기록했으며, 사업적·전략적 실행 관련 실수를 자주 범할 가능성이 더 높다.

자료 : Morningstar analysis

12가지 스튜어드십 분석 포인트

스튜어드십에 대한 일반적인 내용을 확인했으니, 이제 자본 배분과 관련된 공통 요인들을 어떻게 분석하는지에 대해 보다 자세히 살펴보도록 하자.

1. 투자 전략과 가치평가

요약하면 기업이 자본을 가지고 무엇을 할지 결정할 때, 기본적으로 세 가지 옵션이 있다. 사업에 재투자하거나, 저축(내부 유보)하거나, 주주들에게 돌려주는 것이다.

자본적 지출이나 타 회사 인수를 통해 사업에 재투자하는 것은 대부분의 기업이 주주자본을 활용하는 가장 우선적인 옵션이다. 재투자에 대해 생각할 때는 사업의 규모를 확대하는 것이 경영진에게 최선의 관심사인 경우가 많다는 점을 염두에 두어야 한다. 회사가 커질수록 경영진이 더 많은 보수를 가져갈 수 있기 때문이다. 우리가 성장을 반대하는 것은 아니지만, 진행 중인 성장이 올바른 성장—즉 장기적인 가치를 희생하면서 단기 실적을 높이는 성장이 아니라 가치를 증대시키고 해자를 확대하는 성장—인지는 분명히 알고 싶다.

기업을 분석할 때 해야 할 핵심 질문은 "해당 기업이 성장을 추구하면서 핵심 역량을 잃고 있는 것은 아닌가?"이다. 우리는 다른 모든 조건이 동일하다면, 가장 잘 아는 일을 고수하는 기업을 선호한다. 모범적인 스튜어드십을 가진 기업은 핵심 사업과 경쟁우위를 구축하거나 강화하는 프로젝트에 지속적으로 투자해 온 기업일 것이다. 마찬가지로 우리는 핵심적이지 않거나 실적이 저조한 자산을 좋은 혹은 적정 가격에 매각한 실적이 있는 경영진을 선호한다. 예를 들어 주류회사인 브라운-포먼Brown-Forman은 비핵심 사업라인에 대한 매각—2007년 내구성 소비재사업 매각, 2009년과 2011년 여러 와인 브랜드 매각—결정으로 모범적인 스튜어드십 등급을 받았다. 이런 결정으로 브라운-포먼은 핵심 사업에 집중하면서 자본비용을 훨씬 초과하는 수익을 지속적으로 창출할 수 있었다.

  핵심 역량 외의 프로젝트나 사업에 자주 뛰어드는 기업은 그런 행위를 사업 다각화나 경기주기에 따른 사업 변동성을 줄이는 방법으로 정당화하기도 한다. 그러나 이런 거래는 두 가지 면에서 투자자에게 해를 끼칠 수 있다. 첫째, 투자자들은 다른 증권을 이용해 스스로 자기 포트폴리오를 훨씬 싸게 다각화(분산)할 수 있다. 둘째, 그런 거래는 달갑지 않은 돌발 상황, 기대보다 열악한 시너지 그리고 합쳐진 기업들간의 문화적 충돌 등이 발생할 확률을 높인다. 또 기업들은 장기적인 가치 창출을 등한시하면서 단기 성장을 촉진하기 위한 수단으로 비핵심 사업을 인수할 수도 있다. 포장업체 실드 에어Sealed Air가 2011년 청소업체 다이버시Diversey를 43억 달러에 인수한 것이 좋은 예다. 포장과 청소 서비스는 서로 중복되는 부분이 별로 없다는 점을 감안할 때, 이 거래의 전략적 이유는 그 근거가 매우 미약했다. 설상가상으로 실드 에어는 인수 비용을 조달하기 위해 (유상증자 등으로) 주주가치를 희석하고 위험한 차입을 했다. 이 거래가 발표된 직후 몇몇 임원—다이버시에서 2명, 실드 에어에서 1명—이 사임했으며, 실드 에어의 최대주주는 한때 30%가 넘던 회사 지분 대부분을 매각해 버렸다. 이 거래가 완료된 지 불과 1년 만에 실드 에어는 다이버시 인수로 12억 달러의 감손비용이 발생했으며 부채비율도 급증했다.

마지막으로, 기업이 전략적 견지에서 좋은 대상에 지속적으로 투자했다 해도, 거기에 너무 과도한 지출을 했다면 주주자본을 열악하게 배분한 것일 수 있다. 2011년 버크셔해서웨이 주주에게 보내는 편지에서 워렌 버핏과 찰리 멍거가 말한 것처럼, "(그 돈을 기업 인수에 쓸 계획이건, 자사주 매입에 쓸 계획이건 간에) 자본 배분의 제1법칙은 똑같은 행위라도 어떤 가격에서는 현명한 짓이 되지만 다른 가격에서는 바보짓이 된다"는 것이다. 아무리 좋은 투자나 인수처럼 보여도 1달러 가치의 자산에 1.2달러를 지불하는 것은 주주가치를 제고하는 것이 아니다. 모범적인 스튜어드십으로 평가될 자격이 있는 기업들은 '승자의 저주'를 초래하기도 하는 입찰 경쟁은 피하고, 역발상 혹은 경기대응형 투자를 하며, 경제적 의미가 없는 거래는 외면할 것이다.

2. 실행력

스튜어드십 분석은 일련의 불운만을 이유로 기업을 가혹하게 평가하지는 않는다. 그 대신 회사의 가치를 파괴하는 사건에서 경영진이 어떤 역할을 했을지에 더 관심을 둔다. 이와 관련된 최근의 아주 전형적인 사례로, 거대 석유기업 BP_{British Petroleum}를 꼽을 수 있다. BP는 계속된 열악한 안전관리로 대규모 법적 배상금을 선고받고 거액의 정화비용을 부담하게 되어 결과적으로 주주가치를 심각하게 파괴했다.

일부 기업은 애널리스트 미팅이나 청중이 많이 참석한 컨퍼런스에서 공격적인 중기 성장 및 수익 목표를 제시하기도 하는데, 이는 단기적으로는 투자자 심리를 개선할 수 있다. 이때 경영진이 목표를 달성한다면, 그건 매우 좋은 일이다. 그러나 과도한 약속을 하는 바람에 목표 달성에 확실히 실패하는 기업은 자신의 사업을 잘 이해하지 못하는 기업으로 인식되어 투자자와 애널리스트들의 신뢰를 급속히 상실할 뿐만 아니라, 다음에 어떤 약속을 하더라도 별 주목을 받지 못하게 된다.

3. 재무레버리지

자본 구조와 관련된 경영진의 결정도 주주 수익, 불확실성, 변동성 등에 심각한 영향을 미칠 수 있다. 자신의 사업에 부적절한 레버리지비율을 가진 기업은 주의해야 한다. 예컨대 경기변동성이 크고, 자본집약적인 산업에 종사하는 기업은 대규모 부채를 사용해서는 안 된다. 사업에 내재된 변동성을 악화시키고 주주자본을 위험에 빠트릴 수 있기 때문이다. 마찬가지로 부채가 전혀 없지만 사업상 재투자의 필요성이 거의 없으며 안정적인 성숙 단계의 산업에 종사하는 기업도 주주가치를 극대화하지 못하고 있는 것일 수 있다. 부채를 활용하면 기업의 자본비용을 줄일 수 있는데, 이를 적절히 활용하지 못하고 있는 것이다. 주주자본을 잘 활용하는 모범적인 스튜어드(경영진)는 타인자본과 자기자본 조달 간의 균형을 지속적으로 잘 유지하는 경향을 보인다.

4. 배당 및 자사주 매입 정책

기업이 더 이상 경제적 수익을 창출할 수 없을 때까지 사업에 재투자하고 남은 현금은 배당과 자사주 매입을 통해 주주들에게 돌려주는 것이 가장 이상적이다. 모범적인 경영진은 '너무 많이도 너무 적게도 아닌, 딱 적절한'이라는 '골디락스Goldilocks' 원칙에 맞는 배당 및 자사주 매입 정책을 취한다. 우리는 지속 불가능한 배당이나 자사주 매입 정책을 유지하기 위해 차입하는 기업만큼이나 너무 많은 현금을 쌓아두거나 '제국 건설'에 몰두하는 기업도 좋아하지 않는다.

이상적인 배당 정책은 회사마다 다르겠지만 일관성, 적절성, 투명성이라는 공통점이 있다.

- 일관성 : 기업 이사회는 회사 배당 정책으로 목표 배당 성향을 정하거나, 정기 혹은 특별 배당을 지급하거나, 이익에 맞춰 배당 성향을 높일 수 있지만, 궁극적으로 우리가 원하는 것은 사업 환경 변화에 따라 자주 바뀌는 것이 아닌 일관성 있는 신뢰할 만한 배당 정책이다.
- 적절성 : 배당 정책은 경영진에게 회사 가치 제고 프로젝트에 재

투자할 충분한 현금을 남겨 주는 것이어야 하며, 보다 장기적으로는 회사 실적과 일정한 관계가 있는 것이어야 한다. 다른 조건이 같을 경우, 경기민감형 산업에 속한 기업은 경기방어형 산업에 속한 기업보다 이익의 더 적은 비율을 배당해야 한다. 요컨대 연간 이익에 대한 예측 가능성이 낮을수록 회사의 바람직한 배당 성향에 더 큰 안전마진을 두어야 하며, 예측 가능성이 높으면 안전마진을 줄일 수 있다.

- **투명성** : 연간 이익의 상당 부분을 배당하기로 한 기업이라면, 연차보고서에 그 내용을 밝히는 투명한 배당 정책을 가져야 한다.

지난 20년간 자사주 매입은 회사가 주주들에게 현금을 돌려주는 보다 인기 있는 방법이 되었다. 이상적인 경우라면 기업은 주식이 내재가치에서 할인된 가격에 거래될 때만 자사주를 매입할 것이다. 그러나 우리는 일부 기업이 다소 만족스럽지 못한 이유로 자사주 매입을 이용한다는 사실도 발견했다. 예를 들어 주당 순이익을 조작하거나 종업원 스톡옵션의 희석 효과를 상쇄하기 위해 매입 가격은 거의 고려하지 않고 자사주 매입을 하는 경우가 있다. 잘못된 자사주 매입 정책을 가장 잘 보여주는 예로는 2006~2011 회계연도 사이에, 돌이켜 보면 회사의 내재가치를 훨씬 초과하는 가격에 연평균 100억 달러를 자사주 매입에 쓴 휴렛패커드를 들 수 있다. 우리는 정액분할투자법dollar-cost averaging approach으로 자사주를 매입하는 기업보다는 주가가 적정가치에서 할인된 기회를 이용해 자사주를 매입하는 기업을 더 좋아한다. 정액분할투자로 자사주 매입에 나서는 기업들은 장기적으로 (주가가 적정가치 부근으로 수렴되어) 적정가치 수준의 현금을 회수하게 될 것을 희망하면서 매년 거액의 자사주를 매입한다. 우리가 이런 기업을 썩 좋아하는 것은 아니지만, 그래도 적정가치 수준에서 자사주를 매입하는 것이 기업 인수에 과도한 가격을 지불하는 것보다는 자본을 더 잘 사용하는 것이라고 본다.

우리는 자사주 매입이 주주들에게 현금을 돌려주는 수단으로 점점 더 많이 이용되고 있음에도 불구하고 주주들에게 그 내용을 명확히 밝힌 확립된 자사주 매입 정책을 가진 기업이 놀랄 정도로 적다는 사실을 발견했다. 반면 배당 정책과 일반적인 M&A 전략은 주주들에게 훨씬 더 자주 홍보되고 있다. 이런 추세에 대한 현저한 예외는 2012년 연차보고서에서 2쪽에 걸쳐 회사의 자사주 매입 철학을 밝힌 영국의 의류잡화업체 넥스트Next다. 우리는 더 많은 회사가 넥스트의 선례를 따라 회사의 자사주 매입 정책을 상세히 밝히길 바란다.

5. 경영진 보수

우리가 스튜어드십 분석을 할 때에는 기업 경영진이 받는 보수의 상대적 크기도 고려하지만, 그것이 자본 배분 결정에 긍정적 혹은 부정적 영향을 미치는 것으로 믿을 때에만 평가에 반영한다. 과도한 CEO 연봉은 한 사람이 내부 결정에 지나치게 많은 통제력을 행사하는 상황을 보여주는 한 단면일 수 있다. 이에 대해 전설적인 투자자

필립 피셔Philip Fisher는 자신의 저서 『위대한 기업에 투자하라Common Stocks and Uncommon Profits』에서 "서열 1위의 연봉이 서열 2위나 3위의 연봉보다 훨씬 많으면, 경고 깃발이 펄럭이고 있는 것이다"라고 말한 바 있다. 예를 들면, 우리는 갬코 인베스터GAMCO Investor의 회장 겸 CEO 겸 포트폴리오 매니저 겸 총 투자책임자(CIO)인 마리오 가벨리Mario Gabelli가 받는 엄청난 연봉 때문에 이 회사를 그리 호의적으로 보지 않는다. 마리오 가벨리가 2012년 받은 연봉은 그해 회사 연 수입의 20%에 해당하는 7,090만 달러에 달했다.

반대로 우리는 경영진이 가치 및 해자 강화 프로젝트에 투자할 동기를 갖게 만드는 보수 체계를 가진 회사를 좋아한다. 그 보수 체계에 장기 실적에 대한 평가를 포함시키는 것도 중요하다. 결국 현명한 다수의 전략적 투자가 결실을 거두려면 수년에 걸친 자본적 지출, 연구개발, 투자, 마케팅 비용이 필요하다. 경영진이 단기 이익 및 현금흐름에만 집착한다면, 당분간은 비용만 유발할 게 분명한 가치 창출 프로젝트는 무시해 버릴 수도 있다.

예를 들면 포장재 및 관련 서비스 공급업체 볼Ball Corporation은 연간 경제적 부가가치 성장을 기준으로 매년 그해 현금보너스를 지급하고 있는데, 연간 경제적 부가가치 성장은 그해 세후 순영업이익에서 자본비용액capital charge을 차감해 계산한다. 볼의 장기적인 현금보너스 인센티브는 기본적으로 이사회가 정한 기준수익률hurdle rate(인센티브 지급의 기준이 되는 수익률)과 투하자본수익률을 비교해 결정된다. 요컨대 볼 경영진은 단순히 사업 규모가 확대되었다고 해서 보상을 받는 것이 아니라, 회사가 경제적 이윤을 창출하고 있을 때에만 보너스를 받는다. 경제적 부가가치와 투하자본수익률 같은 기준은 특히 매력적으로 보이는데, 그것은 이런 기준들이 회사의 경쟁우위와 밀접히 관련되어 있고 경영진의 경제적 이해와 장기적인 주주 이익을 보다 잘 결부시키기 때문이다.

6. 관련 당사자와의 거래

사업 거래가 회사 경영진이나 소유주와 관계있는 외부 당사자와 이루어지는 경우를 뜻하는 관련 당사자와의 거래는 일반적으로 스튜어드십 평가에 큰 변수가 되지 않는다. 그러나 우리는 주주 이익을 희생하면서 친구나 가족에게 이익을 주는 거래를 자주 하는 기업에 대해서는 열악한 스튜어드십 등급을 부여한다.

7. 회계 관행

부정직한 회계 관행 사례는 열악한 스튜어드십 등급의 가장 확실한 근거가 된다. 그러나 엔론Enron, 월드컴WorldCom, 타이코Tyco 같은 유명한 회계 부정 사례는, 대형 상장기업들 중에는 그런 거대한 부정이 상대적으로 드물다는 바로 그 이유 때문에 더 주목받는 사례다. 열악한 자본 배분 결정을 윤색하는 적극적인 회계 관행 사례는 생각보다 훨씬 더 만연해 있다. 주주자본을 잘 활용하는 모범적인 경영진은 일반적으로 투명하고 일관된 회계 관행을 보인다. 우리는 연금, 감가상각, 수입 인식 같은 항목과 관련된 중요한 회계 가정을 할 때 합리적인 가정과 추산을 하는 기업을 선호한다.

8. 경영진의 배경

우리는 경영진의 배경을 평가하고 그들이 해당 지위에 적합한 인물인지를 검토한다. 해당 경영진의 과거 직업, 과거 그들의 성공이나 실패에 영향을 미쳤을 모든 외부 요인은 물론, 현 지위와 관련된 충분한 경력이 있는지도 평가에 영향을 미친다.

9. 건강, 안전, 환경

지구인으로서 우리는 기업이 직원, 지역공동체, 환경 문제를 어떻게 다루는지에 대해서도 관심을 갖는다. 그러나 주식분석가로 스튜어드십 평가에 나서면, 보다 과학적이 될 수밖에 없다. 우리의 스튜어드십 평가는 '회사 경영진이 주주를 위해 행동하고 있는가?'라는 단 한 가지 문제를 평가하기 위한 것이다. 그리고 우리는 직원과 지역공동체를 포함하는 이해관계자stakeholder가 아니라 주주shareholder의 관점에서 스튜어드십을 평가하기 때문에 회사의 건강, 안전, 환경(HSEhealth, safety, and environment) 관행에 대한 기본적인 입장은 '모른다'는 것이다. 스튜어드십을 평가할 때 우리가 나쁜 HSE 관행에 눈을 감고 있다는 사실은 지구인의 관점에서 볼 때는 좀 불쾌한 일이기도 하다. 그러나 평가 목적에 충실하기 위해서는 관심을 주주가치 관점으로 제한해야 한다. 요컨대 한 기업의 HSE 관행이 사업 실적이나 주주가치에 분명한 영향을 미친 경우에만 그 요인을 스튜어드십 평가에 반영한다.

10. 소유구조(지분구조)

누가 회사 소유주인가? 이는 단순하지만 경영진과 이사회가 어떤 결정을 내리는 이유에 대해 많은 것을 확인할 수 있는 질문이다. 한 기업의 소유구조를 분석할 때, 우리는 (혹시 있다면) 가족이나 내부자의 소유 지분, 다른 회사가 소유한 유의미한 지분 등을 고려한다. 또 의결권에 차별이 있는 서로 다른 클래스의 주식이 있는지도 살핀다. 어떤 소유구조는 소액주주의 권한을 줄일 수 있지만, 그 때문에 우려할 필요는 없다고 생각한다. 주주의 경제적 이해를 통제하는 것은 상당 부분 소액주주의 경제적 이해를 통제하는 것일 수 있다. 반대로, 소유구조가 소액주주를 희생하면서 가치파괴적인 결정을 초래하거나 그런 결정에 영향을 미칠 경우 우리는 이를 열등한 스튜어드십의 징표로 본다.

11. 이해관계자에 대한 배려

모닝스타의 스튜어드십 분석론이 주주에 강한 초점을 맞춘 것이기는 하지만, 일부 지역에서는 기업이 주주뿐만 아니라 모든 이해관계자의 이익에 기여할 것을 요구하기도 한다. 예를 들어 독일은 기업의 이사회에 직원 대표를 참여시키도록 요구하고 있다. 또 많은 일본 기업들은 납품업체와 고객기업에도 지분을 나누고 있는데, 이는 이해의 충돌을 초래하는 것으로 볼 수 있다. 그렇다 해도 이해관계자에 대한 배려를 정관에 명시하거나 납품업체와 고객기업을 주주로 두는 것이 주주들에게 반드시 나쁜 일은 아니다. 사업이나 생산 과정이 복잡한 회사의 경우, 이사회에 직원 대표가 참여함으로써 업무 조정이 더 잘 이루어질 수도 있기 때문에 독일 모델이 유리한 기업이 있을 수 있다. 고객기업 및 납품업체와의 교차 지분보유도 가치사슬의 실질적인 통합을 이뤄 거래비용을 줄이는 효과가 있기 때문에 일본 모델이 적합한 기업도 있을 수 있다. 따라서 이해관계자를 배려하는 기업을 분석할 때, 우리의 관심은 그런 배려 때문에 주주이익에 유리한 혹은 불리한 행위를 하고 있는지를 파악하는 것이다.

12. 주주들과의 의사소통

기업 사다리의 정상에 오른 임원들은 자신의 실적을 잘 포장하는 데 관심이 많은 매우 능숙한 의사소통 능력을 가진 사람인 경우가 많다. 따라서 투자자들은—특히 사업이 어려울 때—경영진이 하는 말 속에 숨겨진 의미를 찾기 위해 행간을 읽어야 한다. 우리는 경영진이 전략적 실수를 모두 공개하고, 회사가 직면한 문제를 적극적으로 밝힐 때 좋은 평가를 내린다. 어려운 때에 주주들과 적극적으로 의사소통을 하면, 좋은 때에 하는 경영진의 말에 신뢰성이 더 높아진다. 반대로 1~2년마다 보고 대상 사업 부문을 조정하는 선례가 있는 기업은 좋아하지 않는다. 그런 행태는 열악한 사업 실적을 숨기고 자본 배분 결정에 대한 투자자의 평가를 어렵게 만들기 위한 것일 수 있기 때문이다.

업종별 스튜어드십 평가법

모닝스타 애널리스트들은 지금까지 전 세계 시장을 대상으로 1,100개 이상의 기업에 스튜어드십 등급을 부여했다. 이런 축적된 노력을 통해 우리는 스튜어드십이 경제적 해자 및 업종과 어떤 관계가 있는지에 대한 몇 가지 귀중한 통찰을 얻을 수 있었다.

이를 살펴보기 위해 먼저 〈그림 4-1〉을 보자. 〈그림 4-1〉은 경제적 해자 등급별 스튜어드십 등급의 분포를 나타낸 것이다.

이 그림에서 알 수 있듯이, 모닝스타 애널리스트들로부터 모범적 스튜어드십 등급을 받은 기업의 비율은 좁은 해자보다 넓은 해자에서 훨씬 높았고, 해자 없음보다 좁은 해자에서 더 높았다.

열악한 스튜어드십 등급의 경우는 이와 반대였다. 기업의 경쟁우위에 대한 애널리스트들의 좋은 혹은 나쁜 평가가 경영진의 능력 평가에 영향을 미치는 '후광 효과'가 작용했을 가능성도 있지만, 우리는 해자 등급과 스튜어드십 등급이 이런 긍정적인 상관관계를 보이는 데는 최소 다음 세 가지 이유가 있다고 본다.

1. 경영진의 능력 : 경영진 자체는 해자의 원천이 아니지만, 기업은 해자 확대 프로젝트에 자본을 배분하는 경영진의 숙련된 노력의 결

〈그림 4-1〉 경제적 해자 등급별 스튜어드십 등급 분포(%)

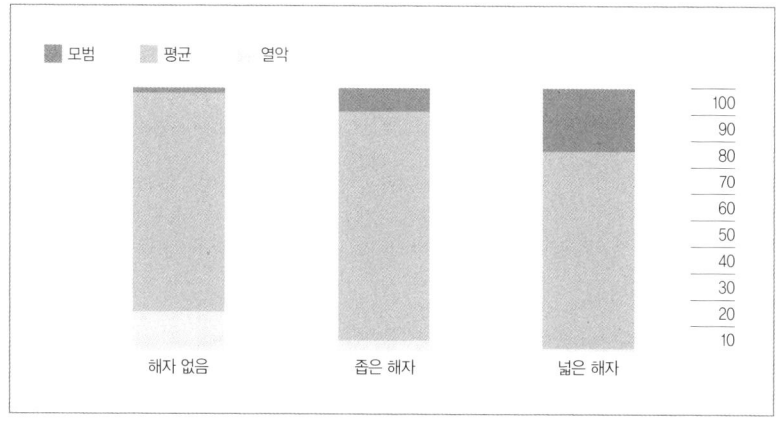

자료 : Morningstar analysis

과로 해자를 강화하거나 구축할 수 있다. 반면 단기 성장을 위해 경쟁우위를 훼손하는 프로젝트에 계속 투자하고, 그 과정에 장기적인 주주가치를 파괴하는 열악한 경영진은 시간이 가면서 해자를 붕괴시킬 가능성이 높다.
2. 자력 효과magnet effect : 지속 가능한 경쟁우위를 가진 기업은 그렇지 않은 기업보다 우수한 경영인이나 후보 경영인을 더 잘 유치하거나 유지할 수 있다.
3. 무의미한 노력 : 아무리 노력해도, 해자 없는 기업의 경영진에게는 산업 현실상 해자를 확대할 수 있는 투자 기회가 부족할 수 있다 (자동차가 상업화된 후 오히려 신규 설비에 과도한 투자를 했던 마차용 채찍 제조사들의 경우가 그랬다). 그럼에도 불구하고 이들은 경제성이 없어도 회사를 계속 성장시키기 위해서는 뭔가—아니 뭐든—

해야 한다고 느낄 수 있다. 이 때문에 관련 없는 회사에 대한 대규모 인수에 나서거나, 말도 안 되는 성장 전략을 추구하거나, 여전히 가치 있는 자산을 싸게 매각해 버릴 수 있다. 이런 이유로 해자 없는 기업들에서 열악한 스튜어드십 등급을 받는 비율이 넓은 혹은 좁은 해자 기업들보다 높을 수 있다.

또 우리는 〈그림 4-2〉에서처럼 스튜어드십 등급을 업종별로 나눠 봄으로써 또 다른 통찰을 얻을 수 있었다.

우리는 이런 식으로 스튜어드십 등급을 살펴봄으로써, 자본 배분 결정의 중요성이 업종별로 다르다는 것을 더 잘 이해할 수 있었다. 예를 들어 비평균 스튜어드십 등급의 비율이 가장 높은 업종은 에너지와 금융 부문이었다. 직관적으로 볼 때 에너지와 금융 회사 경영

〈그림 4-2〉 업종별 스튜어드십 등급 분포(%)

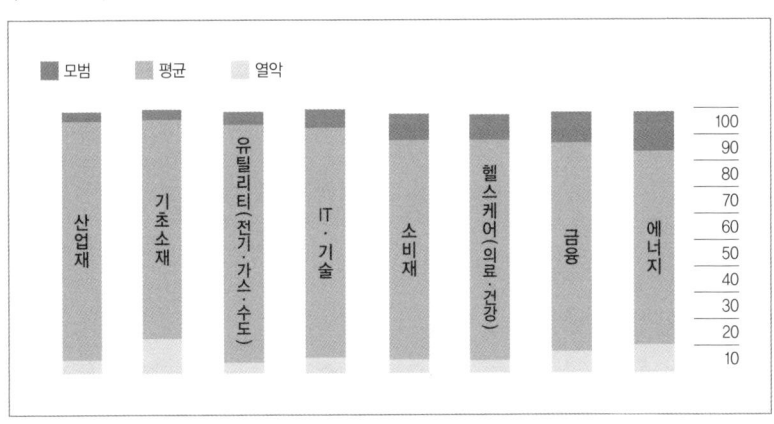

자료 : Morningstar analysis

진이 (옳건 그르건) 의미 있는 자본 배분 및 전략적 결정을 하는 경우가 더 많기 때문에 이는 당연했다. 에너지회사의 경영진은 유전 생산으로 확보한 현금을 어디에 투자해야 할지 결정해야 하며, 포트폴리오의 변화는 회사의 전체 경쟁력에 상당한 영향을 미칠 수 있다. 예를 들어 엑슨모빌ExxonMobil과 셰브런Chevron 같은 회사는 고수익 기회를 추구하는 전략을 통해 고품질 에너지자산 포트폴리오를 구축했다. 금융회사의 경우에는 재무상태표 전략balance-sheet strategy과 대출 기준이 회사의 성장, 리스크, 수익성에 중대한 영향을 미친다. 예를 들면 US 뱅코프US Bancorp는 대출 기준을 완화해 적극적인 성장을 추구할 수도 있었지만, 건전한 대출 관행이 기업문화로 자리 잡은 까닭에 금융 위기가 절정에 달했을 때도 전혀 손실을 입지 않았다. 또 에너지와 금융은 자본 필요성이 자주 발생하는 부문이기 때문에 경영진의 능력(혹은 능력 부족)이 회사 경쟁력에 상당한 영향을 미칠 수 있다.

주주자본을 잘 활용하는 좋은 경영진과 그렇지 못한 나쁜 경영진을 나누는 1차적인 요인도 업종별로 다르다. 예를 들면 유틸리티업종에서는 규제를 얼마나 잘 헤쳐 나가느냐 하는 것이 1차적인 요인이 되는 반면, 소비재 업종에서는 브랜드에 대한 투자와 실행력이 성공적인 경영진과 실패하는 경영진을 나누는 주요 요인이 된다.

이에 대한 실례를 확인하기 위해 각 업종별로 모범적 스튜어드십과 열악한 스튜어드십 사례들을 보다 자세히 살펴보도록 하자.

1. 소비재

소비재 업종의 스튜어드십을 평가할 때 고려해야 할 공통 요인은 전략 실행력, 브랜드에 대한 투자, 균형 잡힌 성장 전략이다.

모범적 스튜어드십 : 코카콜라

코카콜라는 모범적인 경영진이 이끄는 회사다. 우리는 지난 몇 년간 어려운 사업 환경 속에서도 회사가 일관된 실행력을 유지한 것은 강력한 리더십의 존재와 더불어 실행 능력을 갖춘 좋은 경영진이 매우 많았기 때문으로 보았다. 또한 코카콜라 경영진이 바로 다음 분기가 아니라 장기적으로 사업을 확장하기 위해 최선의 결정을 해야 한다고 강조한 회사의 '2020 비전' 정책에 초점을 맞추고 있는 것에서도 깊은 인상을 받았다. 코카콜라와 제휴 음료 브랜드들은 우월적 지위를 유지하기 위해 지속적으로 브랜드에 투자하고 있을 뿐 아니라 무알콜 즉석음료 부문에서 차지하고 있는 코카콜라의 세계 최고 지위를 유지하기 위해 제조 및 유통 능력도 꾸준히 강화하고 있다.

열악한 스튜어드십 : 딘 푸드

우리는 유제품제조사 딘 푸드Dean Foods 경영진의 주주자본 활용 능력이 열악하다고 본다. 2007년 차입금으로 주주들에게 특별배당금을 지급하기로 한 시의적절치 못한 경영진의 결정은 그 이전 몇 년 동안 고질화된 딘의 실적 변동성을 증대시켰을 뿐이었다. 최근 딘의 최고 관심사는 부채 상환과 비용 개선에 있지만, 경영진이 그와 관련된 교훈을 얻었는지는 확신할 수 없다. 최근 딘은 고성장, 고이윤 사업 부문인 화이트웨이브–알프로WhiteWave-Alpro를 분사하고 모닝스타Morningstar 식품사업 부문(우리와 전혀 관계없다)을 매각한 후, 그 대금으로 부채를 추가 상환했다. 부채가 감소하고 있는 것만 보면 이런 조치는 긍정적이지만, 화이트웨이브-알프로가 창출하는 (딘의 전통 사업 부문에 비해) 보다 안정적이고 보다 높은 수익이 없으면, 딘은 잔존부채에 대한 이자 상환에 계속 어려움을 겪을 수밖에 없을 것이다.

2. 헬스케어(의료 · 건강)

헬스케어업종의 스튜어드십을 평가할 때 고려해야 할 공통 요인은 실행력과 M&A 방식이다.

모범적 스튜어드십 : 사노피

사노피Sanofi는 갈수록 더 현명하게 자본을 활용하고 있다. 이 때문에 우리는 사노피의 스튜어드십 등급을 모범으로 높였다. 2008년 말 크리스 비바커Chris Viehbacher가 CEO 직을 승계한 후, 사노피는 주요 기업 인수와 자본 사용으로 강력한 수익을 창출하면서 경쟁력을 끌어올렸다. 기업 인수 측면에서 볼 때, 메들리Medley, 채텀Chattem, 메리알Merial, 젠자임Genzyme 등의 인수는 4년도 안 돼 모두 가중평균자본비용을 초과하는 투하자본수익률을 창출했다. 특히 젠자임을 무마할 목적으로 조건부가격청구권contingent value rights(CVR)을 사용한 젠자임 인수는 사노피가 기업 인수에 과도한 가격을 지불하는 오류(대형 제약사가 흔히 범하는 오류)를 잘 피하고 있음을 보여주는 사례다. 또 취임 초기 성과가 좋지 않은 연구개발 의약품 상당수를 폐기해 버린 비바커의 결정은 훨씬 우수한 연구개발 의약품에 집중함으로써 자본 낭비를 줄이는 효과를 가져왔다.

열악한 스튜어드십 : 퍼킨엘머

우리는 가치 창출 및 주주 이익과 관련해 지금까지 경영진이 매우 보잘것없는 실적을 보여준 퍼킨엘머PerkinElmer에 열악한 스튜어드십 등급을 부여했다. 퍼킨엘머는 사업을 통해 벌어들인 모든 잉여현금흐름을 지금도 수익을 창출하지 못하고 있는 기업을 인수하는 데 쏟아부었을 뿐만 아니라 부채까지 늘려야 했다. 경기민감성 제품 라인을 축소한 전략 변화는 평가할 만하지만, 특히 분석기자재 분야의 다른 많은 경쟁자들과 비교했을 때 실적은 여전히 평균 이하다. 지난 불황으로 특히 타격을 받은 것이 분명하지만, 퍼킨엘머의 영업이익률은 10년째 부진을 면치 못하고 있으며, 그 10년 중 영업권을 포함해 자본비용을 간신히 넘는 영업이익을 기록한 때는 5년에 불과하다. 그 사이 배당금은 제자리에 머물러 있었다. 우리는 퍼킨엘머가 회사 주가가 저평가되었을 때 자사주 매입에 나섰더라면 보다 나았지 않을까 생각한다.

3. IT · 기술

기술업종의 스튜어드십을 평가할 때 고려해야 할 공통 요인은 혁신의 성공이나 실패 여부, 실행력, 투자 전략과 투자 가치다.

모범적 스튜어드십 : IBM

IBM 경영진은 자사 하드웨어 플랫폼을 다양화하고, 소프트웨어 포트폴리오를 확대하며, 강력한 서비스조직을 구축함으로써 장기적인 추세 변동에 능숙하게 적응해 공개표준 컴퓨팅open standards computing(누구나 무료로 컴퓨터 하드웨어와 소프트웨어 표준을 사용할 수 있도록 한 것)을 제공하는 쪽으로 나아갔다. 그 결과 IBM은 장기적으로 탄탄한 재무 실적을 보여 왔다. 2002년 이후 IBM의 수입, 총이익, 영업이익은 복리성장률로 연간 각각 3%, 6%, 12%를 기록했으며, 투하자본수익률도 자본비용을 훨씬 상회했다. 지난 10년간 다른 기술 기업들이 더 빨리 성장하기는 했지만, IBM 정도로 일관된 혹은 주주친화적인 실적을 낸 기업은 극소수에 불과하다.

열악한 스튜어드십 : 블랙베리

이 글을 쓸 당시 블랙베리BlackBerry는 수익성 있는 독립 스마트폰 제조사로 남을 가능성이 거의 없으며, 그 대신 현금 소모 사업을 줄이거나 다양한 자산을 매각해 현금을 확보하거나 혹은 회사를 전면 매각하기 위해 가능한 모든 방법을 찾고 있던, 한마디로 생명유지장치에 의존하던 회사였다. 블랙베리의 실수는 애플의 iOS와 구글의 안드로이드 플랫폼처럼 앱 스토어와 앱 개발자를 강력히 지원하는 인터넷 장착 스마트폰의 위협을 인식하지 못했고, 따라서 그에 적절히 대응하지 못했던 몇 년 전에 시작되었다. 블랙베리가 내놓은 최초의 풀터치 스크린폰 블랙베리 스톰BlackBerry Storm은 실패작이었고, 그 후 블랙베리는 기존 스마트폰들에 대한 강력한 대안제품을 개발할 수 없었다. 블랙베리 10은 몇 차례 출시가 연기된 끝에 2013년 쇼핑 시즌(추수감사절~연초까지 각종 축제일이 있는 기간. 축제 시즌이라고도 한다)이 지난 후 출시됐지만, 이미 많은 고객이 다른 스마트폰을 구입한 후였다. 우리가 보기에 블랙베리 10은 몇 가지 흥미로운 특징과 사양을 갖추고 있으며 운영체제도 훌륭했지만, 시장을 따라잡기 위한 블랙베리의 노력은 너무 보잘것없었고 때늦은 것이었다. 신임 CEO 존 첸John Chen의 체제에서 블랙베리가 생존할 수 있는 최선의 기회는 소프트웨어나 서비스 기업이 되는 것이지만, 우리는 블랙베리가 스마트폰 분야에서 과거의 영광을 되찾을 가능성은 거의 없다고 보고 있다.

4. 금융

금융업종의 스튜어드십을 평가할 때 고려해야 할 공통 요인은 재무상태표 전략, 대출 기준, 성장 전략이다.

모범적 스튜어드십 : T. 로우 프라이스

T. 로우 프라이스T. Rowe Price는 투자회사다. 회사의 주요 정책을

지도·실행·검토하고 주요 계획을 관리하는 T. 로우 프라이스 경영위원회는 지난 수년 동안 모범적인 역할을 했다. 회사 장부에 부채는 거의 혹은 전혀 없고, 기업 인수 활동도 거의 하지 않았으며, 현금을 배당금과 자사주 매입의 형태로 주주들에게 되돌려 주는 경향을 보이는 등 자본 배분이 매우 신중했다. 자산운용업에서 부채는 순 마이너스 요인이 될 수 있다. 우리는 다른 회사보다 높은 수준의 부채를 가진 몇몇 금융회사들이 시장 급락에 따라 수입과 수익성이 급격히 하락하자 (유상증자를 포함해) 앞다퉈 자본 조달에 나섰던 지난 금융 위기 때 이런 사실을 확인한 바 있다.

열악한 스튜어드십 : 노무라 홀딩스

우리는 투자은행 노무라 홀딩스Nomura Holdings가 그간 주주자본을 잘못 활용하는 열악한 스튜어드십을 보여줬다고 본다. 노무라는 지난 20년 동안 여러 CEO가 거쳐 갔다. 가장 최근의 CEO는 내부자거래 스캔들로 사임한 케니치 와타나베 후임으로 취임한 코지 나가이다. 과거 노무라 경영진의 자본 배분은 부족한 점이 많았다. 지난 10년 동안 자기자본이익률이 10%를 넘은 적이 거의 없고, 2009 회계연도에 기록한 대규모 손실과 그에 이은 유상증자는 주주가치를 크게 희석시켰다.

5. 기초소재

기초소재 업종의 스튜어드십을 평가할 때 고려해야 할 공통 요인은 투자 전략과 투자 가치 그리고 재무레버리지다.

모범적 스튜어드십 : 엘도라도 골드

엘도라도Eldorado는 우리가 조사한 금광회사 중 경제적 해자를 가진 유일한 기업인데, 그렇게 된 주된 이유는 비싼 비용을 들이지 않고 장기 채굴이 가능한 저비용 자산 포트폴리오를 축적해 온 CEO 폴 라이트Paul Wright와 경영진 덕분이었다. 라이트는 중국, 터키, 그리스 같이 품질 좋은 광물자산에 대한 확보 경쟁이 덜했던 지역, 요컨대 그다지 주목받지 않던 채광지역에 초점을 맞추고 신중하게 자본을 배분함으로써 이런 포트폴리오를 구축할 수 있었다. 사실 엘도라도는 회사 경쟁력을 희석시키는 대규모 기업 인수―금광산업의 수익성을 파괴하는 것으로 널리 알려진 요인―는 거의 하지 않는 대신, 회사의 지질학적 전문성을 활용해 자체적으로 금광을 탐색하고 개발하는 데 초점을 맞췄다. 또 엘도라도는 주주들에게 약속한 대로 2011년 10월 금값이 오르면 배당금도 올리는 금시세 연동 배당금제도를 실시했다. 이를 통해 엘도라도는 배당금을 금시세에 연동시키는 단 두 곳의 금광회사 중 하나가 되었다. 엘도라도의 배당금제도는 금값이 오를 때 회사가 재투자에 사용할 수 있는 자본 규모를 제한하고 주식투자자들에게는 금시세를 활용한 더 큰 수익 기회를 제공함으로써 주주들에게 이익이 되는 제도로 보인다.

열악한 스튜어드십 : 스토라 엔소

핀란드의 제지회사 스토라 엔소Stora Enso는 2년도 안 돼 보고 대상 사업 부문을 두 번이나 바꿨는데, 이는 우려할 만한 일이었다. 2013년 4월 스토라 엔소는 건축 및 생활 사업부문을 인쇄 및 도서 사업 부문—이 두 사업 부문의 공통점이라고는 거의 없다—과 합침으로써 기존 네 개였던 보고 대상 사업 부문을 세 개로 통합하겠다고 발표했다. 그런데 그 15개월 전, 스토라 엔소는 세 개의 사업부문을 결합해 인쇄 및 도서 사업 부문을 만들면서 보고 대상 사업 부문을 완전히 바꾼 전력이 있었다. 이런 방식으로 제지 및 도서 부문처럼 중요한 사업라인(2012년 매출의 40% 차지)의 투명성을 낮춘 것은 주주를 위한 조치는 아니었다. 또한 스토라 엔소는 배당금은 같지만 의결권이 다른 두 종류—A클래스와 R클래스—의 주식을 갖고 있다. 주주총회에서 A클래스 주식은 한 주당 한 표의 의결권을 갖지만 R클래스 주식은 한 주당 1/10 표의 의결권을 갖는다. 이로 인해 상위 네 명의 대주주가 의결권의 약 70%를 지배하고 있다. 우리는 스토라 엔소의 이런 이중 주식 구조가 주주친화적이라고는 보지 않는다. 회사 정책에 대한 R주식 소유자들의 발언권이 훨씬 적기 때문이다.

6. 에너지

에너지업종의 스튜어드십을 평가할 때 고려해야 할 공통 요인은 포트폴리오 구축 결정과 실행력이다.

모범적 스튜어드십 : 내셔널 오일웰 바르코

2000년부터 내셔널 오일웰 바르코National Oilwell Varco(NOV)를 이끌어 온 메릴 피트 밀러Merrill Pete Miller는 2012년 모닝스타의 '올해의 CEO'로 선정된 바 있다. 2012년 말 이후 밀러는 은퇴 준비 차원에서 일상 업무에서는 손을 뗀 상태다. 우리가 보기에 밀러는 회사에 이익이 되도록 장비시장equipment market을 상당 부분 통합했던 수많은 기업 인수를 지휘한 후에야 보수를 받았다. 또 NOV는 분기 컨퍼런스 콜을 개최할 때마다 지속적으로 최고의 산업 분석을 제공하고 있다. 우리는 밀러와 최근 승진해 많은 일상 업무를 관리하고 있는 COO 클레이 윌리엄스Clay Williams가 현명한 가치판단자이며 훌륭한 자본 배분자라고 믿고 있다. 최근에 있었던 여러 건의 기업 인수를 통해 NOV는 주요 성장 영역에서 사업을 확대하고 장기적으로 주주 가치를 창출할 것으로 보인다. 종합적으로 우리는 NOV를 주주가치 창출에 집중하는 사려 깊은 경영진을 보유한 매우 잘 경영되는 회사로 보고 있다.

열악한 스튜어드십 : 웨더포드 인터내셔널

웨더포드 인터내셔널Weatherford International은 석유서비스기업에 많은 기회가 있음에도 불구하고 지난 몇 년간 사업상 어려움을 겪으면서 경쟁에 뒤처졌다. 예를 들어 웨더포드는 최근 몇 년간 세금 문제로 재무제표를 세 번이나 수정했고, 이로 인해 회사 CFO가 사임했다. 또 2007년부터 2008년까지 회사의 국제 인프라에 과도한 투자를 한 결과, 2010년과 2011년에 대규모 손실상각을 해야 했다. 더욱이 웨더포드는 멕시코, 중동, 북아프리카에서 실행한 주요 프로젝트에 어려움을 겪었다. 핼리버턴Halliburton이나 슐룸베르거Schlumberger와 달리 웨더포드는 높은 수준의 일관된 서비스 품질을 유지하거나, 고객이 찾는 서비스를 제공하는 탄탄하고 충분한 제품 포트폴리오도 구축하지 못했다. 결과적으로 웨더포드는 업계 대표 기업들보다 낮은 가격에 서비스를 제공할 수밖에 없을 것으로 보인다. 대부분의 주주가치 기준으로 봐도, 웨더포드는 지난 몇 년간 주주가치를 제고하지 못했고, 경영진은 효과적인 자본 배분에 어려움을 겪고 있다.

7. 유틸리티(전기 · 가스 · 수도 공급)

유틸리티업종의 스튜어드십을 평가할 때 고려해야 할 공통 요인은 규제당국과의 관계, 주주 보상 정책이다.

모범적 스튜어드십 : 서던

전기 및 가스 공급회사 서던Southern의 경영진은 유틸리티서비스 규제당국과 매우 훌륭한 관계—규제 기반 해자의 기본적 요인—를 구축해 왔으며, 이를 통해 다른 경쟁자보다 높은 자기자본이익률과 투하자본수익률을 기록하고 있다. 더욱이 서던 경영진은 비규제 사업 부문도 매우 보수적으로 운영함으로써 여기서도 계속 규제 사업 부문과 비슷한 투하자본수익률을 기록하고 있다. 또 서던은 적극적인 회계를 하지 않는 것으로 보이고, 임원에 대한 보수도 경쟁기업과 대체로 비슷한 수준을 유지하고 있다. 다른 유틸리티회사들의 고위 임원 중 서던 출신이 많다는 사실은 이 회사의 긍정적인 기업 문화를 보여준다.

열악한 스튜어드십 : 에네르시스

남미 여러 국가에 전력을 공급하는 에네르시스Enersis의 소유 구조는 복잡하다. 이탈리아의 통합 에너지회사 에넬Enel이 지분의 92.1%를 소유하고 있는 스페인 엔데사Endesa Spain가 에네르시스의 지분 60.6%를 소유하고 있다. 이탈리아 국영 전력회사였던 에넬은 부분적으로만 민영화된 탓에 이탈리아 정부가 아직도 31.2%의 지분을 보유하고 있다. 에네르시스의 소액주주들은 이런 소유 구조에서 발생할 수밖에 없는 이해의 충돌로 고통받아왔으며, 2013년에 단행된 60억 달러의 증자도 주주가치를 희석시켰다. 더욱이 에네르시스 경영진과 이사회는 칠레 규제당국이 에네르시스에 독자적인 가치평가를 명령하기 전까지 엔데사가 증자에 제공한 자산 가치를 부풀려 평가하는 것을 옹호했었다.

8. 산업재

산업재업종의 스튜어드십을 평가할 때 고려해야 할 공통 요인은 실행력, 직원 관계, 투자 전략과 투자 가치다.

모범적 스튜어드십 : 록웰 오토메이션

록웰 오토메이션Rockwell Automation은 현 경영진 하에 이산제어부품discrete controls component 전문회사에서 탈피해 다중제어 분야의 강력한 경쟁자가 되었으며, 그 과정에 주주 이익을 제고했다. 21세기 들어 처음 몇 년간 록웰은 기존 고객들에게 보다 많은 가치를 제공하고 신규시장으로 회사 영역을 확대하는 전략적 결정들을 내렸다. 오늘날 록웰의 주주들은 10년 전보다 강력한 경쟁우위를 갖춘 회사를 소유하게 되었다. 이는 주로 경영진의 우수한 의사결정 덕분이었고, 이 때문에 우리도 록웰 경영진에 모범적 스튜어드십 등급을 부여했다.

열악한 스튜어드십 : 지멘스

강력한 제품 포트폴리오와 상당한 경쟁력을 갖췄음에도 불구하고 높은 수익성을, 따라서 높은 투하자본수익률을 창출하지 못하고 있는 지멘스Siemens에는 다소 실망하지 않을 수 없었다. 몇 차례의 손실 처리와 열악한 사업 실행력 때문에 이 회사에 좋은 평가를 내리기가 어렵다. 이런 문제들은 교정할 수도 있겠지만, 우리가 이 회사에 열악한 스튜어드십 등급을 매긴 주된 이유는 경영진이 장기적인 주주가치를 창출하는 데 충분한 역할을 하지 못했기 때문이다. 최고경영진에 변화가 있음에도 불구하고, 우리는 여전히 지멘스의 스튜어드십을 열악한 것으로 보고 있다. 그러나 성공적인 실행력과 사업 개선을 보이면 평가가 바뀔 여지는 있다.

5 해자를 활용한 배당투자

경제적 해자와 가치에 대한 우리의 분석은 '기업이 총수익을 주주들에게 제공하는 방식'을 직접 보여주는 것은 아니다. 우리는 배당금을 희생하고 제공한 자본차익, 혹은 자본차익을 희생하고 제공한 배당금에 추가 점수를 주지는 않는다. 전략적 목적이나 수익 선호가 어떻든 모든 투자자들의 궁극적인 목적은 총수익 극대화에 있기 때문에, 배당금 수입이 좋으냐 자본차익이 좋으냐 하는 문제에 대해서는 모르겠다는 자세를 견지하는 것이 좋다. 우리는 이런 자세를 유지함으로써 앞에 놓인 상황이 어떤 것이든지 객관적으로 평가할 수 있다.

그러나 우리가 총수익의 견지에서 말할 때도 많은 투자자들에게는 '어떻게'가 '얼마나 많이'만큼이나 중요한 문제다.

물론 배당금에 관심 없는 투자자들도 있다. 아마도 세금 문제 때문에 그럴 텐데, 자본차익의 경우는 주주가 주식을 팔 때까지 세금이 이연되는 반면, 배당금은 (개인퇴직계좌IRA 같은 세금이연계좌로 받지 않는 한) 지급받을 때마다 세금이 발생한다. 단순히 자본차익 증가 그 자체를 선호하는 투자자들도 있다. 음식 취향과 마찬가지로 투자도 개인적인 취향을 어떻게 설명할 방법이 없다. 소수이기는 하지만 일부 시장참여자들은 배당금에 대해 공개적으로 적대적인 태도를 취하기도 하는데, 이를 가장 분명히 드러낸 사람이 벤처캐피털리스트이자 시장논평가인 앤디 케슬러Andy Kessler다.

> 배당금은 이익을 유용한 사업에 재투자할 수 없는 저성장 회사로 여러분을 유인하는 뇌물에 불과하다.
> ― 〈월스트리트저널〉 2008년 1월 7일자 칼럼
> "시겔 교수님, 전 아직도 배당금이 싫습니다"에서 발췌

사실 우리는 자본차익보다 배당 수입을 우선시하게 된 더 다수의 그리고 점점 더 많아지는 투자자들과 마찬가지로 케슬러의 의견에 동의하지 않는다. 은퇴자나 곧 은퇴할 사람들에게 (항상은 아니지만) 대개는 사업이 자리를 잡아 재무적으로 안정되어 있고 어려운 금융

시장이나 경제 상황에 덜 취약한 회사들이 지급하는 배당금은 언제나 그리고 유일한 플러스 수익의 원천이 된다. 사실 배당금은 케슬러가 말한 것처럼 '뇌물'이라고 할 수는 없다. 대신 우리는 대부분의 경우 배당금이 회사 간부와 임원들에게 특히 필요한 책임과 규율을 부과하고 있다는 점을 발견했다. 덧붙여 말하자면 역대 실적으로 볼 때 배당주가 무배당주보다 그리고 대개의 경우 고배당수익률 주식이 저배당수익률 주식보다 수익률이 높았으며, 배당금이 한물간 회사나 투자자들만을 위한 게 아니라는 점—배당금은 총수익에 관심 있는 모든 이들을 위한 것이다—은 분명한 사실이다.

그러나 케슬러의 주장은 속담 속의 고장 난 시계처럼 특정 상황에서는 가끔 옳기도 하다. 많은 배당을 지급함으로써 총수익에 기여하기만 하면, 저성장 회사라고 해서 절대적으로 나쁜 것은 아니다. 그러나 성장이 전혀 없는 회사는 당연히 문제가 된다. 우리는 대규모 배당금을 지급하면서 사업 확장에 필요한 자본을 축적하지 않는 경우도 좋아하지 않지만, 이 경우는 배당 그 자체의 문제라기보다는 자본 배분 혹은 스튜어드십 문제일 가능성이 더 크다. 그리고 사실상 뇌물이라는 데 우리가 동의할 수 있는 형태의 배당도 극소수이기는 하지만 일부 존재한다. 모기지 리츠회사REITs(부동산투자 전문 펀드), 사업개발회사, 에너지생산 파트너십기업 등이 지급하는 배당금이 이에 속한다. 이런 회사들은 거액의 현금배당을 지급함으로써 순진한 투자자들을 유혹해 자신의 투기적 사업이 사실 안전하고 꾸준한 수입을 제공한다고 믿게 만들기도 한다.

우리의 배당투자법은 이런 상황을 피하려고 노력한다. 2005년 1월부터 발간된 모닝스타의 뉴스레터 〈배당투자자DividendInvestor〉와 이 뉴스레터의 모델 포트폴리오를 통해, 우리는 투자자들에게 매력적인 장기 총수익뿐만 아니라 크고 지속적이며 계속 증가하는 (배당) 수입을 전해 주기 위해 노력해 왔다. 지금까지 이런 목적에 사용된 최고라 할 만한 우리의 분석틀은 투자자의 배당 수입을 보호함과 동시에 시간이 가면서 그 수입을 증가시키는 경제적 해자에 초점을 맞추는 것이었다.

배당이 중요한 이유

앞서 말한 것처럼 모닝스타의 투자법은 자본차익과 비교해 배당의 역할을 확실히 고려하는 것은 아니다. 그보다 우리는 장기적인 경쟁력(요컨대 해자 구축) 분석을 통해 특정 기업과 그 기업이 속한 산업에 대해 얻게 된 통찰력을 이용해 미래의 잉여현금흐름을 예측한 후, 그것을 현재가치로 할인하여 해당 주식의 가치를 구한다. 미래란 확실히 알 수 없는 것이기는 하지만, 미래의 잉여현금흐름이 회사 장부에 그저 계속 쌓이는 경우는 매우 드물고 일반적으로 그리 바람직한 일도 아니다.

미래의 잉여현금흐름이 장부에 계속 쌓이는 것을 '축적hoarding'이라고 할 수 있는데, 이는 회사가 잉여현금흐름을 처리하는 다섯 가지 기본 방법 중 하나다. 나머지 네 방법은 부채나 기타 지급의무 상환, 다른 기업이나 자산의 인수, 자사주 매입, 배당금 지급이다. 여기서 중요한 문제는 이 중 어떤 방법이 가장 효율적으로 가치를 창조하거나 가치를 주주들에게 전하느냐는 것이다. 이 문제를 각 방법별로 살펴보자.

① 축적 : 2008~2009년 금융위기 이후 현금 축적이 일반화되었다. 현금을 많이 보유하고 있다는 것은 건전한 재무 상황을 보여주는 것으로 해석될 수 있지만, 자본 배분과 관련해서는 중요한 의문이 제기될 수도 있다. 운전자본 변동성 문제에 대처하기 위해 많은 기업이 최소한 일정 규모의 현금을 필요로 한다. 포드자동차나 제너럴모터스처럼 경기를 심하게 타는 기업은 다음 불황기에 재무 압박을 받지 않기 위해 호황기에 현금을 쌓아둘 수도 있다. 그러나 이런 고려 때문에 현금이 늘어난다고 할 때, 그 현금이 주주에게 보다 직접적인 수익으로 전달되지 않을 경우, 이를 '잉여$_{free}$' 현금이라고 부르는 것은 적절치 않을 수 있다. 다른 경우, 특히 대형 다국적 기업들 가운데 (애플이 가장 대표적인 사례인데) 해외 수입에 대해 타국보다 높은 세율을 적용하는 미국에서의 납세를 피하기 위해 현금을 해외에 축적하는 경우도 있다. 법인세 개혁에 관한 논쟁은 차치하고라도, 투자자들은 해외에 축적된 현금이 주주에게 이익이 되도록 본국으로 송금되지 않을 경우, 그 현금의 가치와 보고된 세후이익의 질에 의문을 제기해야만 할 것이다. 일부의 경우에 우리는 자사주 매

입이나 배당금 지급을 위해 해외 현금을 국내로 송금하는 대신 국내 채권시장에서 차입하는 회사들을 보기도 했다.

② 부채 상환 : 예를 들어 대규모 차입을 활용한 인수를 단행한 후 회사 장부에 부채가 다소 많이 쌓였을 때 잉여현금흐름으로 부채를 상환하는 것은 잉여현금을 잘 사용하는 방법일 수 있다. 그러나 장기적인 현금흐름 감소와 같은 부정적인 상황 때문에 부채가 증가한 경우에 잉여현금흐름으로 부채를 상환하는 것은 상대적으로 주주를 위한 가치가 거의 없을 수도 있다. 예를 들면 유선전화 사용이 지속적으로 감소하면서 프런티어 커뮤니케이션즈Frontier Communications 같은 유선통신업체의 부채는 상당히 증가했다. 부채를 줄이는 데 잉여현금흐름을 사용하는 것은, 기업의 장기적인 안정에 필요한 일이기는 하지만, 증대되는 재무적 압박이 훨씬 나쁜 결과로 이어질 것으로 보이는 경우에만 주주에게 이익이 된다.

③ 인수 : 기업이나 자산 인수는 주주가치를 창출할 수 있지만, 그 궁극적인 결과는 인수 가격과 인수 자금 조달 방법뿐 아니라 피인수 기업이나 자산을 효과적으로 선택, 통합, 경영하는 경영진의 능력에 크게 달려 있다. 사실 인수는 대부분의 경우 그 혜택이 인수에 관여한 여러 은행가, 법률가, 컨설턴트뿐만 아니라 (회사가 커질수록 더 많은 보수를 받게 되는) 고위 임원에게 돌아가는 '제국 건설' 범주에 들어간다. 이 경우 주주들은 리스크를 부담하게 된다. 반면 산업재벌 다

나허Danaher에서 워렌 버핏의 버크셔해서웨이에 이르는 다른 여러 기업은 훌륭한 인수 전문기업으로 명성을 쌓기도 했다. 정리하자면 인수는 그 자체로 잉여현금흐름을 잘 사용하는 혹은 잘못 사용하는 방법이라고는 말할 수 없으며, 상당한 주의를 기울여 분석해야 할 사항이다.

④ **자사주 매입** : 자사주 매입은 잉여현금흐름을 주주들에게 전달하는 방식으로 점점 일반화되고 있는 방법이다. 사실 최근 S&P 500 기업의 자사주 매입 금액이 총 배당금 지급액을 초월했다. 사외주식 수를 줄이면, 남은 사외주식 각각의 회사 가치에 대한 권리는 더 커진다. 그러나 이것이 남은 사외주식 각각이 더 가치 있게 된다는 의미는 아니다. 남은 사외주식 각각이 갖는 가치는 기업의 자사주 매입 가격에 달려 있다(이는 델과 휴렛팩커드처럼 지속적으로 자사주를 매입하는 기업의 주주들에게 물어보면 알 수 있다). 자사주를 매입할 때, 현금이—따라서 가치가—회사에서 빠져나간다는 사실을 유념해야 한다. 자사주 매입은 자사주 매입 가격이 회사의 주당 가치보다 낮을 때에만 남은 주식의 가치를 높인다. 그러나 실상 가치는 보는 사람 나름이며, 자기 회사 주식가치를 과대 계상하는 CEO와 CFO를 상상하는 것도 그리 어려운 일은 아니다. 사실 자사주 매입은 주가가 쌀 때보다는 회사 잉여현금흐름이 과도할 때—대개 이익과 주가가 평균 이상일 때와 관련된 상황이다—행해지는 것이 보통이다.

⑤ 배당금 지급 : 배당금 지급은 주주들에게 직접적이고 가시적인 수익을 제공하는 유일한 현금흐름 이용법이다. 기업이 자사주 매입을 하면서 "주주들에게 현금을 돌려주고 있다"고 선전할 때조차도 "어떤 주주들에게?" 하고 묻는 것이 옳다. 주주가치에 대한 영향이 상황에 따라 다른 위의 네 방법과 달리 배당은 (차입으로 거액의 특별배당을 하는 경우처럼 향후 회사 재무 상황을 어렵게 만들 수 있을 정도로 너무 많은 배당을 하지 않는 한) 주주가치를 훼손할 수 없는 방법이다.

그 주된 기능이 기업 내에서 이미 창출된 가치를 운반하는 것이므로 배당도 가치를 직접 창출하는 것은 아니라고 주장할 수도 있다. 그러나 배당은 다음과 같은 몇 가지 긍정적인 효과가 있다.

- 배당금 지급은 경영진이 자신보다는 주주들에게 보상하려 한다는 중요한 신호를 투자자들에게 보낸다. 매우 현실적인 의미에서 배당은 기업의 성숙도를 나타내는 특징이며, 회사의 수익력이 지속적이고 재무 상황이 튼튼하다는 것을 보여주는 것이다.
- 배당금은 기업 경영진에게 규율과 책임감을 부여한다. 일단 정기 배당금이 확립되면, 시장은 장기적으로 그 배당금이 지속적으로 지급되거나 혹은 더 늘어날 것으로 기대한다. 한 CEO가 갑자기 보다 나은 현금 사용처를 발견했다고 해서 배당금을 취소하기란 쉽지 않다. 이익을 100% 사내 유보하기보다는 배당금을 지급함으로써, 회사 임원들은 (1) 회사 확장에 이용할 수 있는 남은 자

원(현금)을 보다 높은 수익이 가능한 용도에 집중 투입되도록 더욱 신중히 배분해야 하며, (2) 다음 분기의 이익뿐만 아니라 보다 먼 미래―수십 년은 아니라 해도 수년 후―의 배당금에 대한 시장의 기대를 충족시킬 수 있는 회사의 능력까지 면밀히 고려해야 한다.

- 매력적이고 지속 가능한 배당 정책은 배당으로 충분한 보상을 받은 주주들이 단기적인 이익 변동에 휩쓸려 주식을 던질 가능성도, 그 결과 주가가 타격을 받을 가능성도 적은 고객 효과clientele effect를 창출할 수 있다. 이렇게 고객 효과가 창출되면, 경영진은 단기 이익이나 현금흐름을 희생하더라도 보다 자유롭게 장기 전략에 집중할 수 있다.
- 지속적으로 높은 배당수익률을 제공하는 주식은―그런 배당이 지속 가능한 것으로 여겨지는 한―전체 시장보다 변동성이 적은 경향을 보이며, 이는 보다 우수한 리스크 조정 후 수익을 제공한다.

특히 고배당수익률 주식에 대한 마지막 논점은 많은 학술연구에서도 입증된 바 있는데, 우리가 좋아하는 연구 중 하나는 와튼스쿨Wharton School(펜실베이니아대학교 경영대학원)의 제러미 J. 시겔Jeremy J. Siegel 교수가 2005년 자신의 저서 『투자의 미래The Future for Investors』에서 제공한 자료다. 우리는 이런 현상을 고배당수익률 주식으로 구성된 몇몇 주식시장 지수의 장기 실적에서도 확인할 수 있다. 〈그림 5-1〉에서 우리는 1991년에서 2012년 사이에 가장 오래된 배당주 관련 지수 중 하나인 다우존스 미국 배당주 지수Dow Jones U.S. Select Dividend Index(DJDVY)가 월간 베타 0.78로 S&P 500 지수보다 연평균 3.2% 높은 실적을 냈음을 확인할 수 있다. 이런 결과의 원인을 같은 기간 지속된 금리 하락 때문이라고 볼 수도 있지만, 만약 그렇다면 이 지수의 가치 상승은 배당수익률 하락으로 나타나야 할 것이다. 그런데 2012년 12월 이 지수의 최근 12개월 배당수익률이 1991년 12월의 그것과 거의 같았다는 사실은 이 지수의 높은 실적은 금리 하락 때문이 아니라는 것을 보여준다.

만약 매력적인 기업이 배당금을 지급하지 않는다면, 시장이 그 기업의 가치를 어떻게 인식하고 있는지 확인해야 한다. 투자자의 시간

〈그림 5-1〉 S&P 500을 이긴 고배당수익률 주식

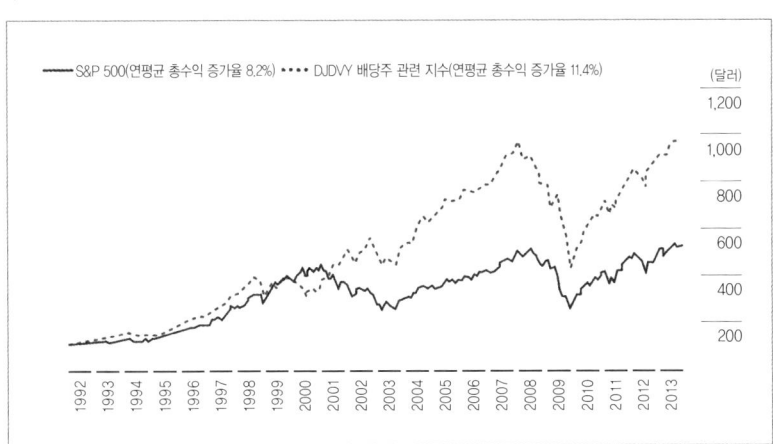

* 1991년 12월 31일 투자한 100달러의 복리가치(미래가치).

자료 : Morningstar Direct

지평이 길수록 배당금이 미치는 영향은 더욱 중요해진다. 배당수익률과 배당금 상승으로 인한 수익이 S&P 500 지수가 올린 총 복리수익에서 차지하는 비중은 지난 10년 동안은 49%, 지난 20년 동안은 83% 그리고 지난 100년 동안은 91%에 달한다. 그러나 다음 세기까지 염두에 두고 투자하지는 않는다 해도 다음 사실을 고려해 보자. 주식 한 주를 사기 위해서는 현금을 내놓아야 한다. 그런데 그렇게 현금을 내고 산 주식이 어떻게 다시 현금으로 전환되는가? 시장이 매도 장소를 제공하기는 하지만, 증권 자체에서는 바로 현금이 나오지 않는다. 주식은 채권과 달리 원금이 보장된 만기가 없기 때문에, 주식의 유일한 현금원은 (1) (채권) 만기 때 일어나는 일과 유사한 현금 공개매수cash tender offers(시장에서 주식을 매매하는 것)나 현금 청산cash liquidations(기업 인수나 청산 시 현금을 받고 주식을 넘기는 것)과 (2) 현금 배당뿐이다. 공개시장과 기업자산이 활발하게 거래되는 사적/전략적 시장 간의 차익 거래는 많은 기업의 가치를 수립하는 데 도움을 주지만, 한 기업이, 예컨대 구글처럼 너무 커서 타 기업이 인수할 수 없는 경우는 어떠한가? 구글이 전혀 배당금을 지급하지 않고 있으며 너무 커서 타 기업에 인수되지 않는 상태로 남아 있다면, 구글 투자자가 현금을 실현할 수 있는 유일한 방법은 공개시장에서 주식을 파는 것뿐이다. 충분한 배당은 주가나 거래와 무관한 가시적인 수익을 제공해 줌으로써 주주들이 매일 인기 경연이 벌어지고 있는 주식시장에 덜 의존하게 해준다.

어떤 배당주가 좋은가

배당금을 통해 좋은 수익을 올리는 것은 배당의 장점 자체를 이용한 직접적인 방법이다. 이를 위해서는 (예측 가능한 미래 어느 시점에) 배당금이 깎일 가능성이 있는 주식은 피하고, 배당이 증가하는 주식을 찾으며, 합리적이거나 좋은 가격에 주식을 매수하면 된다. 이런 방법은 상당한 혹은 지속적인 배당금을 지급하지 않는 기업에는 잘 적용되지 않는 반면, 상당한 혹은 지속적인 배당금을 지급하는 기업에 대해서는 배당금의 견지에서 그 회사와 주식을 분석할 수 있게 해준다.

배당금을 지급하는 어떤 주식을 분석할 경우, 다음 세 가지 질문을 해야 한다. 배당금이 안전한가? 배당금이 증가할 것인가? 미래 예상 배당금으로 어느 정도의 총수익을 기대할 수 있는가? 이 세 질문이 기업의 경제적 해자나 해자 부족 문제와 구체적으로 관련된 것은 아니지만, 한 기업의 배당금의 안전성과 장기적으로 그 배당금이 증가할지를 평가할 경우 해자가 중요한 고려 요인이 된다.

모닝스타 〈배당투자자〉의 두 모델 포트폴리오 중 하나에 오랫동안 포함된 클로록스Clorox의 경우를 살펴보자. 경제적 해자가 없었다면, 클로록스의 배당금은 장기적으로 증가할 가능성이 (해자가 있을 때보다) 훨씬 낮을 뿐 아니라 지속 가능한 것으로 평가될 수 없었을 것이다.

2013년 6월 종료된 2013 회계연도에 클로록스는 5억 7,200만 달러의 순이익을 기록했는데, 〈표 5-1〉에서처럼 그 중 3억 3,700만 달러 (59%)를 주주들에게 정기 현금배당으로 지급했다. 우리 계산에 따르면, 클로록스는 그해 25%의 투하자본수익률을 기록했다.

만약 클로록스에 경제적 해자가 없다면—따라서 미래의 경쟁에 직면해 현재 수준의 이익률을 유지할 수 없다면—우리는 클로록스의 장기 수익이 조만간 자본비용과 비슷해질 것으로 예상할 것이다. 자기자본비용을 8.0%로, 장기 타인자본비용을 4.6%라고 할 때, 클로록스의 가중평균자본비용은 7.7%로 계산된다. 클로록스가 이 7.7%의 가중평균자본비용만큼만 번다고 가정하면, 클로록스의 순이익은 회사가 2013년 실제로 벌어들인 순이익보다 80%나 적고 그해 지급한 배당금 총액보다는 65%나 적은 1억 1,700만 달러에 불과하게 된다.

다행히 클로록스는 경제적 해자가 있다는 강력한 증거가 있으며,

〈표 5-1〉 클로록스 : 경제적 해자로 지급한 배당금 (단위 : 100만 달러)

	2013년 실제 실적	가중평균자본비용 수준의 실적 (가정 실적)
순이익	572	117
세후 순영업이익	644	195
평균 투하자본	2,569	2,569
투하자본수익률(%)	25.0	7.6
지급 배당금	337	337
순이익 대비 배당금(%)	59	288

* 세후 순영업이익(NOPAT)은 세율 34%를 적용해 계산

자료 : 클로록스 보고서, Morningstar

우리는 그것을 주로 회사의 무형자산—히든 밸리Hidden Valley(샐러드 드레싱), KC 마스터비스KC Masterpiece(바비큐 소스), 글래드Glad(쓰레기봉지), 킹스포드Kingsford(바비큐용 숯), 브리타Brita(정수필터)처럼 유명한 브랜드와 회사 이름과 동일한 브랜드의 표백제와 세제용품들—에서 찾았다. 이런 브랜드들을 통해 클로록스는 자사 제품에 프리미엄 가격을 책정할 수 있었고, 이는 회사의 매우 효율적인 제조설비와 결합돼 훨씬 많은 제품 포트폴리오를 가진 경쟁자들에 필적할 만한 이윤을 창출해 내고 있다. 그러나 클로록스는 이런 거대 경쟁자들과 전체 시장을 놓고 경쟁하는 대신 상대적으로 작은 틈새시장을 지배하는 데 주력하고 있다.

클로록스의 경제적 해자는 미래의 배당금 증가에도 중요한 역할을 한다. 클로록스는 대개 연간 수입의 2%를 연구개발에, 연간 수입의 4%를 자본적 지출에 투자한다. 만약 클로록스가—구글처럼 독자적인 무인운전차를 개발하려고 하는 등—경쟁우위가 없는 분야에 투자하고 있다면, 우리는 그런 투자가 적절한 자본수익률을 창출하거나 미래에 주당 순이익이나 주당 배당금을 높이는 요인이 될 것으로는 거의 기대할 수 없다. 다행히 클로록스는 해자로 보호된 자신의 영역 내에서 신제품을 개발하고 제조효율성을 개선하는 데 집중 투자하고 있다.

클로록스의 미래 성장 기회는 그리 크지 않다고 말하는 게 옳을 것이다. 2003년에서 2013년 사이 몇 건의 자산 인수와 매각을 포함한 클로록스의 연 수입은 매년 평균 3%밖에 증가하지 않았다. 사실

소비자가 하룻밤사이에 표백제 사용을 두 배로 늘릴 일은 거의 없다. 그러나 자신의 자원을 해자로 보호된, 따라서 매력적인 자본수익률을 올릴 가능성이 매우 높은 사업에 집중함으로써 클로록스는 기존 사업의 가치를 극대화하면서 잉여현금흐름의 많은 부분을 가장 기본적으로는 배당금을 통해 주주들에게 돌려주고 있다. 이익의 증가뿐만 아니라 배당 성향의 상승—배당 성향의 상승은 회사가 재무압박을 받지 않고 있으며, 오히려 배당을 지급할 능력과 의지가 충분하다는 것을 보여준다—덕분에 클로록스는 2003년에서 2013년 사이 배당금을 연 평균 11.4% 증액했다.

피트니 보우스Pitney Bowes는 동일한 현상이 정반대로 벌이지고 있는 사례다. 우편실에서 일해 본 사람 중 피트니를 모르는 사람은 없을 것이다. 피트니는 미국 우편요금 소인 인쇄기시장에서 오랫동안 유사 독점을 누려온 기업이다. 미국 우체국이 돈을 인쇄하는 것과 비슷한 일이라는 이유로 피트니 외에는 그 누구에게도 우편요금 소인 인쇄를 허락하지 않았기 때문에 벌어진 일이었다. 그러나 한때는 넓었던 피트니의 해자는 우편량이 감소하면서 좁아지기 시작했다. 경영진도 연관 사업이기는 하지만 해자가 거의 없는 사업체를 인수하는 데 수십억 달러를 쓰고, 그 과정에 상당한 부채를 쌓음으로써 쇠락하는 핵심 사업에 부담만 가중시키며 문제를 더 악화시켰다.

2012년까지 피트니는 30년 연속 연 배당금을 증액해 왔었다. 그러나 이익이 줄어들면서 배당금 인상액도 계속 줄었다. 이는 해자가 급속히 약화되고 있음을 보여주는 강력한 증거다. 2012년 초, 피트니는 배당금을 동결했다. 이듬해인 2013년 초에는 배당금이 반으로 줄었다. 그러나 실제로 배당금이 줄기 오래 전에 이미 피트니의 주가는 급락했다. 피트니의 배당금은 앞서 말한 (투자자를 붙들어 두는) 뇌물 비슷한 것이었지만, 그런 뇌물조차 소기의 성과를 거두지는 못했다.

가능한 배당금 감액을 피해야 한다는 점은 아무리 과장해도 지나치지 않을 정도로 중요한 문제다. 2013년 중반기 동안에 〈배당투자자〉 모델 포트폴리오에서 우리는 보유 중일 때(혹은 배당금 감액이 주가에 반영된 그 시점에 우리가 매도한 직후) 배당금을 줄인 종목의 81%에서 마이너스 총수익을 기록하는 고통을 겪은 바 있다. 해당되는 100%의 종목에서 마이너스 총수익을 기록하지 않은 단 한 가지 이유는 배당금을 감액했던 16개 종목 중 세 종목의 배당금이 우리가 보유하고 있는 동안 급격히 회복되었기 때문이다. 반면 보유 중일 때 배당금 변동이 없던 종목들(이 글을 쓸 때 편입되어 아직 배당금을 올릴 시간이 없던 몇 개의 신규 포지션을 포함해)에서는 보유 기간의 67%에 해당하는 기간에 플러스 총수익(67%의 승률)을 기록했고, 배당금을 올린 종목들에서는 89%의 승률을 기록했다.

그렇다면 배당금 삭감은 어떻게 예측할 수 있을까? 배당 성향, 재무 상태, 단기 이익 전망 모두 중요하지만, 이들보다 훨씬 중요한 배당금 관련 리스크 요인은 경제적 해자의 부족에 있다. 〈표 5-2〉는 우리가 조사한 미국 기업들의 경제적 해자 등급과 배당금 삭감 간의 상호 작용에 관한 연구결과를 나타낸 것이다. 해자 없는 기업이 1년 후 배당금을 삭감할 확률은 넓은 해자 기업의 두 배에 달했다. (삭감 규모도 약간 더 컸다. 그런데 이발사가 일단 가위를 들었다면 그저 다듬기만 하는 경우는 거의 없다.)

경제적 해자와 평균 이상이면서도 증가하는 배당금에 초점을 맞춘 덕분에 〈배당투자자〉의 두 모델 포트폴리오는 〈그림 5-2〉와 〈그림 5-3〉에서처럼 시간이 가면서 S&P 500보다 상당히 앞선 실적을 보였다. 매년 우리가 앞선 것은 아니고, 그것을 기대하지도 않았지만, 이상하게도 우리의 앞선 실적은 보유 종목에서 올린 보다 높은 배당수익률과 밀접한 관련이 있었다. 배당 수입을 빼고 주가만 기준으로 보면, 우리의 포트폴리오 종목은 S&P 500보다 약간 낮은 실적을 보였다(〈그림 5-2〉). 그러나 S&P 500보다 2.9% 높은 연평균 배당수익률까지 포함했을 때, 〈배당투자자〉 모델 포트폴리오가 설정된 2005년 1월부터 2013년 9월 사이의 총수익은 S&P 500보다 연평균 2.2%p 높았다. 〈그림 5-3〉은 S&P 500과 비교했을 때, 우리 실적 중 훨씬 많은 부분이 배당금에서 나왔음을 보여준다. 우리의 전략이 S&P 500보다 앞선 실적을 보였을 뿐만 아니라 그런 실적 대부분은

〈표 5-2〉 해자 등급별 배당금 삭감의 빈도와 규모

해자 등급	삭감 빈도(%)	평균 삭감 규모(%)
해자 없음	7.4	69.8
좁은 해자	5.3	66.8
넓은 해자	3.0	66.0

자료 : Morningstar Indexes

평균 이상의 배당수익률에서 나온 것이었다. 더욱이 모델 포트폴리오는 전체 시장보다 상당히 적은 주가 변동성을 보였다.

〈그림 5-2〉 누적 주가 상승(%)

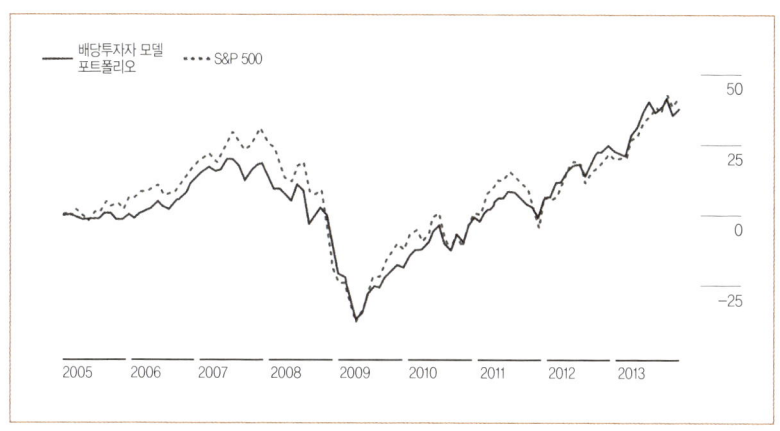

* 기간 : 2005년 1월 7일~2013년 9월 30일

자료 : Morningstar

〈그림 5-3〉 누적 배당수익(%)

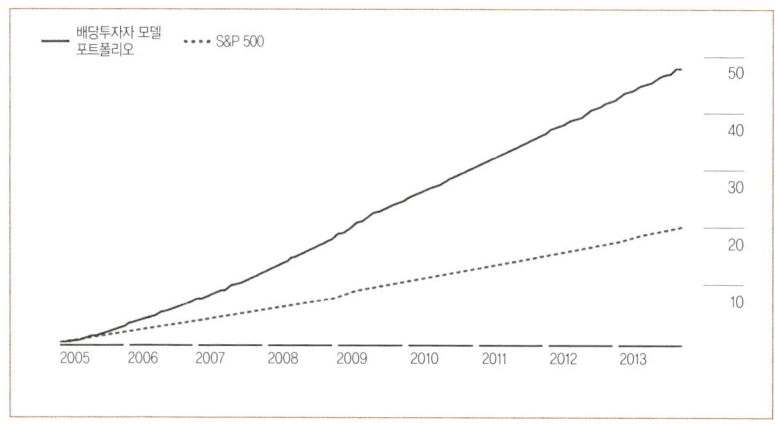

* 기간 : 2005년 1월 7일~2013년 9월 30일

자료 : Morningstar

최근 평균 이상의 배당수익률 종목들은 좁거나 넓은 해자를 가진 기업이 많이 포함된 필수소비재, 유틸리티, 통신서비스, 에너지수송 등의 몇 개 업종에 집중되어 있다. 미국 주식시장에서 그 외 다른 업종의 배당수익률과 배당 성향은 역대 기준으로 볼 때 여전히 매우 낮은 수준이다. S&P 500의 장기 평균 배당수익률은 4% 내외이고 배당 성향은 50~55% 수준이다. 2013년의 경우 S&P 500의 배당 성향은 30% 중반, 배당수익률은 2%를 가까스로 넘긴 수준이다. 장기적으로 우리는 인구 구성의 변화―특히 수입을 포트폴리오에 의존하는 은퇴자 수의 대규모 증가―가 지난 10~20년간 배당금이 경시되거나 무시된 업종의 배당 성향과 배당수익률을 높일 것으로 전망한다. 그런 상황이 전개되면, 덜 전통적인 부문에서도 적지 않은 수익을 올릴 기회가 생길 것이다.

여기서 유념해야 할 교훈은 다음과 같다. 여러분이 수입을 올리는 데 초점을 맞추고 있다면, 경제적 해자에 깊은 관심을 두고 분석해야 한다. 배당금은―액수와 관계없이―그 자체로는 나쁜 회사를 좋은 장기 투자 대상으로 만들 수 없지만, 해자로 보호된 재무적으로 건전한 회사를 나의 수입과 총수익에 기여하는 든든한 동반자로 만들 수는 있다.

6 가치평가는 왜 중요한가
– 좋은 기업을 싼 가격에 사라

　지금까지 우리는 자신의 초과수익을 보호해 주는 경제적 해자를 가진 기업, 강화되는 경쟁우위를 가진 기업 그리고 자본을 잘 활용하는 경영진(스튜어드)을 가진 기업을 포함해 좋은 기업을 찾는 법에 대해 살펴보았다. 이제 우리는 이런 기업들의 가치를 평가하는 법, 이들이 쌀 때는 언제고 비쌀 때는 언제인지 판단하는 법에 대해 살펴볼 것이다.

　우리가 말하는 가치란 주가와 대비되는 것으로서 내재가치나 적정가치를 말한다. 우리는 "가격은 여러분이 지불한 것이고, 가치는 여러분이 획득한 것이다"라는 워렌 버핏의 유명한 말에 동의한다. 장기적으로 우리는 주가가 적정가치에 수렴된다고 본다. 그러나 중단기적으로 주식시장은 사건에 과도하게 반응하거나 미온적인 반응을 보일 수 있는데, 투자 기회는 바로 여기에서 창출된다. 이런 상황에서 한 기업의 기본적인 적정가치를 분명히 이해하는 것은 올바른 투자 결정에 필수적인 요소일 뿐만 아니라 투자자를 투기꾼과 구별해 주는 요인이기도 하다.

한 기업의 내재가치는 그 기업이 남은 기업 생애(기업수명주기라고 한다) 동안 창출할 초과현금의 현재가치로 표현할 수 있다. 이런 방법은 보통 현금흐름할인법discounted cash-flow(DCF)으로 알려져 있으며, 할인율은 투자자의 적절한 자본수익률을 반영해야 한다. 물론 누구도 한 기업의 정확한 내재가치를 알지 못한다. 그러나 내재가치를 계산함에 있어 가능한 결과의 범위를 좁히고 최선의 기회를 찾기 위해 우리가 이용할 수 있는 분석도구들이 있다. 우리는 일관된 방법론을 적용한 자세한 기업, 산업, 거시경제 분석에 기초해 그리고 모닝스타 전문가들의 공동 심의 과정을 거쳐 내재가치, 요컨대 적정가치를 계산한다.

이런 방법이 가진 힘을 보여주는 것이 지난 10년간 우리의 전체 분석 대상 기업의 적정가치 대비 주가Price/Fair Value(P/FV)의 중앙값을 나타낸 〈그림 6-1〉이다. 주가가 우리가 계산한 적정가치보다 높으면 P/FV는 1보다 크며, 이때 우리는 주가가 고평가된 것으로 본다. 반대로 주가가 계산한 적정가치보다 낮으면 P/FV는 1보다 작고,

이때 우리는 주가가 저평가된 것으로 본다. 〈그림 6-1〉은 이런 적정가치 분석을 통해, 결국 세계 금융 위기로 이어지고야 만 낙관주의 속에서 (워렌 버핏의 격언처럼) "다른 사람들이 탐욕을 부릴 때, 우리는 오히려 공포에 떨었다"는 것을 잘 보여주고 있다. 반면 금융 위기가 절정에 달했을 때, 우리는 (역시 워렌 버핏의 유명한 말처럼) "다른 사람들이 공포에 떨 때 탐욕을 부렸다". 적정가치 계산은 이런 투자법을 적용하는 것은 물론 시장을 이기는 데도 핵심적인 부분이다. 우리는 시간이 가면서 주가는 적정가치에 수렴되고, 그럼으로써 가치가 실현될 수 있다고 본다. 한 기업의 적정가치를 계산하면, 저조한 이익이 해당 기업의 기본 사업에 미치는 영향을 과장해 평가하는 등의 시장에서 흔히 보이는 일부 행태적 실수를 피할 수 있다.

〈그림 6-1〉 시장 적정가치

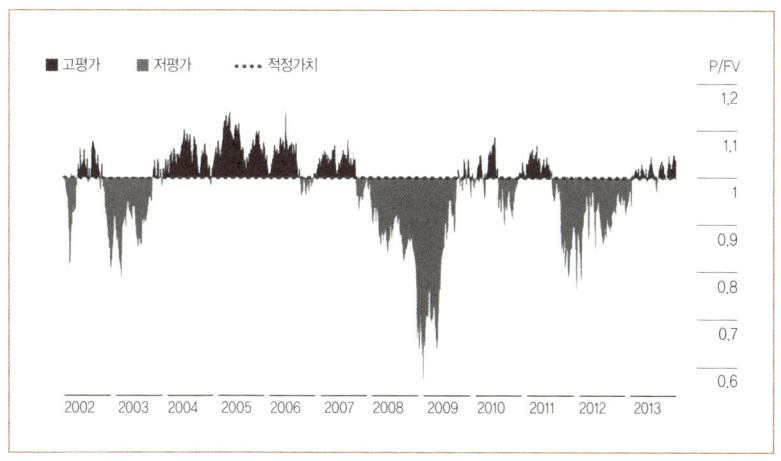

자료 : Morningstar

가치평가의 기본 개념

한 주식의 적정가치를 계산하기 위해 우리가 사용하는 현금흐름 할인법을 설명하기에 앞서, 보다 일반적인 의미에서 가치평가를 살펴보도록 하자. 주식시장에서 자주 사용되는 일반적이고 간단한 가치평가법은 주가 배수에 기초한 분석법이다. 예금자가 높은 예금금리를 추구하듯 투자자도 높은 수익률을 추구하며, 그 수익률 지표로 가장 많이 사용되는 것 중 하나가 이익수익률earnings yield, 보다 정확히는 그 역인 주가이익비율 즉 PER이다. 매출액 대비 주가, 현금흐름 대비 주가, 장부가 대비 주가 같은 다른 주가 배수도 자주 사용된다. PER 평가법은 해당 주식의 적정 PER을 확인한 후 현재 PER이 적정 PER을 하회할 때 매수하고 적정 PER을 상회할 때 매도하는 방법이다. PER 같은 지표는 상대적으로 계산하기 쉬운데, 현재 주가와 내년도 이익예상치만 있으면 된다. 그러나 PER 평가법을 포함한 여러 배수 평가법에는 많은 문제가 있다.

내년 회계연도 이후 이익 변화가 클 것으로 예상되면 배수 평가법을 사용하기 어려울 수도 있다. 이익 변화가 심한 기업으로는 경기민감형 기업, 고성장 기업 그리고 광산처럼 수명이 유한한 자산을 가지고 사업하는 기업들이 포함된다. 적절한 배수를 산정해 사용해야 한다는 문제도 있으며, 투자자들이 비슷한 기업을 보는 경우도, 같은 업종에 종사하는 기업들에 전체적으로 동일한 배수를 적용하는 경우도 많다. 아주 비슷한 기업을 찾기가 어렵다는 문제를 차치하고라도, 이런 기법에는 1990년대 말 닷컴버블(기술주 거품) 당시 나타난 현상처럼 자가발전적 과대 평가를 되풀이할 위험이 있다. 모닝스타의 경우 배수 평가법을 모두 외면하는 것은 아니고, 현금흐름할인법에 기초한 적정가치 계산을 교차 검증하는 용도로 주로 사용하고 있다. 우리가 기업의 적정가치를 평가할 목적으로 배수들을 사용하지는 않겠지만, 지금 시장이 해당 기업의 가치를 어떻게 평가하고 있는지 이해하는 것은 매우 유용한 일이며, 이 경우 배수들은 시장이 평가하고 있는 가치가 어떤 것인지에 대한 다소의 통찰을 제공해 줄 수 있다.

단순한 배수 평가법과 달리 현금흐름할인법은 우리가 현재가치로 할인하는 미래의 잉여현금흐름에 대한 자세한 전망치를 필요로 한다. 잉여현금흐름은 모든 운영비용과 필요한 사업 투자금을 차감한 후 남겨진 돈을 말한다. 이런 돈은 배당금, 자사주 매입, 채권이자 지급, 부채원금 상환 등을 통해 투자자(주식투자자와 채권보유자)들에게 지급될 수 있는 자유로운 돈이다. 미래 잉여현금흐름을 할인하는 것이 필요한데, 이는 미래에 받을 현금은 현재 가지고 있는 현금보다 두 가지 이유로 가치가 적기 때문이다. 첫째, 오늘 현금을 가지고 있다면, 그것을 투자해 이자를 벌 수도 있다. 둘째, 미래에 그 현금을 받지 못하는 일이 벌어질 수도 있다. 미래에 돈을 받지 못할 리스크가 클수록 할인율은 커야 한다―요컨대 미래에 돈을 받는 대가로 오늘 기꺼이 포기해야 할 돈은 가급적 줄여야 한다.

자본비용과 자본수익률

단순하게 말해, 투자의 목적은 투자에 사용되는 자본의 비용을 초과하는 리스크 조정 후 수익을 창출하는 것이다. 우리는 한 기업이 창출한 수익을 평가할 때, 영업외 비용이나 수입을 빼고, 재무레버리지에 따른 혜택(이익)을 뺀 기본 수익underlying return을 고려한다. 이를 위해 먼저 이자 및 세금 차감 전 영업이익(EBIT)에서 영업외 비용이나 수입의 효과를 제거하고 세금을 차감한 후 이자비용 차감 전 영업이익(EBI)을 구한다. 이것이 방정식의 분자, 즉 '수익' 부분이 된다. 우리는 사업에 투자된 관련 자본을 계산할 때 이익을 창출하는 데 필요한 자본만 고려한다. 재무레버리지의 혜택을 제거하기 위해 주식보유자와 채권보유자 모두에게서 나온 투하자본invested capital(IC)을 포함시키며, 투하자본은 방정식의 분모가 된다. 투하자본에는 기업이 보유하고 있지만 이익 창출에 필요하지 않은 자산은 제외되어 있다. 우리는 이런 계산식이 투자수익률, 요컨대 투하자본수익률return on invested capital(ROIC)을 가장 현실적으로 보여주는 지표라고 믿는다. 앞서 논의한 것처럼 우리는 가중평균자본비용weighted average cost of capital(WACC)을 초과하는 투하자본수익률 혹은 신규투하자본수익률returns on new invested capital(RONIC)을 해자의 양적 증거로 찾는다. 우리가 수익을 말할 때는 따라서 다음 방정식을 의미한다.

$$ROIC = \frac{EBI}{IC}$$

우리는 때때로 이연세금자산, 순부채, 영업권 혹은 기타 무형자산 같은 다양한 다른 재무상태표 항목들을 투하자본 수치에 포함시키기도 한다. 다른 조정도 투하자본수익률의 비교가능성과 유용성을 개선할 수 있다. 예를 들면 일부 애널리스트들은 보다 정확한 투하자본 지표를 구하기 위해 연구개발비용이나 리스비용을 자본화하기도 한다. 신규투하자본수익률은 추가 투자로 창출되는 추가 이익에만 초점을 맞추는 것을 제외하고는 투하자본수익률과 비슷하다. 신규투하자본수익률을 사용하는 것은 한 기업이 기존의 자산으로는 높은 수익을 올릴 수 있어도 신규 자본을 투자해서는 높은 수익을 올리지 못하는 경우가 있기 때문이다. 투하자본수익률과 신규투하자본수익률 둘 모두 가중평균자본비용과의 비교를 통해 해당 기업이 초과수익을 창출하고 있는지 판단하는 데 사용될 수 있다.

모든 기업은 운영자금이 필요하기 때문에 초과수익을 내기 위해서는 자본비용을 극복해야만 한다. 우리는 해당 기업의 예상되는 자본 구조에 기초해 타인자본비용과 자기자본비용 각각에 가중치를 주면서 이 두 비용을 합해 가중평균자본비용를 구한다. 현금흐름할인법에서 할인율로도 사용되는 가중평균자본비용에는 주식보유자(자기자본비용cost of equity, COE)와 채권보유자(타인자본비용cost of debt, COD) 모두가 요구하는 수익률이 포함된다.

모닝스타의 가치평가법

우리는 표준분석틀을 사용해 전체 분석 대상 기업 각각에 대해 현금흐름할인모형을 수립한다. 사실 대부분의 현금흐름할인모형은 미래 5~10년간의 자세한 현금흐름 예상치를 사용하는데, 5~10년을 예상하는 것은 보통 이 기간이 '분명한 예상이 가능한 기간explicit forecast period'으로 간주되기 때문이다. 이 기간 이후는 정확성이 떨어지기 때문에 자세한 현금흐름 예상을 계속할 가치가 거의 없는 경우가 많다. 따라서 이에 대한 대안으로 영구가치perpetuity value 혹은 잔존가치terminal value라고 하는 총액 형태가 일반적으로 사용되는데, 이 가치는 분명한 예상이 가능한 기간의 마지막 연도 현금흐름 예상치에 기초해 산출한다. 합리적인 잔존가치를 계산하기 위해서는 분명한 예상이 가능한 기간 말까지의 평균 현금흐름 예상치midcycle cash-flow forecast를 구하는 것이 중요하다. 이런 식의 현금흐름할인모형을 2단계 현금흐름할인모형이라고 부른다.

우리는 전통적인 현금흐름할인법을 수정해 사용하는데, 이 수정 현금흐름할인법은 우리의 경제적 해자 분석법과 분명히 연관된 것이다. 우리의 기본적인 주장은 모든 기업의 초과수익이나 경제적 이윤은 궁극적으로 경쟁에 의해 잠식되고 말겠지만, 기업이 자신의 초과수익을 보호하는 경제적 해자를 갖고 있다면 그 잠식 과정이 훨씬 오래 걸린다는 것이다.

우리는 모형화의 관점에서 〈그림 6-2〉처럼 전통적인 현금흐름

할인법을 3단계로 확대함으로써 해자 분석법을 금융모형들에 통합했다. 자세한 현금흐름을 예상할 수 있는 기간, 보통 1단계라고 하는 '분명한 예상이 가능한 기간'은 전통적인 현금흐름할인법 그대로 유지한다. 여기에 2단계를 추가하는데, 2단계는 경쟁으로 초과수익이 잠식되는 기간으로 가정한다. 마지막으로 3단계를 추가하는데, 우리는 3단계를 초과수익이 이미 잠식되었으며 '투하자본수익률=가중평균자본비용'인 기간으로 가정한다. 경제적 해자가 없는 기업의 경우, 초과수익은 빠르게 잠식될 것이고, 따라서 2단계가 짧을 것이다. 반면 경제적 해자를 가진 기업은 좁은 해자를 가진 경우는 적어도 10년, 넓은 해자를 가진 경우는 적어도 20년 동안은 초과수익이 지속될 것이다. 그러므로 2단계에 해당하는 기간은 해당 기업이 보유한 경쟁우위에 달려 있다.

우리는 적정가치를 계산할 목적으로 3단계 현금흐름할인모형을 사용하기 위해, 이 세 단계의 현재가치들을 산술적으로 더한 후에 순부채를 차감하고, 이를 발행주식 수로 나눴다. 분명한 예상이 가능한 기간인 1단계가 지난 후 2단계에 와서 EBI(세금 차감 후 이자비용 차감 전 영업이익)는 고정비율로 증가하고 기업은 연간 EBI의 일정 부분을 성장에 재투자할 필요가 있다고 가정했다. 이런 가정은 앞서 설명한 것처럼 (2단계부터는 명백한 예상이 가능한 기간이 아니므로) 명백한 예상의 대용물 기능을 한다. 3단계에서 우리는 EBI를 자본비용으로 자본화한 후 이 잔존가치를 영구적인 현금흐름의 대용지표로 사용했다. 이를 수익률 시각에서 보면, 전체적인 그림은 신규투자본수익률이 1단계에서는 가중평균자본비용을 초과하고, 2단계에서는 가중평균자본비용 쪽으로 수렴되기 시작하며, 3단계에서는 가중평균자본비용과 같아지는 〈그림 6-3〉과 유사한 형태가 된다.

〈그림 6-2〉 현금흐름 가정

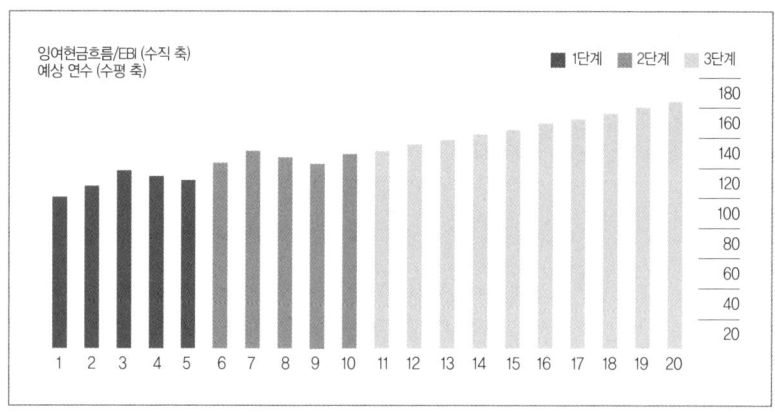

자료 : Morningstar

〈그림 6-3〉 RONIC와 WACC 관계 가정

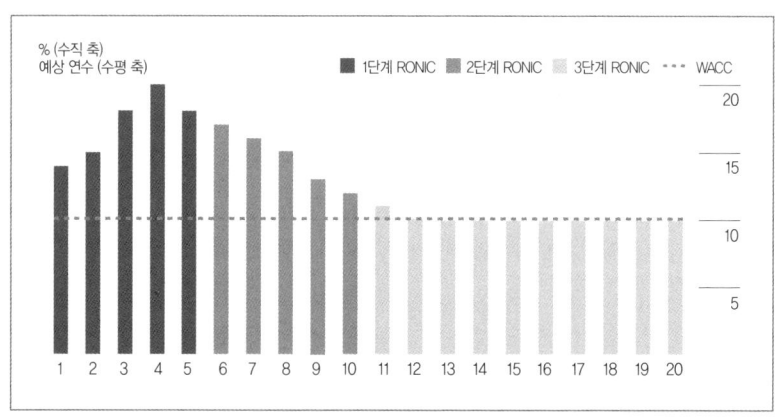

자료 : Morningstar

투하자본수익률(ROIC) 계산 사례

투하자본수익률 계산 사례로 넓은 경제적 해자를 가진 것으로 평가된 치과, 수의과 및 의학용품 판매회사 패터슨Patterson을 살펴보자.

〈표 6-1〉 패터슨의 재무상태표 (단위 : 100만 달러)

	2012년 4월	2013년 4월
현금과 현금등가물	574	505
매출채권	465	448
재고자산	320	361
선급비용 등	45	47
총 유동자산	**1,404**	**1,361**
부동산 및 장비	196	192
장기 매출채권	92	85
영업권	810	824
인식가능 무형자산	213	197
기타	26	23
자산총계	**2,740**	**2,682**
매입채무	208	250
미지급임금비용	66	71
기타 미지급비용	130	128
유동성 장기부채	125	0
총 유동부채	**530**	**449**
장기부채	725	725
이연법인세	82	93
기타	28	21
부채총계	**1,364**	**1,287**
자본총계	**1,375**	**1,395**

* 우선주를 가진 기업은 가중평균자본비용 공식에 항이 추가된다.

자료 : 패터슨의 연차보고서

패터슨의 넓은 해자는 비용우위에 기초한 것이며, 이 회사는 창고, 물류 네트워크, 고객서비스 및 납품업체 관련 투자를 효과적으로 활용하는 전국 단위 규모를 가진 극소수 치과 및 수의과용품 판매회사 중 하나다. 〈표 6-1〉은 패터슨의 2012, 2013 회계연도 재무상태표를 요약한 것이다(패터슨의 회계연도는 4월에 종료된다).

우리는 이 재무상태표를 사용해 패터슨의 투하자본을 계산할 수 있다. 이를 위해 패터슨의 모든 현금과 현금등가물은 사업 운영에 필요하며, 영업권, 기타 장기자산, 기타 장기부채 그리고 이연법인세

〈표 6-2〉 패터슨의 투하자본 (단위 : 100만 달러)

	2012년 4월	2013년 4월
현금과 현금등가물	574	505
매출채권	465	448
재고자산	320	361
선급비용 등	45	47
부동산 및 장비	196	192
장기 매출채권	92	85
인식가능 무형자산	213	197
. 운영자산	1,904	1,836
매입채무	208	250
미지급임금비용	66	71
기타 미지급비용	130	128
운영부채	405	449
투하자본(운영자산 - 운영부채)	1,499	1,387

자료 : 패터슨의 연차보고서

〈표 6-3〉 패터슨의 손익계산서 (단위 : 100만 달러, 100만 주)

	2011년 4월	2012년 4월	2013년 4월
순매출액	3,416	3,536	3,637
매출원가	2,271	2,373	2,446
매출총이익	1,144	1,163	1,191
매출총이익률(%)	33.5	32.9	32.7
영업비용	768	805	836
영업이익	376	358	355
영업이익률(%)	11.0	10.1	9.7
영업외 이익, 순	6	2	3
이자비용	−26	−30	−36
세전 영업이익	356	330	321
법인세	131	117	111
유효세율(%)	36.7	35.5	34.5
당기 순이익	226	213	210
희석 발행주식 수	119	111	104
희석 주당 순이익(달러)	1.89	1.92	2.03

자료 : 패터슨의 연차보고서

는 사업 운영에 활용되고 있지 않기 때문에 투하자본에 포함시키지 않는다고 단순하게 가정해 보자. 이런 가정에 따라 계산한 패터슨의 2012와 2013 회계연도 말 투하자본은 〈표 6-2〉와 같다.

〈표 6-3〉은 2011~2013 회계연도 패터슨의 손익계산서를 나타낸 것이다. 이 손익계산서를 사용해 패터슨의 이자비용 차감 전 영업이익(EBI)을 계산할 수 있다.

EBI를 계산하는 가장 간단한 방법은 당기 순이익에 세금효과를 감안한 이자비용tax-affected interest expense을 더하는 것이다. 이 경우, 2013 회계연도 패터슨의 EBI는 다음과 같다.

$$EBI = 210 + 36 \times (1 - 34.5\%) \approx 234$$

투하자본수익률을 계산하기 위해 우리는 보통 작년과 올해의 투하자본 평균치를 사용한다(2012~2013년도 패터슨의 투하자본 평균은 14억 4,300만 달러이다). 따라서 투하자본수익률은 다음과 같이 계산된다.

$$ROIC = \frac{EBI}{\text{평균 투하자본}}$$

$$ROIC = 234 \div 1,443 \approx 16.2\%$$

다음, 패터슨의 가중평균자본비용을 계산해 보자. 일반적으로 투자자들은 타인자본(부채)과 자기자본의 시장가를 사용해 각각의 가중치를 구하지만, 이번 사례의 목적상 장부가를 사용할 것이다.

2013 회계연도 말 패터슨의 총부채잔액(유동성 장기부채 + 장기부채)은 '0 + 7억 2,500만 달러 = 7억 2,500만 달러', 자본총계는 13억 9,500만 달러였다. 따라서 총자본은 '7억 2,500만 달러 + 13억 9,500만 달러 = 21억 2,000만 달러'였다. 이는 우리가 계산한 패터슨의 투

하자본보다 많은 금액인데, 그 이유는 투하자본을 계산할 때 일부 자산, 특히 영업권은 본질상 비영업용 자산이라고 가정했기 때문이다.

패터슨의 자본 구조에서 자기자본의 비중은 '13억 9,500백만 달러 ÷ 21억 2,000만 달러 ≈ 65.8%'이고 타인자본의 비중은 '7억 2,500만 달러 ÷ 21억 2,000백만 달러 ≈ 34.2%'이다.

우리는 패터슨의 타인자본비용과 자기자본비용도 계산해야 한다. 타인자본비용은 보고된 이자비용을 사용해 계산할 수 있다. 패터슨은 2013 회계연도에 3,600만 달러의 이자비용을 지급했고, 평균 타인자본은 7억 8,750만 달러였다(2012와 2013 회계연도 말 총부채잔액의 평균). 따라서 패터슨의 실질타인자본비용effective cost of debt(COD)은 다음과 같이 계산된다.

$$COD = 36 \div 787.5 \approx 4.6\%$$

자기자본비용cost of equity(COE) 계산은 이보다 상당히 어려운 과정을 거쳐야 한다. 실제 세상에서 관찰되지 않기 때문이다. 자기자본비용은 적정가치로 평가된 주식에서 투자자가 기대하는 수익률을 반영한다. 모닝스타는 자본자산가격결정모형capital asset pricing model(CAPM)의 수정모형을 사용해 우리 분석법에서 가장 선진시장으로 간주되는 시장에 속한 기업들의 경우 8%에서 14% 사이에서 자기자본비용 값을 정한다. 패터슨의 경우는 자기자본비용을 10%

로 계산했는데, 이는 우리의 분석 대상 기업 전체에 사용되는 가장 일반적인 값으로 평균 수준의 체계적 리스크$_{systematic\ risk}$(시장 리스크$_{market\ risk}$라고도 하며, 분산 투자로도 줄일 수 없는 리스크를 말한다)를 반영한 것이다.

이런 값들을 가중평균자본비용 공식에 넣어 패터슨의 자본비용을 다음과 같이 계산했다.

$$WACC = 타인자본\ 비중 \times 타인자본\ 비용 \times (1 - 세율)$$
$$+ 자기자본\ 비중 \times 자기자본\ 비용$$

$$WACC = 34.2\% \times 4.6\% \times (1 - 34.5\%) + 65.8\% \times 10\%$$
$$WACC \approx 7.6\%$$

패터슨의 경우에 투하자본수익률(16.2%)이 가중평균자본비용(7.6%)을 초과하기 때문에 초과자본수익률을 올리고 있음을 알 수 있다. 초과자본수익률은 그 자체로는 해자의 충분조건은 아니지만(패터슨이 지속 가능한 경쟁우위를 가지고 있는지 판단하기 위해서는 질적인 특성도 평가해야 한다), 경제적 해자가 존재할 가능성이 있음을 보여준다.

여러분이 어떤 조정을 선택하느냐에 따라 이런 분석에 큰 영향을 미칠 수 있음을 유념해야 한다. 예컨대 평균 8억 1,700만 달러인 영업권을 패터슨의 투하자본에 포함시키면, 패터슨의 투하자본수익률은 10.4%로 줄게 된다(그래도 여전히 가중평균자본비용을 상당히 초과한다).

미래의 잉여현금흐름 예측하기

한 기업의 적정가치를 계산할 때 가장 어려운 부분은 미래 현금흐름을 전망하는 것이다. 경험 많은 투자자들은 투자 기회를 찾는 핵심적인 방법은 결국 시장보다 미래 현금흐름을 잘 예상하는 데 있다는 것을 알고 있다. 할인율과 잔존가치 방법론에 대한 사람들이 좋아하는 모든 이론적 주장은 그 존재가 희미해졌으며, 가장 중요한 것은 기업의 미래 이익과 현금흐름을 다른 투자자들보다 잘 예상하는 것이다. 더욱이 분명한 예상이 가능한 기간의 마지막 연도가—모닝스타의 현금흐름할인모형뿐만 아니라—모든 현금흐름할인모형의 잔존가치의 기초가 되기 때문에 '정상normal' 혹은 '평균midcycle' 이익과 현금흐름을 예측하는 것이 가장 중요하다. 따라서 우리도 이것을 예측하는 데 꽤 많은 시간을 쓰고 있다. 또 우리는 우리의 해자 및 해자 추세 평가에 근거가 되는 장기적인 경쟁력에 초점을 맞추는 것도 가장 필요한 부분에—한 기업의 보다 장기적인 이익과 현금흐름 창출 능력을 판단하는 데—분석의 우선순위를 두게 함으로써 우리의 가치평가 작업에 도움을 주고 있다고 믿는다.

EBI에서 잉여현금흐름을 구하는 것은 상대적으로 간단한 방법이다. EBI에서 순 신규 투자—자본적 지출, 운전자본(재고자산, 매출채권, 매입채권)에 대한 순투자 그리고 인수비용이 포함되며, 여기서 감가상각비용과 자산매각을 뺀 것—를 빼면 된다. 우리는 회사로 유입되는 잉여현금흐름(이는 주주와 채권자 모두에게 귀속된다)과 자기자본으로 유입되는 잉여현금흐름(이는 채권자에 대한 모든 지급 의무를 이행한 후 주주들에게 남겨진 것이다)을 구분한다. 우리는 주주들에게 남겨진 현금의 가치가 아니라 전체 기업가치를 평가하는 것이기 때문에 미래 잉여현금흐름 예측에 회사로 유입되는 잉여현금흐름을 사용한다.

과거 잉여현금흐름은 재무제표를 가지고 쉽게 계산할 수 있지만, 미래의 결과를 예측하는 것은 다른 문제다. 미래 잉여현금흐름을 예측할 때 핵심적인 가정은 미래의 수입(매출) 증가, 평균 영업이익률 그리고 운전자본과 부동산, 설비 및 장비에 대한 순투자 등에 대한 가정이다. 과거의 실적이 시작점이 될 수는 있지만 미래가 과거와 같은 모습이 될 것인지는 보장할 수 없다. 시장은 최근의 실적을 기준으로 추정하는 경우가 많다. 따라서 한 기업이 실적 개선 혹은 악화의 변곡점에 있다는 것을 미리 알 수 있으면 가장 가치 있는 투자 통찰을 얻게 되는 셈이다.

일반적으로 애널리스트들은 미래를 잘 예측하기 위해 주요 재무제표 항목들을 그 구성 부분들로 나눈다. 예를 들면 매출 증가와 이익률 양상은 지역별, 특정시장별 혹은 생산라인별로 다를 수 있다. 연결재무제표보다 더 세분화된 수준에서 예측함으로써 실적의 원동력에 대한 이해를 증진시킬 수 있다. 우리는 예측을 할 때 (1) 회사의 경쟁력 지위, (2) 해당 산업의 역학과 성장 여부, (3) 경영진의 전략과 실행 능력, (4) 고객과 납품업체의 협상력, (5) 규제, 전체 경제 상황, 기술 발전, 인구 구성 및 사회적 트렌드 같은 외부 변수 등 여러 요인을 고려한다.

경제적 해자는 현금흐름 예측에 직접적인 영향을 미친다. 강력한 경쟁우위를 가진 기업들은 (재투자 필요성이 낮기 때문에) 이익에 비해 높은 잉여현금흐름을 보이거나, (재투자되는 자본이 높은 이익 증가로 이어지기 때문에) 보다 빠른 성장을 보이거나, 두 양상을 모두 보이는 경우가 많다. 반면 경쟁에 시달릴 경우 특출한 성장과 수익성은 보이지 않으며, 경제적 해자가 부족한 기업들은 시장점유율 상실, 가격 압력, 이익률 축소 또는 자본수익률 하락 등을 겪을 수 있다.

가치평가모형에서 가장 중요한 가정 중 하나는 분명한 예상이 가능한 기간의 마지막 해 EBI이다. 모닝스타 애널리스트들은 그들이 사용하는 가치평가모형의 처음 5년에서 10년(1단계, 즉 분명한 예상이 가능한 기간) 동안 구체적인 예측을 하는데, 1단계 마지막 해의 이익 예상치는 그 후 모든 미래를 예측하는 기준점 역할을 한다. 따라서 1단계 마지막 해의 이익은 평균 수준의 수입과 이익률을 반영한 것이어야 한다. 만약 1단계 마지막 해 이익을 경기 정점이나 지속 가능하지 않은 좋은 환경에서의 이익으로 본다면, 적정가치가 너무 높게 계산될 것이 분명하다. 마찬가지로 1단계 마지막 해 이익을 불황기의 이익으로 본다면, 내재가치가 과소평가될 것이 분명하다. 이런

〈그림 6-4〉 1단계 마지막 해의 예상 EBI 선택

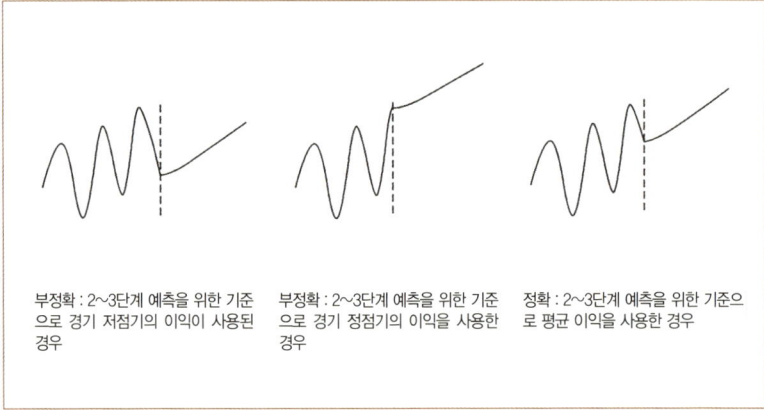

부정확 : 2~3단계 예측을 위한 기준으로 경기 저점기의 이익이 사용된 경우

부정확 : 2~3단계 예측을 위한 기준으로 경기 정점기의 이익을 사용한 경우

정확 : 2~3단계 예측을 위한 기준으로 평균 이익을 사용한 경우

자료 : Morningstar

생각을 나타낸 것이 〈그림 6-4〉이다.

보통주의 내재가치를 계산하는 것은 학문보다는 사실 예술에 가까운 일이다. 현금흐름할인모형에는 정말 많은 가정들이 존재한다. 미래는 본질상 예측 불가능한 것이며, 아무리 많이 연구, 분석해도 ―기술 발전, 고객 선호의 변화, 규제나 법적 환경의 변화, 새로운 경쟁자의 출현 등― 예상치 못한 일들이 발생하게 마련이다. 〈표 6-4〉는 현금흐름할인법에 대한 찬성과 반대 의견을 정리한 것이다.

미래의 불확실성에 대처하는 최선의 도구 중 하나는 시나리오 분석법이다. 모닝스타 애널리스트들은 한 기업의 적정가치를 하나로만 계산하지 않는다. 대신 우리는 항상 최소 세 가지 시나리오(기본 사례, 강세 사례, 약세 사례)를 고려한다. 우리는 해당 기업이 우리의 낙관적 가정을 초과할 확률을 25%(강세 사례)로 보고, 반대로 우리의

〈표 6-4〉 현금흐름할인법에 대한 찬성과 반대 의견

찬성 의견	반대 의견
■ 매우 유연하다. 상상 가능한 거의 모든 상황을 고려할 수 있게 해준다.	■ 미래는 본질상 예측 불가능하다. 예측하는 기간이 길어질수록 틀릴 가능성도 커진다.
■ 여러 해의 예측을 통합할 수 있게 해주며, 가까운 미래에 손실을 기록하거나 특별히 급속한 성장을 하는 기업들에 사용될 수 있다.	■ 현금흐름할인법에 기초한 가치평가는 투입변수가 정확한 만큼만 좋다. 투입변수가 나쁘면 예측 결과도 좋지 않다.
■ 어떤 한 해의 이익을 예측하는 데 PER을 이용하는 가장 일반적인 분석법은 너무 단기적이며, 종종 자의적으로 적절한 PER을 선택해야 하는 문제가 있다. 현금흐름할인법은 이에 대한 대안이 될 수 있다.	■ 잉여현금흐름은 배당금 같은 것이 아니다. 경영진이 나쁜 투자에 현금을 낭비하거나 현금을 장부에 쌓아 두면서 주주가치를 훼손함으로써 평균 이하의 수익만 올릴 수도 있다.
■ 안전마진을 사용해 투자하는 한(즉 해당 주식이 여러분이 계산한 내재가치에서 할인된 가격에 거래될 때 매수하는 한), 아주 정확할 필요는 없다.	

자료 : Morningstar

비관적 가정에 미달할 확률은 25%(약세 사례)로 본다. (그 중간 50%는 기본 사례다.) 우리는 한 기업의 내재가치가 일정한 가능성의 범위 안에 있다는 사실에 초점을 맞추려고 한다. 주식의 적정가치를 정확하게 평가하는 일이 쉽다면, 주식은 항상 적정가치로 평가될 것이고 그러면 우리가 하는 이 모든 일은 시간 낭비에 불과할 것이다.

한 기업의 잠재적인 미래 실적이 이 세 시나리오 범주 안에서 좌우대칭을 이룬다면, 그 기업의 적정가치는 〈그림 6-5〉처럼 종형곡

〈그림 6-5〉 시나리오 분석

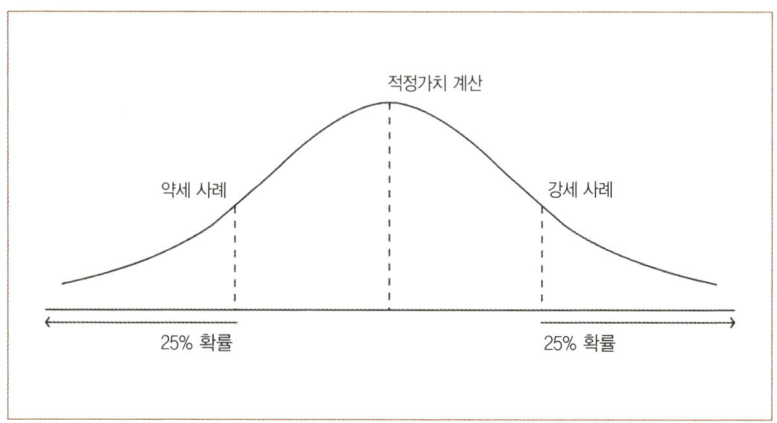

자료 : Morningstar

선으로 표현된다.

많은 요인들이 한 기업의 가치평가에 영향을 미치지만, 가장 중요한 요인 중 하나는 바로 경제적 해자의 존재 여부다. 강력한 경쟁우위를 가진 기업은 자본을 매력적인 수익률로 재투자할 수 있으며, 그럼으로써 성장이 주주가치의 창출로 이어진다. 반면 해자가 없는 기업은 혹시 초과수익을 올리더라도 경쟁에 의해 잠식될 리스크를 안고 있다.

모닝스타 주식등급

이제 이런 식으로 계산한 적정가치가 어떤 식으로 모닝스타 주식

등급Morningstar Rating으로 전환되는지 살펴보자. 모닝스타 주식등급은 현재 주가, 우리가 계산한 적정가치, 우리가 보고 있는 불확실성 정도를 고려해 한 주식의 투자매력도에 대한 핵심적인 견해를 요약한 것이다. 우리는 투자자가 이 주식등급을 어떻게 사용해야 할지(그리고 우리는 어떻게 사용하고 있는지)를 정확히 이해할 수 있도록 각 등급별로 정의를 내렸다. 〈그림 6-6〉은 우리가 아직 연구 중인—그러나 최종 단계에 있는—내용이다.

만약 여러분이 현금흐름할인모형으로 분석해 본 경험이 있다면, 그 모형이 매우 민감하고 주관적인 도구가 될 수도 있음을 알 것이다. 수개월 혹은 수년간 분석을 한 가장 순수한 의도를 가진 애널리스트조차 합리적인 가정을 한 것 같아도 기업의 내재가치를 잘못 계산할 수 있다. 우리는 우리가 내리는 가치평가의 기초가 되는 가정

〈그림 6-6〉 모닝스타 주식등급

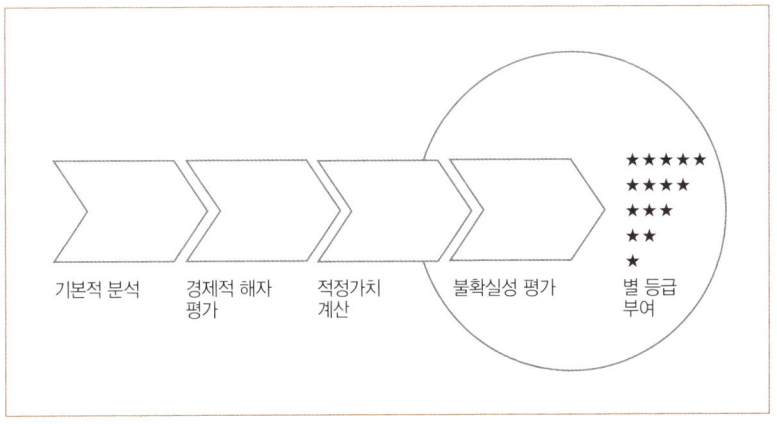

자료 : Morningstar

들이 정확하도록 최선의 분석 관행, 최선의 방법론, 그리고 최선의 품질 관리 조치들을 개발하는 일에 있어 평균 이상이라고 생각하고 싶다. 그래도 가치평가는 여전히 부정확한 분야이고, 따라서 아직 많이 언급하지는 않은 우리 방법론의 또 다른 주요 부분―'가치평가 불확실성 등급Uncertainty Rating'으로 표현된 각 적정가치 계산에 대한 확신의 정도(신뢰도)―을 거론할 필요가 있겠다. 요컨대 우리는 한 특정기업에 대한 우리의 '적정가치 계산'과 '불확실성 등급'을 조합해 모닝스타 주식등급(별 등급)을 매긴다.[1]

불확실성 등급과 그것이 우리 분석 체계에서 담당하는 역할을 살펴보기 위해, 먼저 별 등급의 의미를 간략히 소개해 보겠다. 요컨대 별 등급이란 한 주식의 미래 수익의 예상되는 방향과 크기를 나타내는 '미래 전망적'이며, '불확실성 조정 후'의 투자등급을 말한다.

적정가치의 불확실성과 자기자본비용

우리가 말하는 '불확실성'이란 정확히 어떤 의미일까? 우리는 기본적으로 다음과 같은 질문을 던진다. "분석하고 있는 증권의 내재

---

[1] 모닝스타 펀드등급(Morningstar Rating for funds)을 알고 있는 투자자라면, 모닝스타 주식등급이 모닝스타 펀드등급과는 다름을 알 수 있을 것이다. 펀드등급이 유사한 펀드와 비교한 해당 펀드의 역대 실적에 기초한 반면, 주식등급 평가는 미래 수익에 대한 우리의 전망을 반영하고 있기 때문이다.

가치 계산에서 내가 틀릴 가능성은 어느 정도인가?" 10년 이상 반복적으로 사용된 우리의 분석법은 '낮은, 중간, 높은, 매우 높은, 극단적인'이라는 5개 등급의 불확실성을 사용하고 있다. 이 5개 등급의 불확실성에는 각각에 해당하는 안전마진이 있다. 우리가 분석한 모든 기업은 이 중 한 개의 불확실성 등급을 받으며, 우리가 매수 기회를 찾아 그 기업에 별 5개 주식등급을 주기 전에 적정가치 계산의 불확실성 정도에 따라 구체적인 안전마진을 설정할 필요가 있다. 별 1개 등급은 해당 기업을 상당히 과대 평가된 것으로 보고 있으며 혹시라도 보유하고 있다면 매도를 고려하는 종목을 나타낸다. 여러분도 예상했겠지만, 가치평가의 예측 가능성이 낮을수록 더 큰 안전마진이 필요하다. 즉 가치평가의 불확실성이 높을수록 더 신중한 안전마진이 필요하다. 〈그림 6-7〉은 우리의 평가 체계를 나타낸 것이다.

〈그림 6-7〉 불확실성 등급, 안전마진, 주식 등급

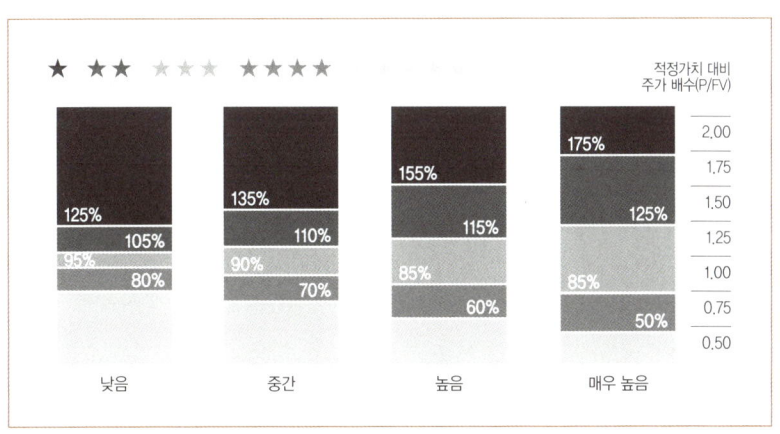

자료 : Morningstar

가치평가의 불확실성이 낮은 경우, 요컨대 가능한 실적 전망치에 대한 우리의 확신이 상대적으로 높을 때, 별 5개 등급 주식의 경우 적정가치에서 20% 할인된 가격이 발동가격trigger price(여기서는 매수 발동가격)이 된다. 반면 가치평가의 불확실성이 매우 높은 경우, 적정가치에서 50% 할인된 가격이 별 5개 등급의 매수 발동가격이 된다. 가치평가의 불확실성이 중간인 경우 필요한 할인율은 30%이며, 높은 불확실성의 경우는 40%가 된다. 따라서 예를 들어 우리가 한 주식의 합리적인 기본 사례 적정가치를 주당 20달러로 계산했다면, 낮은 불확실성 등급에서는 16달러, 중간 불확실성 등급에서는 14달러, 높은 불확실성 등급에서는 12달러, 매우 높은 불확실성 등급에서는 10달러에 매수를 고려하게 된다. 극단적인 불확실성 등급을 사용하는 것은 우리가 보기에 필요한 안전마진이 무한인 경우를 나타내기 위한 것이다. 이런 경우들에서 우리는 여전히 '분명한indicative' 적정가치를 찾고 있지만, 일반적으로는―더 나은 것이 분명 존재하는 것처럼―투자란 너무 리스크가 큰 일이 될 수도 있다고 본다.

이런 견지에서 우리는 불확실성 등급을 분석할 때 리스크를 체계적 리스크(시장 리스크)와 비체계적 리스크(기업 고유 리스크)의 두 범주로 나누고, 〈표 6-5〉에서처럼 둘 모두를 고려한다. 본질적으로 불확실성 등급을 선택할 때는 평가에 영향을 미칠 수 있는 모든 요인을 고려하려고 한다.

우리 분석틀에서는 체계적 리스크를 전체 경제에 대한 해당 기업의 베타(민감도)로 측정한다. 요컨대 'GDP에 변화가 있을 경우, 해당

〈표 6-5〉 가치평가 불확실성 등급 분석 시 고려하는 리스크

체계적 리스크	+	비체계적/기업 고유 리스크
자기자본비용 전체 경제에 대한 수입(매출) 베타 영업레버리지 재무레버리지		자기자본비용 외의 모든 가정들 규제 변화 대규모 사업권, 계약 혹은 특허의 만료 고도로 집중된 고객 기반 경쟁 환경 변화 사업 중단 혹은 탈중개화 리스크 변동성이 심한 시장에서 가격수용자 예측 불가능한 경영 의문시되는 자본 배분

자료 : Morningstar analysis

기업의 내재가치가 얼마나 변하는가?' 하는 것이다. 체계적 리스크는 분산불능 리스크 nondiversifiable risk라고도 한다. 앞서 간략히 살펴보았지만, 우리는 자기자본비용을 가정할 때 이 분산불능한 체계적 리스크를 고려한다.

비체계적인 기업 고유 리스크에는 그 외 가치평가에 영향을 미치는 모든 요인들이 포함된다. 예를 들면 잠재적으로 중요한 규제의 변화; 대규모 사업권, 계약 혹은 특허의 종료; 매우 집중화된 고객기반; 급속히 변하는 경쟁환경; 변동성이 심한 시장에서 가격수용자로서의 지위; 예측 불가능한 경영, 특히 전략이 자주 변하는 경우; 그리고 예측하기는 힘들지만 우리의 내재가치 계산에 중대한 영향을 미칠 수 있는 그 외 모든 기업 고유 요인들이 이에 해당한다. 이런 불확실성 요인들이 증가할수록 우리가 부여하는 불확실성 등급은 높아진다. 반대로 예측 불가능한 요인들이 적을수록 불확실성 등급은 낮

아진다.

요약하면 불확실성 등급은 우리의 내재가치 평가를 부정확하게 만들 수 있는—체계적 혹은 비체계적인—모든 요인을 반영한 것이다. 우리는 상세하고 치밀한 모든 분석을 끝낸 후 한 걸음 물러서서, "우리의 적정가치 계산이 진정한 적정가치에 얼마나 가까울까?"를 묻는다.

불확실성 문제에 답하기 위해 사용하는 또 다른 방법은 포괄적 시나리오 분석이며, 이에 대해서는 앞에서 간략하게 살펴본 바 있다. 내년에 불황이 오면 어떻게 될까? 불황뿐만 아니라 부채 위기가 함께 오면 어떻게 될까? 개발 중인 약품이 마침내 출시되면 어떻게 될까? 전쟁이 원유 가격을 급등시킬까? 온라인 쇼핑몰 매출의 시장점유율이 50%에 달하면 어떻게 될까? 고려해야 할 가능성들은 끝이 없지만, 개별 기업과 개별 산업의 경우에 약세 시각이나 강세 시각 모두에서 고려해야 할 핵심 테마는 보통 몇 개에 불과하다. 예를 들어 카지노업체의 경우 우리는 이 사업권이 독점적인지, 사업권이 언제 만료되는지, 각각의 사업권이 얼마나 중요한지, 그 사업권이 갱신될 가능성은 어느 정도인지를 알고자 한다. 은행의 경우에는 이들의 대출기준이 적극적인지, 재무상태표 어디에 폭탄이 숨어 있는지, 예기치 못한 충격을 흡수하기 위해 준비한 자기자본 준비금 equity cushion은 얼마나 큰지를 알고자 한다. 거의 가격수용자 입장에 있는 천연자원 회사의 경우에는 이들이 가격하락을 얼마나 잘 흡수할지, 예기치 못했던 공급 부족 상황으로 가격이 상승할 경우 어떤 영업레버리지를 보일지 등을 알고자 한다.

우리 애널리스트들이 다양한 시나리오를 고려할 때, 특정 적정가치 계산에 합리적인 범위가 존재한다는 것이 분명해지기 시작한다. 한 기업의 적정가치에 대한 질문을 받았을 때, 좋은 애널리스트라면 종종 "아마 20달러 정도 될 겁니다. 그런데 16달러에서 25달러 사이인 건 거의 확실합니다"와 같은 식으로 대답할 것이다. 우리는 적정가치를 계산할 때 우리의 기본 사례 가정과 상당히 다를 수 있지만 그럼에도 불구하고 가능한 결과들은 기꺼이 고려한다. 그러므로 적정가치 계산 결과에 대한 우리의 확신에 차이가 나타나며, 이런 확신의 차이는 불확실성 등급에, 따라서 매수 및 매도 추천에 반영된다. 위 사례에서 16달러의 주가는 20달러로 계산된 적정가치에서 20% 할인된 가격이고, 25달러는 25% 프리미엄이 붙은 가격이다. 이런 적정가치 범위는 중간 불확실성 등급에 딱 해당하는 경우다. 시나리오 분석 결과 '안전한' 적정가치 범위가 10달러에서 35달러 사이였다면, 이 주식에는 매우 높은 불확실성 등급이 더 맞을 것이다. 이 범위가 클수록 불확실성은 더욱 증대된다.

불확실성 등급을 선택할 때 상대적으로 상식적인 요인도 있다. 예를 들어 코카콜라, 아메리칸 익스프레스, 아마존닷컴, 퍼스트 솔라First Solar, 그리스국립은행National Bank of Greece의 경우를 보자. 짐작했겠지만 이 기업들은 뒤로 갈수록 가치평가의 불확실성이 커지는 기업들이다(코카콜라의 불확실성이 가장 낮고, 그리스국립은행의 불확실성이 가장 높다). 코카콜라에 대한 소비가—대부분의 기업이 제품에 대한 수요를 정확히 예측하기 위해 고려해야 하는—정치, 유가, 규제 및 그 외 모든 예측 불허의 변화로 얼마나 많은 영향을 받고 있을까? 답은 그리 많지 않다는 것이다. 이를 정반대 사례인 그리스국립은행과 비교해 보자. 부채를 안고 있는 그리스의 한 금융기관은 차치하고라도, 전체로서 그리스란 나라가 향후 10년 동안 어떻게 될지 알기란 매우 어려운 상황이다. 아메리칸 익스프레스는 훌륭한 기업이기는 하지만 자본시장과 소비자 지출 변동의 위험에 코카콜라보다 조금 더 노출되어 있다. 아마존닷컴도 좋은 회사지만 많은 경쟁에 직면해 있으며, 때로는 규모 확대를 위해 또 때로는 확실히 증명되지 않은 따라서 불확실성이 존재하는 전혀 새로운 서비스를 제공하기 위해 주기적으로 이익의 대부분을 재투자하고 있다. 태양광업체 퍼스트 솔라도 괜찮은 회사지만 정부 지원에 전적으로 의존하고 있으므로 미래가 매우 불확실하고, 부분적으로 중국정부의 정책에 따라 태양광산업의 생산 능력이 급증하고 있기 때문에 태양광제품의 공급 급등과 가격 급락이 초래되고 있는 상황이다.

지금까지 우리는 리스크와 불확실성에 대해 살펴보았다. 그런데 이 둘에 과연 무슨 차이가 있는 것일까? 일반사전에서 '리스크$_{risk}$'의 정의를 찾아보면, 주로 손해나 손실을 입을 가능성에 초점을 두고 있으며, 예상치 못한 긍정적인 면(상방 가능성$_{upside\ potential}$)에 대해서는 거의 언급하지 않고 있다. (금융사전들은 이보다는 조금 낫게 긍정과 부정적인 가능성, 즉 상방 가능성과 하방 리스크$_{downside\ risk}$ 둘 모두의 견지에서 리스크를 정의하고 있다.) 반면 일반사전에서 '불확실성uncertainty'을 찾아보면, 그 정의가 리스크에 대한 정의보다 균형 있게 내려진 경우가 많으며, 대개는 상방과 하방 어떤 한 결과에 편향됨 없이 결과가 좋을 수도 나쁠 수도 있다는 뜻을 내비치고 있다. 따라서 리스크와 불확실성 사이에 큰 기술적인 차이가 없을 수도 있지만, 리스크의 함의는 분명 부정적인 쪽(하방)으로 기울어져 있고, 불확실성은 긍정적인 쪽(상방)과 부정적인 쪽(하방) 모두를 포괄하고 있다.

상방과 하방 모두를 포괄하는 개념인 불확실성은 우리의 안전마진 범주에서 그 역할을 다한다. 예컨대 우리의 불확실성이 증가할수록—확신이 약할수록—별 1개 등급 주식의 발동가격(여기서는 매도 발동가격)은 우리가 계산한 적정가치에서 더 멀어지는 것을 이미 본 바 있다. 요컨대 별 1개 등급 주식의 발동가격은 낮은 불확실성에서는 적정가치에 25% 프리미엄이 붙은 가격이고, 중간 불확실성에서는 35%, 높은 불확실성에서는 55%, 매우 높은 불확실성에서는 75% 프리미엄이 붙은 가격이다(〈그림 6-7〉). 우리가 어떤 별 1개 등급 주식의 합리적인 기본 사례 적정가치를 20달러로 계산했다고 할 때, 이 기업이 낮은 불확실성 등급에 속한 경우는 25달러(25% 프리미엄이 붙은 가격)에, 매우 높은 불확실성 등급에 속한 경우는 35달러(75% 프리미엄이 붙은 가격)에 매도를 고려하게 될 것이다. 리스크 관점에서 볼 때, 이런 방법은 직관에 반하는 것처럼 보인다. 그러나 우리의 적정가치 계산이 진정한 적정가치보다 높거나 낮을 수 있다는 것을 의미하는 불확실성 시각에서 보면, 이런 발동가격은 논리에 부합한다. 우리는 계산한 적정가치에 대해 더 큰 오차한계margin of error를 원하므로, 이런 발동가격은 (적정가치에서) 더 멀어진다. 이를 생각하는 다른 방법은 별 5개 등급의 발동가격(이 경우 매수 발동가격)과 우리의 적정가치 사이의 공간은—실제 내재가치가 우리 계산치보다 낮을 수도 있다는 의미의—하방 리스크의 영역이라는 것이다. 반대로 우리가 계산한 적정가치와 별 1개 등급의 발동가격 사이는 상방 가능성의 영역이며, 이는 미래가 우리 예상보다 나을 수 있음을 의미한다. 이런 범위의 설정은 각 기업에 대한 시나리오 분석이 그 기초가 되어야 한다.

요약하면 현금흐름할인법은 한 기업의 내재가치를 계산하는 매우 훌륭한 도구가 될 수 있다. 해당 기업의 가능한 '현금흐름과 적정가치'의 범위를 보면 그림을 완성하는 데 도움이 되며, 투자에 나서기 전 우리가 확인하고자 하는 안전마진을 계산하는 데도 도움이 된다. 물론 한 기업의 가치평가에는 많은 요인들이 영향을 미치지만, 경제적 해자의 존재 여부가 가장 중요하다. 강력한 경쟁우위가 있어야 기업이 자본을 매력적인 수익률로 재투자할 수 있기 때문이다.

7 해자 등급으로 주식수익률 예측하기

경쟁력의 강점과 약점에 대한 분석은 경영진이 보다 나은 전략적 결정을 내리는 데 분명 도움이 될 수 있다. 그러나 이런 형태의 분석이 투자자들이 보다 나은 선택을 하고 보다 나은 수익을 올리는 데도 도움이 될까? 달리 말해 귀중한 시간을 들여 해자 분석틀의 복잡한 내용을 심층 탐구할 가치가 있을까? 이번 장에서는 몇 가지 단순한 통계 분석을 사용해 우리가 평가하는 해자 등급이 주식수익률에 대해 무엇을 말해줄 수 있는지 살펴볼 것이다. 우리가 해자 등급을 매기기 시작한 것은 2002년부터이므로 10년 이상의 분석 자료가 있는 셈이다. 물론 이번 장에서 소개할 연구들은 각 해자 등급이 과거에 어떤 실적을 냈는지를 보여주는 것이며, 늘 그렇듯 이런 실적이 미래에도 계속되리란 보장은 없다.

연구를 통해 우리는 넓은 해자를 가진 주식의 경우 상대적으로 적은 하방 리스크와 역시 상대적으로 적은 상방 가능성을 보여주었음을 발견했다. 넓은 해자 주식들은 시장에 공포가 만연하거나 고통스러운 시기에는 해자가 없는 주식보다 좋은 실적을 냈지만, 그 후 리스크 혐오가 진정되면 그들보다 낮은 실적을 보였다. 그런데 우리는 모든 넓은 해자 주식이 리스크 조정 후 초과수익을 낸다고 주장할 강력한 증거는 없지만, 저평가된 넓은 해자 주식의 경우는 그런 초과수익을 냈다는 사실을 발견했다. 따라서 특히 가치평가 지표들과 함께 사용할 경우에 해자 등급은 좋은 리스크 관리 및 증권 선택 도구가 된다고 말할 수 있다.

해자 등급의 실적을 확인하는 가장 직접적인 방법은 기업을 해자 등급별로 분류한 후 이들이 해자 등급을 받은 날 이후의 각 해자 그룹별 수익률 분포를 살펴보는 것이다.

〈표 7-1〉은 각 해자 그룹에 속한 주식들의 미래 월간 수익률을 나타낸 것이다. 물론 1개월은 장기 투자자들에게는 매우 짧은 시간 지평이지만, 1개월 시간지평에서 수익률을 연구하는 데는 다음 두 가지 면에서 유용하다. 첫째, 단기 수익률과 장기 수익률 사이에는 직접적인 수학적 관계가 있다. 장기 수익률은 그 기간 동안 달성된 단기 수익률들의 기하평균이다. 이 표에서 우리는 10년 이상의 기간

동안 달성된 월간 수익률들을 평균했으며, 이를 통해 다양한 시장 상황에 걸쳐 많은 데이터 포인트를 얻었다. 둘째, 장기 투자자라해도 1개월처럼 짧은 기간에 발생하는 기대수익의 변동을 감안해 월간 단위로 자신의 포트폴리오 구성을 재확인한다고 가정하는 것이 합리적이다.

〈표 7-1〉에서 확인할 수 있는 첫 번째 내용은 해자 등급별 월간 평균 수익률에 차이가 없다는 것이다. 이는 세 등급 각각으로부터 무작위로 한 주식을 골라 그 주식들을 1개월 보유할 때, 그 기간 동안 이들로부터 기대할 수 있는 수익률은 동일하다는 것을 의미한다.

물론 이 평균은 세 주식에 대한 투자와 관련된 리스크에 대해서는 아무것도 말해주지 않는다. 표준편차는 이 수익률 분포의 분산, 즉 실제 수익률이 평균으로부터 얼마나 멀어질 수 있는지 나타낸 것이

〈표 7-1〉 해자 등급별 미래 월간 수익률의 주변분포 통계 요약

	넓은 해자	좁은 해자	해자 없음
평균 수익률 (%)	1.0	1.0	1.0
표준편차 (%)	6.9	8.7	13.2
사분범위 (%)	7.3	8.7	12.3
5번째 백분위 (%)	−9.6	−12.5	−18.9
중간값 (%)	0.7	0.8	0.5
95번째 백분위 (%)	11.5	14.3	20.8
왜곡도	0.0	0.3	1.2
첨도	5.5	9.1	16.2

자료 : Morningstar

다. 해자 없는 주식들의 표준편차는 넓은 해자 주식들의 거의 두 배에 달했는데, 이는 평균 수익률에서 멀리 벗어난 수익률을 올릴 확률이 훨씬 크다는 것을 의미한다. 이는 넓은 해자 주식에 비교했을 때 해자 없는 주식의 사분범위interquartile range가 더 크다는 것에서도 확인된다.

그러나 이런 분포들이 평균을 중심으로 대칭을 이루는 것은 아니었다. 일반적으로 우리는 상방 가능성이 하방 리스크보다 큰 분포(플러스 왜곡도positive skewness를 가진 분포라고 한다)를 원한다. 이와 관련해 우리는 해자 없는 주식의 왜곡도가 가장 크며, 따라서 평균 수익률보다 높은 수익을 올릴 가능성(플러스 변동positive variation을 보일 가능성)은 해자 없는 주식이 넓은 해사 주식보다 크다는 것을 알 수 있다. 가장 최근의 금융 위기에서 본 것처럼 거의 모든 기업이 규모나 성숙도에 관계없이 대규모 경기 하강에 민감할 수 있지만, 넓은 해자 기업들은 급성장 가능성이 훨씬 적은 보다 성숙한 기업인 경우가 많다는 점을 감안하면, 이는 경제적 관점에서 볼 때 이치에 맞는 현상이다.

마지막으로 분포의 꼬리를 보자. 첨도kurtosis라고 하는 분포 꼬리의 '두꺼움fatness'(데이터 분포가 좌우 양 극단에 몰려 있는 정도)은 극단적으로 긍정적인 혹은 부정적인 일이 벌어질 가능성을 말해준다. 〈표 7-1〉에서 해자 없는 주식들의 첨도가 상대적으로 높은 16.2라는 것은, 넓은 해자 주식보다는 해자 없는 주식들에서 극단적인 경우가 훨씬 자주 발생했음을 보여준다.

그렇다면 이 모든 게 우리에게 무엇을 말해 주는가? 결론적으로 말하면, 해자 없는 주식은 넓은 해자 주식에 비해 평균에서 훨씬 벗어나 보다 극단적으로 움직였으며, 어떤 추가적인 기대수익도 제공하지 못했다고 볼 수 있다. 이들의 보다 큰 성장 잠재력(상방 가능성)을 감안했을 때 해자 없는 주식은 플러스 왜곡도의 혜택이 있지만, 이들의 전체적인 리스크-보상 양상은 그리 매력적이지 않다.

〈표 7-1〉이 모든 것을 말해주지는 않는다. 이 표는 한 가지 매우 중요한 요인, 즉 시간을 무시하고 있다. 각 해자 등급에 속하는 주식들이 시간이 감에 따라 어떻게 움직이는지를 조사함으로써, 우리는 〈표 7-1〉에 제시된 통계가 일관성이 있는지 그리고 다른 경제 환경에서는 얼마나 많이 달라질 수 있는지 확인할 수 있다.

〈그림 7-1〉은 해자 등급에 기초한 포트폴리오가 우리가 해자 등급을 부여한 후 어떤 실적을 보였는지를 보여주고 있다. 〈표 7-1〉에서 본 것처럼 여기서도 우리는 넓은 해자 주식이 좁은 해자나 해자 없는 주식보다 변동성과 급락 위험은 적지만 누적수익률은 낮다는 것을 확인할 수 있다. 또 세 해자 그룹의 리스크 특징을 균일화함으로써 보다 비슷한 기준, 요컨대 리스크 조정 후 기준으로 누적수익률을 판단할 수 있다.

좁은 해자와 해자 없는 주식 포트폴리오를 넓은 해자 주식 포트폴리오 변동성에 맞춰 조정하면, 〈그림 7-2〉처럼 해자 없는 포트폴리오가 좁은 해자 및 넓은 해자 포트폴리오를 아주 느리게 뒤따라가는 것을 알 수 있다. 그렇다고 해도 넓은 해자 주식에 투자한 데 대한 보

〈그림 7-1〉 동일 비중으로 매월 재조정된 해자 등급별 포트폴리오의 누적 총수익률(%)

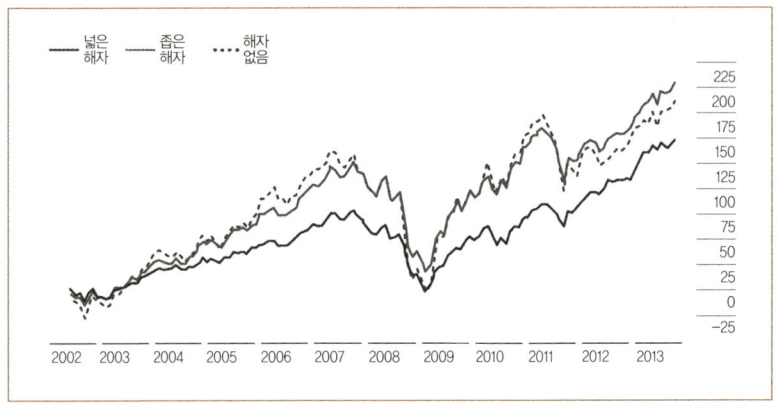

자료 : Morningstar

〈그림 7-2〉 변동성을 균일화한 경우 : 동일 비중으로 매월 재조정된 해자 등급별 포트폴리오의 누적 총수익률(%)

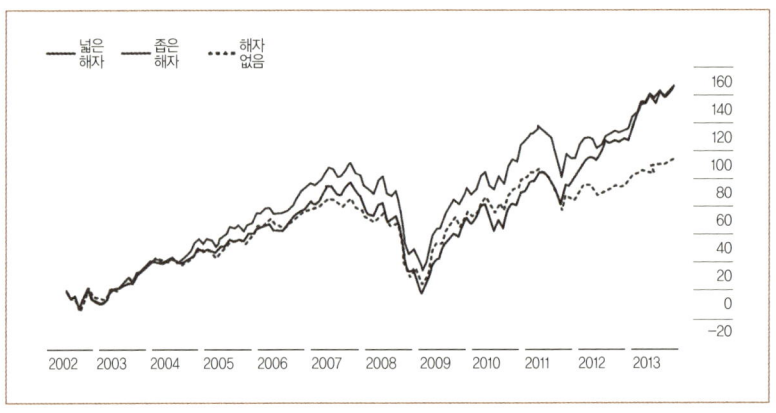

자료 : Morningstar

상은 꾸준하지 않았고, 리스크 조정 후 기준으로 볼 때 넓은 해자 주식이 전 기간에 걸쳐 다른 두 포트폴리오보다 나은 실적을 보인 것도 아님을 알 수 있다. 이는 시간이 가면서 넓은 해자 포트폴리오가 얻은 롤링 프리미엄rolling premium을 해자 없는 포트폴리오와 비교해 보면 더욱 분명해진다.

〈그림 7-3〉은 해자 없는 포트폴리오에 대한 넓은 해자 포트폴리오의 롤링 프리미엄이 플러스에서 마이너스로 매우 자주 바뀌었음을 보여준다. 그러나 2008년 금융 위기에 들어서면 이런 행태와 분명히 결별하고 있다. 위기가 악화되면서, 해자 없는 포트폴리오에 대한 넓은 해자 포트폴리오의 프리미엄은 더욱 커졌다. 그 기간 리스크 혐오가 전반적으로 증대되었음을 고려하면 이는 직관에 부합하는 현상이다. 반대로 위기가 가라앉고 리스크 혐오가 감소하면서 이 프리미엄은 크게 마이너스가 되었다. 이 프리미엄의 수준과 추세를 모니터링하면 리스크에 대한 시장의 전반적인 기호를 분명히 확

〈그림 7-3〉 해자 없는 포트폴리오에 대한 넓은 해자 포트폴리오의 90 영업일 롤링 프리미엄(%)

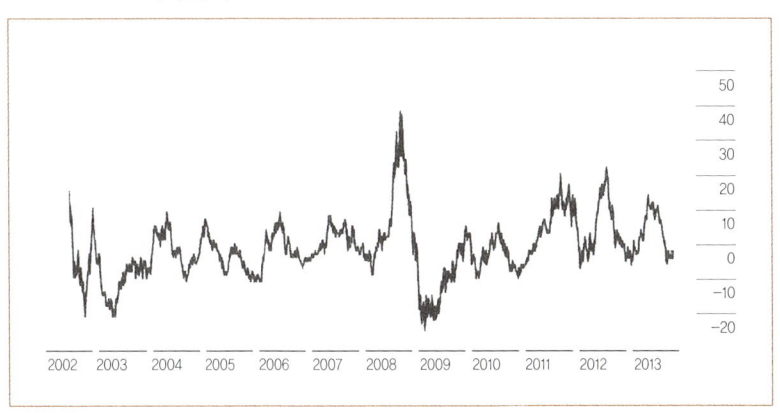

자료 : Morningstar

인할 수 있다.

지금까지 제시된 증거에도 불구하고 우리는 단순히 넓은 해자 주식에 투자하는 것이 장기적으로 우수한 리스크 조정 후 수익률을 충분히 보장한다고는 믿지 않는다. 우리가 고려해야 할 또 다른 중요한 부분은 현금흐름에 기초한 해당 주식의 '내재가치 대비 주가(P/FV)', 요컨대 그 주식의 가치(내재가치 대비 주가 수준으로 평가한 해당 주식의 가치, 이를 보통 실질가치라고 한다)다.

6장에서 살펴본 대로, 우리는 현금흐름할인법을 사용하여 우리가 분석하는 각각의 주식에 대해 적정가치를 구한다. 그렇게 계산한 적정가치를 어느 시점이든 그 시점의 현재 주가와 비교함으로써 해당 주식이 과대평가되었는지 저평가되있는지를 즉각 확인할 수 있다. 저평가된 주식은 플러스 리스크 조정 후 수익이 기대되지만, 과대평가된 주식은 마이너스 리스크 조정 후 수익이 기대된다.

등급 평가법으로 발견한 한 가지 재미있는 현상은 해자 등급에 따라 가치평가의 정확성이 다를 수 있다는 것이다. 평균적으로 볼 때, 우리의 가치평가는 해자가 넓을수록 더 정확하다. 〈그림 7-4〉에서 가치평가 10분위 valuation decile(가치평가를 통해 대상 주식을 10개 집단으로 등분했을 때 각 집단)와 가치평가 후 해당 주식들의 평균수익률 사이의 관계는 넓은 해자와 좁은 해자의 주식이 해자 없는 주식보다 훨씬 질서 있음을 확인할 수 있다. 사실 가치평가 10분위와 가치평가 후 해당 주식들의 평균수익률 간의 결정계수 R-squared로 볼 때, 넓은 해자 주식들이 해자 없는 주식들의 두 배 이상인 0.84인데, 이는

〈그림 7-4〉 해자 등급과 가치평가 10분위별 미래 일간 수익률(연간 환산, %)

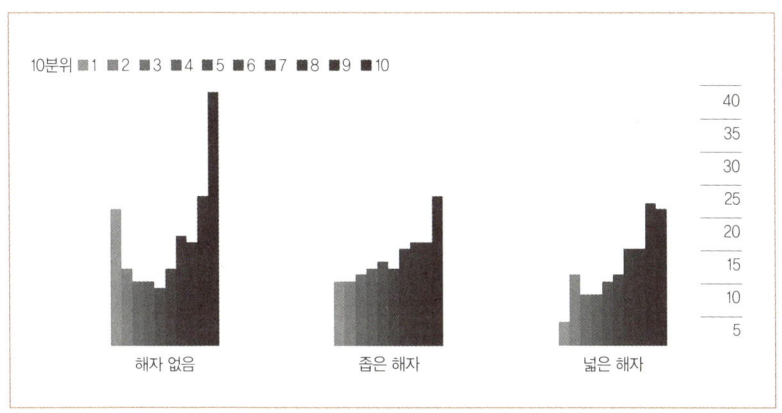

자료 : Morningstar

가치평가 10분위와 가치평가 후 수익률 사이에 상관관계가 높다는 것을 말해준다.

왜 그런 것일까? 앞서 살펴봤듯이 넓은 해자 기업의 주가는 해자 없는 기업의 주가보다 일반적으로 변동성이 적다. 주가 변동성을 해당 기업의 이익과 현금흐름의 변동성을 보여주는 대용지표로 본다면, 넓은 해자 기업이 해자 없는 기업보다 현금흐름의 변동성이 적다고 볼 수 있다. 우리가 그런 현금흐름을 예상하려고 한다는 점을 감안하면, 현금흐름의 변동성이 보다 큰 좁은 해자 기업보다 넓은 해자 기업에 대한 현금흐름할인모형을 더 신뢰할 수 있다는 결론을 내릴 수 있다.

이 모든 연구는 개별 증권의 맥락에서 본 수익과 리스크에만 관한 것인데, 투자자로서 우리는 증권들이 포트폴리오 안에서 어떤 움직임을 보이는지에 대해서도 관심이 있다. 개별 증권들을 포트폴리오로 결합하면, 개별 주식 선정에 내재된 특유의 리스크를 분산시킬 수 있게 된다. 자본자산가격결정모형(CAPM)은 우리가 이런 포트폴리오 맥락에서 해자 등급을 분석하는 데 도움이 될 수 있다.

자본자산가격결정모형은 오늘날 가장 유명한 자산가격결정모형으로 알려져 있다. 다른 모든 모형처럼 이 모형도 실제 세계를 단순화한 것이며, 따라서 이 모형의 많은 결함들이 여러 학술문헌에서 충분히 지적되어 왔다. 자본자산가격결정모형을 자세히 소개하는 것은 이 책의 범주를 벗어난 것이기 때문에, 이 모형이 무위험이자율을 초과하는 한 자산의 미래 기대수익률을 시장의 초과수익률에 비례하는 것으로 묘사하는 공식이라는 정도만 이해하자. 이 두 초과수익률을 같게 만드는 정확한 비율이 해당 주식의 베타$_{beta}$이며, 베타란 해당 주식의 체계적 리스크 혹은 분산불능 리스크를 나타낸 지표다. 자본자산가격결정모형의 중심 논지는 분산불능 리스크를 제외한 다른 모든 리스크는 정의상 포트폴리오에서 분산될 수 있기 때문에, 분산불능 리스크가 (그 리스크를 부담한 대가로) 투자자가 보상을 받아야 할 유일한 리스크라는 것이다.

물론 실제로는 자산수익률이 자본자산가격결정모형과 완벽하게 일치하는 것은 아니기 때문에 우리는 이 모형의 방정식에 오차항$_{error\ term}$을 넣어 한 자산의 수익률이 모형의 예측에서 얼마나 벗어나 있는지를 사후 설명한다. 이런 오차항의 평균이 알파라는 것이며, 이는 한 증권의 수익률에서 시장의 초과수익률 요인으로는 설명되지 않는 부분(시장의 초과수익률을 초과하는 부분)을 의미한다. 결과적으로 플러스 알파란 비례적인 체계적 리스크를 동반하지 않은(시장의 초과수익률을 초과하는) 수익률이며, 한 투자자산이 갖고 있어야 할 바람직한 특징이라 할 수 있다.

시장이 정말 효율적이라면 (체계적 리스크에 대한 참된 모형을 사용하고 있다고 가정할 경우) 알파를 사전에 예측할 방법은 없다. 체계적 리스크에 대한 참된 모형은 모르지만, 우리는 자본자산가격결정모형을 '해자 등급이 알파에 대해 사전에 뭐든 말해주는 게 있는지를' 확인해 보는 하나의 판단도구로 사용할 수 있다.

〈표 7-2〉는 한 가지 중요한 차이만 빼고는 〈표 7-1〉과 같은 통계 요약표다. 요컨대 〈표 7-2〉는 해자 등급별 수익률이 아니라 해자 등급별 알파의 분포를 나타낸 것이다. 이를 통해 우리는 투자자

〈표 7-2〉 해자 등급별 미래 월간 알파의 주변분포 통계 요약

	넓은 해자	좁은 해자	해자 없음
평균 알파 (%)	0.1	0.0	−0.1
중간값 (%)	0.0	0.0	−0.4
표준편차 (%)	6.7	8.0	12.1
사분범위 (%)	7.2	8.3	11.6
5번째 백분위 (%)	−10.1	−12.2	−17.9
95번째 백분위 (%)	10.3	12.4	18.3
왜곡도	0.1	0.5	1.3
첨도	6.1	8.1	15.9

자료 : Morningstar

가 모든 기업의 고유 리스크, 즉 비체계적 리스크를 완벽하게 막았을 경우에 어떻게 될지를 알 수 있다.

〈표 7-2〉에서 우리는 넓은 해자 주식이 해자 없는 주식보다 매월 20베이시스 포인트(0.2%) 더 높은 알파를 기록했음을 알 수 있다. 또 넓은 해자 주식은 해자 없는 주식보다 낮은 표준편차, 보다 작은 사분범위, 보다 적은 하방 리스크를 보였다. 왜곡도와 첨도도 좁은 해자와 해자 없는 주식의 알파보다 낮았다. 따라서 넓은 해자 주식은 왜곡도에서의 약점을 제외하고는 포트폴리오 맥락에서 보유하기에 보다 매력적인 자산이다. 이 표에서 볼 수 없는 한 가지 다른 특기사항은 평균 베타도 넓은 해자 주식들(0.8)이 좁은 해자(0.9)나 해자 없는 주식들(1.1)보다 낮다는 것이다. 이는 넓은 해자 주식들의 리스크가 더 낮다는 것으로 보여준다.

모든 투자자들은 투자 기회를 분석할 시간에 제한이 있다. 이런 소중한 시간 일부를 경쟁우위를 분석하는 데 쓸 가치가 있을까? 그 답은 단연코 '그렇다!'이다. 어떤 실적 연구 모음집도 진정으로 포괄적일 수는 없지만(자료를 편집할 또 다른 방법은 항상 존재한다), 이번 장에서 우리는 우리가 가진 가장 직관적인 증거 일부를 제시하여 해자 분석이 리스크를 통제하는 데 도움이 될 수 있으며, 가치평가와 결합하면 리스크 조정 후 초과수익을 창출할 수 있음을 보여주었다.

8 해자와 가치평가 실전 분석

지금까지 우리 모닝스타가 기업의 해자 등급을 어떻게 평가하고 적정가치는 어떻게 계산하는지 살펴보았다. 이제는 이런 원칙들을 실제로 어떻게 적용하는지 사례를 통해 살펴보고자 한다. 먼저 '넓은 해자 인덱스Wide Moat Focus Index'란 것을 살펴볼 예정인데, 바로 이 인덱스가 우리 방법론이 가장 체계적으로 적용될 수 있는 사례이기 때문이다.

넓은 해자 인덱스

이 인덱스는 지금까지 설명했던 것, 요컨대 질(해자 등급)과 가치평가 둘 모두 주식투자에 중요하다는 생각을 반영하고 있다. 넓은 해자 인덱스는 모닝스타 애널리스트들의 경제적 해자 등급 평가와 적정가치 계산으로 결정된 20개의 가장 싼 넓은 해자 주식들로 구성된 규칙 기반 인덱스rules-based index다. 넓은 해자 인덱스는 해자 추세, 스튜어드십 혹은 불확실성을 고려하지 않고 해자 등급과 가치평가만 고려한다. 이런 인덱스를 구축하기 위해 우리는 넓은 해자 등급을 받은 미국 기업으로서 미국 주식시장에 상장된 모든 주식(미국예탁증서American Depositary Receipts, 미국예탁주식American Depositary Shares, 합자회사limited partnerships 등은 제외)을 가지고 하나의 풀을 만들었다. 그런 후 약 130개로 추려진 대상 주식들을 우리가 계산한 적정가치 대비 시장가 비율에 따라 다시 등급을 매기고, 적정가치에서 가장 많이 할인된 가격에 거래되는 20개 주식으로 넓은 해자 인덱스를 만들었다. 이 인덱스 포함 대상 주식들은 동일 비중으로 구성되며, 인덱스는 분기마다 재구축되고 재조정된다.

2002년 9월 30일에 구축된 후, 2013년 9월 30일까지 모닝스타 넓은 해자 인덱스Morningstar Wide Moat Focus Index는 연평균 15.9%의 수익률을 기록했다. 동기간 S&P 500의 연평균 수익률은 8.8%였다. (실제로 우리가 이 인덱스를 만든 것은 2007년이지만, 2002년에 시작된 해자 등급과 적정가치 평가에 기초해 2002년 9월로 소급해 가상 실적을 만들어 낼 수

〈표 8-1〉 넓은 해자 인덱스의 연간 실적

	2002	2003	2004	2005	2006	2007	2008	2009	2010	2011	2012	YTD**
모닝스타 넓은 해자 인덱스	15.0	36.2	27.8	4.7	17.7	-1.3	-19.6	49.7	8.6	6.6	24.5	22.5
S&P 500	8.4	28.7	10.9	4.9	15.8	5.5	-37.0	28.3	15.1	2.1	16.0	19.8

* 연간 부분 실적 : 2002년 10월 1일부터의 실적
** YTD(year to date): 2013년 9월 30일 현재까지의 연간 누적 실적

자료 : Morningstar

있었다. 2007년부터 현재까지의 인덱스 실적은 실제 실적에 기초한 것이다.) 〈표 8-1〉에서 볼 수 있듯이, 넓은 해자 인덱스는 상품시장의 호황, 금융 위기, 심한 불황 그리고 주택시장의 호황과 거품 붕괴 주기를 포함한 여러 시장 상황이 존재했던 지난 10년 이상 좋은 실적을 보였다. 몇 차례의 심한 시장변동성을 겪으면서도 넓은 해자 인덱스가 좋은 실적을 보인 것은 시장에 적응하고 좋은 저평가 주식을 찾는 강한 능력을 입증한 것이다.

이 인덱스를 가지고 두 개의 거래소 상장 상품을 만드는 것이 허가되었는데, 하나는 MOAT라는 종목명의 상장지수펀드exchange-traded fund(EFT)이고 다른 하나는 WMW라는 종목명의 상장지수채권exchange-traded note(ETN)이다. 포트폴리오, 즉 인덱스 구축이 규칙에 따라 이루어지기 때문에(요컨대 규칙에 부합하는 종목은 편입되고 그렇지 않은 종목은 제외되기 때문에), 이 인덱스는 연 120~150%의 상당히 높은 종목 회전율을 보인다. 이런 현상이 나타나는 것은 분기마다 포트폴리오를 재구축할 때 우리가 계산한 적정가치에서 25% 할인된

가격에 거래되는 증권도 25.5% 할인된 가격에 거래되는 증권으로 대체될 수 있기 때문이다. 우리는 가능한 간섭이 없도록 인덱스 구축 과정을 설계했으며, 따라서―이 포트폴리오의 수익이 기업(의 경제적 해자와 내재가치 분석)에 초점을 맞춘 우리 애널리스트들의 분석 결과인지, 아니면 경영진이나 포트폴리오 매니저가 포트폴리오를 통제한 결과인지에 대한 의문을 야기할 수도 있는―경영진 등의 포트폴리오에 대한 하향 개입top-down intervention 없이 기업의 경제적 해자와 내재가치에 대한 우리의 상향 분석bottom-up work이 포트폴리오에 자연스럽게 반영될 수 있을 터였다.

합리적인 포트폴리오 매니저라면 자신이 계산한 가치에서 25% 할인된 가격에 거래되는 증권을 25.5% 할인된 가격에 거래되는 증권으로 바꾸는 일은 거의 없을 것이다. 종목 변경을 위한 거래비용이 가능한 알파의 일부를 잠식할 수 있고, 그가 계산한 가치는 결국 추산치에 불과하기 때문이다. 여러분이 이 문제를 극복하기 위해서는 단기 자본소득세가 수익을 조금씩 깎아먹는 공식 계좌에서 우리 식의 넓은 해자에 초점을 맞춘 전략을 사용하거나, 혹은 신규 종목이 여러분이 정한 일정한 조건을 충족하면 포트폴리오에 편입되도록 포트폴리오 구축 과정을 바꿔야 한다. 예를 들면 신규 종목이 대체될 기존 종목보다 최소 5% 이상 저평가된 가격이어야 한다는 식의 조건을 설정할 수 있을 것이다. 우리는 이런 식의 기준율을 사용해 내부적으로 시뮬레이션 연구를 수행해 종목 회전율을 낮춰 봤는데, 그 결과 회전율을 50% 정도로 낮추면 연간 150~200베이시스 포

⟨그림 8-1⟩ 총 분석 대상 종목 중 해자 등급 상승 종목과 하락 종목의 비율

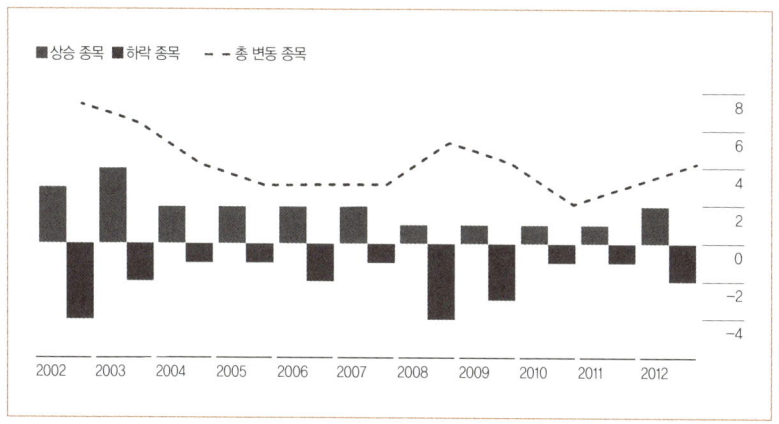

자료 : Morningstar

인트(1.5~2%)의 실적이 감소할 수 있는 것으로 나왔다. 따라서 회전율 문제는 관리가 가능한 문제다. 그러나 분명 계속 유념해야 할 문제다.

흥미로운 것은 이런 회전의 대부분이 우리의 해자 등급이나 적정 가치 계산의 잦은 변화 때문이 아니라 주가 변동에 따라 가치평가가 변한 데 따른 것이란 점이다. ⟨그림 8-1⟩에서 볼 수 있듯이, 해자 등급이 바뀐 종목은 연간 10% 미만이었다.

토끼와 거북이 포트폴리오

이런 원칙들을 실제로 적용해 본 또 다른 사례는 뉴스레터 ⟨모닝

스타 주식투자자Morningstar Stockinvestor)에서 찾아볼 수 있다. 이 뉴스 레터 콘텐츠의 한 부분으로 우리는 토끼와 거북이라는 두 개의 실제 포트폴리오를 운용하고 있는데, 두 포트폴리오는 2001년 운용이 개시된 이후 S&P 500을 상당히 앞서는 실적을 기록해 왔다. 현재 기록 중인 실적에 대해서는 http://msi.morningstar.com을 참고하기 바란다.

거북이 포트폴리오에는 우리의 가장 보수적인 추천 종목들이 포함되어 있다. 이런 종목들은 중간에서 낮은 수준의 리스크를 가진 성숙한, 따라서 상대적으로 성장이 느린 기업들이 대부분이다. 이 기업들은 모두 경제적 해자를 가지고 있는데, 대부분은 넓은 해자를 가진 기업들이다. 우리는 안정적이거나 개선되고 있는 경쟁우위(안정적이거나 긍정적인 해자 추세)를 가진 기업들을 이 포트폴리오에 포함시키려고 한다. 거북이 포트폴리오는 강한 상승장에서는 다소 처지는 경향이 있지만, 약세장에서는 그것을 상쇄하고도 남는 실적을 내는 경향이 있다.

토끼 포트폴리오에는 보다 적극적인 추천종목들이 포함된다. 이런 종목들은 거북이 포트폴리오에 포함된 종목보다 리스크와 수익 가능성이 모두 더 높고, 성장도 더 빠른 경향을 보인다. 토끼 포트폴리오 편입 종목으로 좁은 해자에 긍정적 해자 추세를 가진 종목(미래에 넓은 해자를 구축할 것으로 보이는 종목)이 더 선호되기는 하지만, 이 종목들도 모두 경제적 해자를 가지고 있다. 토끼 포트폴리오의 실적은—전체 시장보다 상당히 좋은 실적을 보이기는 했지만—전체 시장 실적과 보다 밀접한 관련이 있었다.

1. 〈모닝스타 주식투자자〉의 종목 선택 기준

거북이와 토끼 포트폴리오 편입 종목을 선택할 때, 우리는 다음과 같은 기업을 찾는다.

- 모닝스타의 경제적 해자 등급으로 측정했을 때, 지속 가능한 경쟁우위를 가진 기업
- 모닝스타의 해자 추세 등급으로 측정했을 때, 경쟁력이 안정적이거나 개선 중인 기업
- 모닝스타의 적정가치 대비 가격 비율로 측정했을 때, 내재가치에서 상당히 할인된 가격에 거래되는 기업
- 모닝스타의 별 등급으로 측정했을 때, 우리의 적정가치 계산의 불확실성 수준에 맞는 안전마진에 거래되는 기업
- 모닝스타의 스튜어드십 등급으로 측정했을 때, 전략의 실행과 자본 배분에 능숙한 경영진을 가진 기업

요컨대 거북이와 토끼 포트폴리오 편입 종목을 고를 때, 우리는 지금까지 이 책에서 설명한 분석법들의 모든 요인을 고려한다.

2. 포트폴리오 운용 전략

좋은 주식을 고르는 것은 성공적인 투자자가 되는 데 필요한 한

부분에 불과하다. 좋은 주식을 고른 후에는 포트폴리오 운용 전략 또한 중요하며, 우리는 다음의 핵심 원칙을 따른다.

> 1. 주식을 실제 기업에 대한 소유권 지분을 나타내는 것으로 본다.

기본적인 것 같지만, 매우 많은 사람들이 이런 사실을 무시하고 주식을 종잇조각 취급하며 투자를 도박처럼 하고 있다. 그러나 사실 보통주는 실제 기업에 대한 소유권을 나타낸 것이다. 우리가 보유한 기업들이 창출한 현금흐름의 일부는 우리 것이며, 경영진에게 그런 현금흐름을 현명하게 사용하도록 위임한 것이다.

기업 소유주처럼 생각하면 주식투자에 대한 전체적인 시각이 바뀌게 된다. 미래에 보상을 줄 투자를 한 까닭에 그 기업의 한 분기 혹은 두 분기 실적이 나빴다면, 그건 좋은 일이다. 기본적인 전망에 아무런 변화가 없는데도 한 기업의 주가가 떨어지면, 그것도 좋은 일이 될 수 있다. 이 경우 투자자는 적극적으로는 더 많은 주식을 매수함으로써, 소극적으로는 그 회사가 자사주 매입을 한다면, 좋은 가격에 그 회사에 대한 지분을 늘릴 수 있다.

> 2. 감정이 아니라 이성과 분석에 기초해 결정한다.

투자자들은 스스로가 최악의 적이 될 수 있다. 주가가 하락할 때 패닉에 빠지기 쉬운 것처럼 주가가 상승할 때는 낙관적이 되기 쉽다. 성공적인 투자자가 되기 위해서는 이런 자연적인 본능을 억제하는 법을 배울 필요가 있다. 워렌 버핏의 유명한 말 중 하나를 다시 인용하자면, "다른 사람들이 탐욕을 부릴 때 공포를 느끼고, 다른 사람들이 공포에 휩싸였을 때 탐욕을 부릴" 필요가 있다.

주가가 상승하거나 하락할 때 매수할지, 매도할지, 보유할지에 관한 규칙은 없다. 주가 움직임 자체는 거의 아무것도 말해 주는 것이 없기 때문이다. 정말 중요한 것은 내재가치와 비교했을 때 주가가 어떤 수준이냐는 것이다. 예를 들어 한 기업의 내재가치를 주당 100달러로 계산했는데 현재 주가가 80달러라고 해 보자. 그런데 이 회사의 장기 이익률이 우리와 다른 투자자들이 전에 믿었던 수준보다 훨씬 높을 수 있다는 뉴스가 나와서 이 기업의 주가가 20% 상승해 96달러가 되었다고 해 보자.

96달러가 된 이 주식이 80달러였을 때보다 더 비싼 것일까? 단순하게 보면 그런 것 같지만, 진실은 과연 그런지 알만한 충분한 정보가 아직 우리에게 없다는 것이다. 이는 500달러짜리 주식이 50달러짜리 주식보다 더 비싼지를 묻는 것과 같다. 이런 주가가 비싼지 어떤지 알기 위해서는 내재가치와 관련된 정보가 필요하다(500달러짜리 주식도 10:1 주식분할을 해서 50달러 주식이 될 수 있다).

보다 높은 장기 이익률 전망을 반영해 다시 계산한 결과 위 사례에 해당하는 기업의 적정가치가 이전보다 30% 높은 130달러로 계산되었다면 어떻게 될까? 이 경우, 적정가치 대비 주가 비율은 종전의 0.80(80달러 ÷ 100 달러)에서 0.73(96달러 ÷ 130달러)으로 하락한다.

주가가 적정가치에서 더 많이 할인된 상태이며, 이는 이익률 관련 뉴스가 나오기 전보다 기대수익률 전망이 더 좋아졌음을 의미한다. 주가가 하락할 때도 유사한 원칙이 적용된다. 중요한 것은 그 시점에 이용 가능한 모든 정보를 감안했을 때, 새로 형성된 주가가 새 적정가치와 비교해 어떤 수준이냐는 것이다. 내재가치를 모르면, 투자는 확률 게임에 지나지 않는다.

결정에 감정을 배제하면, 일반 개인투자자보다 상당히 유리한 위치에 있게 된다. 감정을 억누르는 한 방법은 현실적인 시간지평을 갖는 것이다. 시장이 한 주식의 가치를 인식하는 데 3년 혹은 그 이상이 걸릴 수 있다. 이따금 2008~2009년의 세계 금융 위기 같은 외부적인 사건이 저평가된 주식을 일시적으로 더 싸게 만들 수도 있다. 해당 기업의 장기 현금흐름 전망이 그 사건으로 별 영향을 받지 않아도 그렇다. 향후 3~5년 후에 필요한 자금을 확보하기 위해서는 보통주에 투자하는 것보다는 현금이나 단기 채권에 투자하는 것이 훨씬 낫다.

> **3. 과도하지 않은 수준의 적절한 분산 투자를 유지한다.**

한 기업의 주가는 그 기업이 미래에 창출할 수 있는 현금흐름에 대한 투자자의 현재 인식에 따라 결정된다. 물론 미래는 본질상 예측 불가능하다. 우리의 전망에 아무리 확신을 갖더라도, 예상치 못한 일이 발생해 전에 믿었던 것보다 주식의 가치를 실질적으로 높이거나 낮출 리스크는 항상 존재한다. 모든 리스크와 기회를 확인하고 그것들에 확률을 부여할 수 있을 때조차 미래에 어떤 시나리오가 펼쳐질지를 정확히 알 방법은 없다.

이런 불확실성 때문에 우리는 거북이와 토끼 포트폴리오를 산업과 업종에 따라 분산하고, 가장 중요하게는 두 포트폴리오가 상품 가격, 금리, 규제 변화, 주택시장의 건전성, 증가하는 스마트폰 사용 같은 특정 리스크 요인들과 추세에 노출된 위험 정도를 제한하려고 한다. 이렇게 하면 전망이 틀렸다 해도―예컨대 유가가 우리 예측보다 높아진다거나 주택시장 회복이 예상보다 약하다 해도―포트폴리오 전체 내재가치에 대한 타격은 제한적이다.

이처럼 분산 투자에 혜택이 있는 것이 분명하기는 하지만, 단점과 한계 또한 존재한다. 분산으로 인한 변동성 감소 혜택은 더 많은 증권이 포트폴리오에 추가되면 상당히 줄어든다. 20개의 종목으로 구성된 포트폴리오가 40개 종목으로 구성된 포트폴리오보다 그 적은 만큼 변동성이 더 큰 것은 아니다. 더 중요한 것은 분산을 과하게 하면 좋은 투자 기회를 찾기 힘들다는 것이다. 매우 많은 수의 주식을 보유하면 최고의 투자 아이디어(종목)를 그저 그런 종목들과 뒤섞어 희석시키는 결과를 초래하고 만다. 우리는 거북이와 토끼 포트폴리오를 각각 20개 종목으로 구성하는 것을 목표로 하고 있다.

> **4. 대부분의 시간 동안 꾸준히 투자를 유지한다.**

우리가 볼 때 시장을 이길 수 있는 방법은 두 가지뿐이다. 하나는 적정가치보다 낮은 가격에 주식을 매수해서 시장이 그 가치를 인식할 때까지 보유하는 것이다. 또 하나는 내재가치를 평균 이상으로 빠르게 증대시키는 기업의 주식을 매수하는 것이다. 보통 이런 기업은 강력하고 점점 강화되는 경쟁우위를 갖고 있기 때문이다. 이 두 요인의 혜택을 모두 누릴 수 있는 투자 기회를 찾는 것이 우리의 이상이다.

시장을 이기려고 하는 훨씬 더 어려운 그러나 성과는 더 적은 방법은 고점과 저점 타이밍을 찾으면서 주식을 사고파는 것이다. 지속적으로 이런 방법을 사용할 수 있는 사람이 있을지 우리는 전혀 알지 못한다. 시장이 며칠, 몇 주, 몇 개월 혹은 몇 년 후 상승할지 하락할지는 사전에 결코 알 수 없다. 더욱이 시간이 감에 따라 경제가 성장하고 기업이익이 증가하면서, 주식도 그 가치가 증대되는 경향이 있다. 충분히 긴 시간지평에서 볼 때, 주식에 투자하지 않음으로써 발생하는 기회비용은 약세장 내내 투자를 유지할 때 부담하는 리스크보다 훨씬 크다.

그렇다 해도 약간의 현금 포지션은 유지하는 것이 좋다. 약간의 현금을 갖고 있으면, 투자 기회가 발생할 때 필요한 자금을 마련하기 위해 보유 종목을 매도할 필요 없이 그 기회를 이용할 수 있다. 더욱이―닷컴 버블 절정기처럼―시장이 매우 과대평가된 탓에 포트폴리오에 편입할 합리적인 가격에 거래되는 충분히 좋은 기업을 찾기가 불가능한 때도 있다. 그런 경우, 우리는 현금을 보유한 채 더 좋은 기회가 오기를 기다린다. 그러나 그런 경우가 아니라면 다소간 충분히 투자를 유지한다.

> **5. 자주 매매하지 않는다.**

거북이와 토끼 포트폴리오의 역대 회전율은 매우 낮아서, 2002년에서 2012년 사이에 연 평균 17%에 불과했다. 이는 평균 보유 기간이 5년 이상이었음을 의미한다. 낮은 회전율에는 많은 장점이 있다. 그 중 무시할 수 없는 한 가지 장점은 세금을 절약할 수 있다는 것이다. 단기 자본소득세율 대신 장기 자본소득세율로 납부하고 세금을 이연함으로써, 그동안 절약한 세금으로 수익을 올릴 수 있다. 낮은 회전율은 수수료와 호가 스프레드 같은 매매비용을 줄여 준다. 평균적인 대형주 뮤추얼펀드는 연간 75%의 회전율을 보임에도 불구하고 실적은 거북이와 토끼 포트폴리오만 못하다.

회전율을 낮게 유지하려는 것은 비슷한 리스크-보상 특징을 가진 기업들 사이에 (쓸데없이) 자금을 넣었다 뺐다 하지 않기 위해서이다. 그러나 낮은 회전율을 유지한다고 해서 상당히 과대평가된 혹은 경쟁력 악화에 직면한 주식을 계속 보유하는 것은 아니다. 생각건대 투자자라면 매우 성공적인 투자를 함으로써 마지막 순간에 청구되는 세금을 극대화하는 전략을 추구해야 한다.

3. 결론

우리는 거북이와 토끼 포트폴리오를 통해 모닝스타의 분석을 실전에 옮겼다. 우리는 넓은 해자, 안정적이거나 강화되는 경쟁력, 훌륭한 경영진 그리고 좋은 안전마진을 가진 기업을 찾는다. 또한 분산된 포트폴리오를 유지하고, 기업 소유주처럼 생각하며, 자주 매매하지 않는다. 우리 방법이 지닌 장점은 과도한 리스크를 부담하지 않으면서도 지난 10년 이상 S&P 500을 여유 있게 따돌린 실적에서 확인할 수 있다.

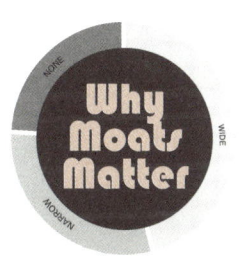

제 2 부

업종별
분석 매뉴얼

9 소비재

　지금부터는 일반적인 내용에서 보다 구체적인 내용으로 전환해 여러 업종별 심층 분석을 통해 서로 다른 유형의 기업들에서 해자를 창출하는 요인은 무엇인지 살펴보도록 하겠다. 9장부터는 특정 기업이나 업종을 분석할 때 참고할 매뉴얼 정도로 생각하면 될 것이다. 각 장에서는 해당 업종의 해자 환경을 개관하고, 업종별로 넓은 해자와 좁은 해자를 만들어내는 요인은 무엇인지 확인한 후, 일부 사례들을 살펴보고, 여러분 스스로 분석할 때 기억해야 할 핵심 조언들을 제시할 것이다. 그러나 이런 내용은 각 업종에 대한 우리의 분석이 갖는 깊이 차원에서 볼 때 빙산의 일각에 불과하다. 여기에서는 각 업종sector에서 몇 개의 산업industry만 택해 핵심 논지를 설명했다. 우리의 목표는 여러분 스스로 분석할 수 있는 충분한 기초지식을 제공하는 것이다.

먼저 소비재 업종부터 시작해 보자. 브랜드가 소비자에게 얼마나 중요한지 알고 싶다면, 주변 몇 사람에게 코카콜라를 마시는지 펩시를 마시는지, 말보로를 피는지 카멜을 피는지, 하인즈 케첩을 먹는지 헌트 케첩을 먹는지, 특정 브랜드의 미용 및 위생용품을 쓰는지 아니면 브랜드에 상관없이 아무 제품이나 쓰는지 물어보라. 많은 소비자들에게 브랜드는 매우 중요하며, 소비자가 원하는 브랜드를 얻기 위해 기꺼이 프리미엄 가격을 지불할 때, 브랜드는 강력한 경쟁우위의 원천이 된다. 결과적으로 여러 소비재Consumer 회사들에게는 브랜드가 지배적인 경제적 해자의 원천으로 작용한다.

〈그림 9-1〉에서처럼 다양한 제품을 생산하는 소비재 업종에서는 브랜드 파워라는 무형자산 외에도 몇 가지 다른 해자 원천도 작용한다. 소비재 업종에서 비용우위는 꽤 일반적인 해자 원천이다. 대형 음료회사들을 예로 들어보자. 이들은 감미료, 주스, 포장재를 매우 대량으로 구매하기 때문에 보다 소형의 경쟁자들보다 비용을 낮춰 주는 규모의 경제와 가격 협상력의 혜택을 누린다. 낮은 가격과 매우 다양한 제품으로 수백만 명의 고객을 유인하고 이를 통해 제3자 판매자들을 온라인 유통시장으로 유인하는 온라인쇼핑몰 같은 일부 소비재회사에게는 네트워크 효과도 도움이 된다. 또 더 많

〈그림 9-1〉 소비재 업종의 해자 특성

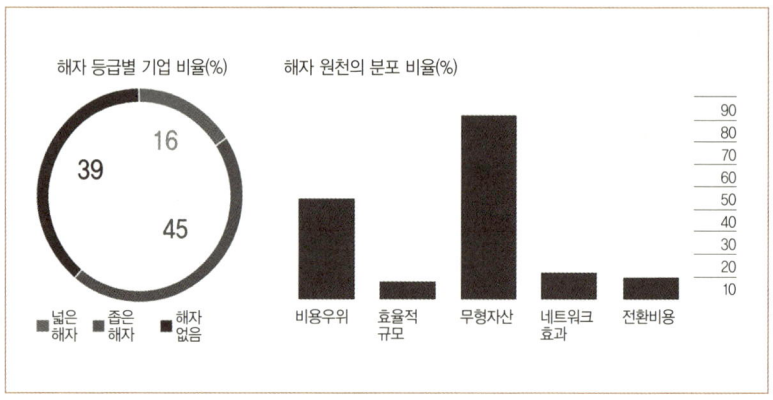

자료 : Morningstar

은 고객과 제품이 쇼핑몰을 이용할수록 관련 고객 상품평과 상품 추천이 증가하며, 이는 네트워크 효과를 더욱 강화시킨다.

음료산업

소프트음료, 맥주, 와인, 증류주 제조사가 포함되는 음료산업에서 지속적인 초과수익을 창출하기 위해서는 방대한 유통망의 지원을 받는 강력한 브랜드가 필요하다. 대형 음료회사들은 선순환의 혜택을 누리고 있다. 요컨대 이들은 마케팅 프로그램이나 제조설비, 공급체인 운영에 가장 효율적으로 투자할 수 있고, 이는 다시 추가 성장과 이윤 증대로 이어진다. 이런 선순환으로 인해 거대 소프트음료회사 코카콜라, 초대형 맥주회사 앤호이저부시Anheuser-Busch, 선두 주류업체 디아지오Diageo 등은 가장 효율적으로 운영되는 유통망을 통해 프리미엄 가격의 음료를 팔 수 있었고, 그 과정에서 최고의 시장 점유율을 확보했다. 또 이 대형 기업들은 필요한 재료를 소형 기업보다 유리한 가격에 구매하는 구매력까지 행사하고 있다.

음료회사 브랜드에 대한 고객의 충성심 또한 강하다. 이런 충성심은 소비자에 대한 조사비용을 낮추고, 제품 라인을 확대하며(예를 들어 다이어트 펩시, 코크 제로, 버드와이저 플래티넘 등의 출시), 음료 소비의 여러 상이한 경로와 상황에 맞춘 상이한 포장의 제품을 공급할 수 있게 해준다. 가장 강력한 음료 브랜드는 프리미엄 가격을 결정할 수 있으며, 이는 상당한 투하자본수익률을 확보하는 데 도움이 된다.

이런 경쟁우위 때문에 많은 대형 음료회사들이 넓은 경제적 해자를 자랑하고 있으며, 이런 해자는 향후 수십 년간 계속될 가능성이 높다. 2류 음료회사나 신규 음료회사들이 지금의 선도업체를 추월하려면 극도로 많은 비용과 시간을 투입해야 할 것이다. 브랜드를 확립하고 유통 체계를 구축하는 데만도 수십 년이 걸리며, 소비자 선호는 매우 느리게 바뀐다. 더욱이 닥터 페퍼 스내플 그룹Dr Pepper Snapple Group과 몬스터 베버리지Monster Beverage처럼 좁은 해자를 가진 몇몇 음료회사들은 넓은 해자 기업에 유통을 의존하고 있는데, 이를 통해 넓은 해자 기업들은 소형 경쟁자들로부터 추가 수입까지 올리고 있다.

음료회사를 평가할 때의 핵심 고려사항은 다음과 같다.

- 해당 기업 브랜드가 경쟁자에 비해 가격 프리미엄을 누리고 있는가?
- 유통 시스템을 모방하기가 얼마나 쉬운가?
- 해당 브랜드가 향후 몇 년 동안 시장점유율을 잃을 가능성이 큰가, 유지할 가능성이 큰가, 아니면 높일 가능성이 큰가?
- 지속적으로 견고한 이익률과 투하자본수익률은 해당 기업이 보다 효율적인 유통망, 보다 효율적인 제조설비, 보다 효율적인 공급사슬 운영의 형태로 비용우위를 확보하고 있음을 의미할 수 있다.

소비자용품산업

다양한 식품, 주택용품, 개인 미용 및 위생용품을 제조, 판매, 유통하는 기업들이 포함되는 소비자용품산업에서는 강력한 브랜드 포트폴리오와 저비용 영업 플랫폼이 경제적 해자의 주요 원천이 된다. 이 산업을 지배하는 소비재회사들이 보유한 수준의 규모의 경제를 달성하기 위해서는 많은 시간과 자원이 필요하고, 이는 신규 진입자에게 높은 진입장벽으로 작용한다. 이런 규모를 통해 대형 소비재회사들은 소형 경쟁자와 비교해 궁극적으로 제품 단위당 생산 및 유통 비용을 낮출 수 있다.

소비자용품산업에서 넓은 해자를 가진 기업들은 (1) 시장지배적인 브랜드 포트폴리오, (2) 전 세계적 규모, (3) 유통업체 상표 부착 제품private-label offerings이 시장에 제대로 침투하지 못한 분야에서의 경쟁력 등을 확보하고 있어야 한다. 이 산업에서 좁은 해자를 가진 기업들은 일반적으로 이 중 적어도 한 요소가 부족한 기업들이다. 소비자용품산업 주도기업들은 제품 혁신과 핵심 브랜드에 대한 마케팅 지원에 집중 투자함으로써 그들 제품에 대한 소비자들의 반향을 불러일으키고, 경쟁자들에 대해서는 경쟁우위를 확보한다. 상품commodity과 유사한 제품(육류와 유제품처럼 회전율이 높고 잘 상하는 제품)으로 경쟁하는 기업들은 제품 차별성이 별로 없는 가격 수용자들이기 때문에 경제적 해자가 없는 것이 보통이다.

세계 최대의 수프 생산회사인 캠벨 수프Campbell Soup Company는 넓은 해자를 가진 소비자용품회사의 좋은 사례다. 캠벨의 해자는 경쟁자가 없는 규모의 경제를 그 원천으로 한다. 캠벨이 이런 규모의 경제를 갖추게 된 것은 수익성이 좋은 미국 수프사업을 지배하고 있고, 강력한 브랜드와 전 세계적인 유통망을 보유한 결과다. 캠벨은 미국 액상수프시장의 거의 60%를 점유하고 있다. 우리는 캠벨이 우월적 지위로 증명한 높은 수익성에 깊은 인상을 받았다. 캠벨의 총매출액의 1/3을 차지하고 영업이익의 1/2 이상을 차지하는 수프사업에서 캠벨의 영업이익률은 20%를 상회한다. 이는 포장식품업에 속하는 다른 사업 분야의 영업이익률을 훨씬 뛰어넘는 것이다. 더욱이 캠벨은 지난 10년 동안 평균 약 18%의 투하자본수익률을 창출했는데, 이는 우리가 계산한 자본비용 8.1%의 두 배를 넘는 수익률로, 캠벨이 넓은 경제적 해자를 유지하고 있다는 우리의 평가에 큰 영향을 미쳤다.

소비자용품회사를 평가할 때의 핵심 고려사항은 다음과 같다.

- 해당 기업의 제품 포트폴리오 내에서 해당 브랜드의 파워는 어느 정도인가? 일반적으로 장기적인 제품 생산량과 가격 동향이 브랜드 파워를 나타내는 지표가 된다. 특정 제품 분야에서 1위 혹은 2위의 시장점유율을 갖기 위해서는 강력한 브랜드가 있어야 한다.
- 해당 기업이 경쟁자에 비해 낮은 비용으로 생산과 유통을 유지할 수 있는 상당한 규모를 보유하고 있는가? 규모는 국내적 혹은 국제적 수준이 될 수 있지만, 그 규모가 너무 커서 신규 진입자가 모방하는데 상당한 비용과 시간이 필요한지 아닌지를 평가해야 한다.
- 유통업체 상표 부착 제품이 해당 제품시장에 얼마나 침투했는가? 유통업체 상표 부착제품이 상당한 시장을 점유하고 있다 해도, 그것이 반드시 브랜드 파워가 사라지고 있다는 것을 의미하지는 않는다. 그러나 지속적인 브랜드 제품 혁신이 그만큼 더 중요하고, 그런 혁신이 해당 브랜드의 가치를 제고시키는 것으로 소비자들이 인식해야 한다.
- 투하자본수익률을 볼 때, 우리는 영업권을 포함시키는 경향이 있다. 지금까지 소비자용품회사들이 사업이나 자산 인수에 매우 적

극적이었고, 이런 추세가 미래에 바뀔 것으로 보이지 않기 때문이다. 기업들은 보다 성숙된 선진시장에서의 성장 둔화를 상쇄하기 위해 세계시장에 진출하고 싶어 한다. 그러나 이런 인수가 가중평균자본비용을 초과하는 투하자본수익률(영업권을 포함해 계산한 투하자본수익률)을 창출하는 것을 막아서는 안 된다.

외식산업

연 매출이 거의 2조 달러에 이르는 대형 외식산업Restaurants은 고객이 카운터에서 돈을 지불하고 음식을 받는 패스트푸드 식당quick service restaurant(QSR)과 좌석에 앉은 고객이 종업원에게 주문하는 일반식당casual-dining restaurant(CDR)으로 나뉜다.

전환비용이 없고, 경쟁이 심하며, 진입장벽이 낮은 산업의 성격 때문에 외식사업자가 경제적 해자를 구축하기란 쉽지 않다. 그러나 소수의 외식업체는 무형자산과 비용우위를 결합해 해자를 구축한 것으로 보인다. 외식산업은 편리한 위치에 식당을 보유한 광범위한 체인망, 꾸준한 고객 경험 그리고 지역적으로 일부 변형된 메뉴를 제외하고는 매우 동일한 메뉴 덕분에 전 세계적으로 가장 유명한 일부 브랜드가 존재하는 분야다. 보다 큰 레스토랑 체인들은 규모의 경제를 확보하고 있으며 납품업체에 상당한 영향력을 행사함으로써 예측 가능하고 경쟁력 있는 가격으로 식자재 및 기타 원자재를 확보할 수 있다. 이런 비용우위를 통해 대형 외식사업자들은 보다 규모가 작은 경쟁자들—심지어는 적극적인 판촉 전략에 의존하는 경쟁자들—과 동등한 가격 결정력을 유지하면서도 더 높은 이익률을 기록하고 있다.

넓은 해자를 가진 제한된 수의 외식업체들은 세계 거의 모든 곳에 알려진 브랜드라는 무형자산(이를 통해 제품에 프리미엄 가격을 부과하는 경우도 있다)과 일관된 프랜차이즈 시스템을 보유하고 있으며, 매일 시간별로 제공 메뉴를 바꾸는 메뉴 혁신을 해왔고, 주기적으로(매 5~7년마다) 식당 위치를 재조정하고 있다. 또 넓은 해자를 가진 외식업체들은 납품업자들에 대한 가격 협상력과 규모의 경제를 통한 상당한 비용우위를 기반으로 업계 최고의 이윤을 올리는 경우가 많다. 좁은 해자를 가진 외식업체들도 강력한 브랜드 인지도와 비용우위를 가지고 있지만, 이런 특징이 전 세계적으로 적용되는 것이 아니라 한두 곳의 핵심 시장에서만 적용되는 경우가 많다.

우리에게 익숙한 브랜드인 던킨 도너츠와 배스킨라빈스를 보유한 던킨 브랜드$_{\text{Dunkin' Breands}}$는 좁은 해자를 가진 패스트푸드 레스토랑 중 하나다. 던킨의 주요 해자 원천은 특히 던킨의 핵심 시장인 미국 북동부시장(던킨 도너츠 미국 매장의 70%가 이곳에 있다)에서 잘 알려진 브랜드와 일관된 프랜차이즈 시스템에 있다. 최근 몇 년, 던킨은 메뉴 가격을 올려 제한된 시간에만 제공하는 프리미엄 가격의 제품 매출로 전환하는 데 성공했다. 더욱이 던킨의 미국 프랜차이즈들은 건실하게 운영되는데, 이는 프랜차이즈 가맹점들의 상대적으로 낮은 파산율과 패스트푸드 외식산업에서 가장 높은 수준에 속하는 현금투자수익률cash-on-cash returns을 올리는 데서 확인할 수 있다.

미국 북동부시장에서의 높은 브랜드 인지도와 미국 전역과 해외 시장에서 상승하고 있는 인지도를 감안했을 때, 우리는 던킨이 납품업체에 일정한 영향력을 행사하고 있으며, 이는 경쟁력 있는 가격에 식자재와 다른 원자재를 확보하는 데 도움이 된다고 믿는다. 그러나 회사 전체 매출로 볼 때, 던킨은 미국의 음료 및 스낵 레스토랑시장 1위 업체인 스타벅스에 훨씬 처지는 2위이고, 미국 패스트푸드시장 전체로는 7위의 업체다. 따라서 던킨이 납품업체에 대해 경쟁자들보다 유리한 협상력을 갖는다고 하기는 어렵다. 더욱이 던킨의 프랜차이즈식당 설립 비용이 지난 수년간 감소하기는 했지만, 이것이 나머지 분야의 패스트푸드식당 설립 비용과 큰 차이가 날 정도는 아니라고 본다. 따라서 우리는 비용우위가 던킨의 해자 원천이라고는 생각하지 않는다.

외식회사를 평가할 때 핵심 고려사항은 다음과 같다.

- 해당 브랜드가 식자재 및 노동 비용 상승을 상쇄하기에 충분한 가격 결정력을 갖고 있는가? 외식회사가 가격 인상 후에도 고객을 유지하고 영업이익률을 유지할 수 있으면, 그 브랜드는 경제적 해자를 지탱할 충분한 가격 결정력을 갖는다고 볼 수 있다.
- 과거 가격 전쟁이 있었을 때 해당 기업 상황은 어떠했나? 전환비용이 없기 때문에 외식산업에는 오랜 가격 전쟁의 역사가 존재한

다. 한 외식회사가 공격적인 가격 할인 경쟁이 벌어지는 시기에도 영업이익률을 유지할 수 있었다면, 그 기업의 비용우위가 경제적 해자를 나타내는 것일 수도 있다.

- 해당 레스토랑의 콘셉트를 다른 여러 시장에도 성공적으로 적용했는가? 해당 외식회사가 여러 시장에 걸쳐 매장 수를 계속 늘리면서도 이익률을 제고했다면, 이는 그 기업의 무형자산이나 규모 관련 비용우위가 해자의 가치를 가졌음을 의미할 수 있다.
- 해당 레스토랑의 프랜차이즈 시스템이 일관적인가? 프랜차이즈 가맹점의 매출액에 기초해 로열티를 받는 레스토랑 프랜차이즈 업체의 경우, 무형자산 해자 원천은 프랜차이즈 가맹점들의 전체적인 건전성에 달려 있다. 프랜차이즈업체가 가맹점에 리모델링이나 신규 장비 구입자금을 기꺼이 제공하는 것, 프랜차이즈가맹점들의 낮은 파산율, 프랜차이즈업체의 견조한 현금흐름 등이 강력한 프랜차이즈시스템을 보유하고 있다는 징표가 된다.

경기방어적 유통산업

경기방어적 유통회사는 주로 소매점망을 통해 다양한 브랜드 혹은 비브랜드의 소비재(보통은 비독점적인 필수 소비재)들을 구매, 보관, 운송, 비축, 마케팅, 판매하는 기업을 말한다. 일부 기업은 자체 상품을 제조하기도 하며, 몇몇 기업은 휘발유와 약품에서부터 은행

서비스에 이르는 추가 제품과 서비스를 제공하기도 한다.

비용우위와 무형자산(브랜드)이 경기방어적 유통산업의 핵심 해자 원천이다. 식품가게, 할인점, 그리고 의약품 판매업에서 이런 해자 원천들은 서로 영향을 미치는 게 보통이다. 비용우위에서 브랜드 기반 해자가 나올 수도 있고(저비용 선두주자로 월마트가 구축한 강력한 브랜드가 그 예다), 매우 차별화된 점포 개념(요컨대 브랜드)을 통해 보다 높은 가격을 부과하고 충분한 규모를 구축함으로써 비용우위를 달성하는 경우도 있다(호울 푸드Whole Foods의 광범위한 프리미엄 가격 제품이 그 예다). 브랜드 해자를 만들어 내는 비용우위는 보다 유리한 가격에 납품을 받을 수 있는 규모로 구매하는 데서 획득되는 경우가 많다. 유통업체는 이렇게 비용을 절약해 확보한 상품을—고객 유치용 상품(우유나 빵 같은 미끼상품)의 경우에는 이따금 이윤을 거의 혹은 전혀 붙이지 않고—다른 보다 고이윤 제품과 함께, 혹은 제공하는 혜택 이상의 회비를 받고—코스트코가 잘 사용하는 방법이다—소비자들에게 판매한다. 그렇지 않을 경우에도 저비용 유통업체는 고비용 경쟁자들과 비슷한 가격을 유지하면서 이익률은 더 높일 수 있다.

대부분의 경기방어적 유통회사는 경제적 해자가 없지만, 대형 회사들은 확실하고 지속 가능한 비용우위를 보유한다면 좁은 혹은 넓은 해자 등급을 받을 수 있다. 이런 비용우위를 가진 상황에서 (실질적으로) 경쟁이 안 될 정도로 큰 규모와 브랜드 충성심이 결합되면 경쟁자들의 적극적인 가격 할인 정책과 잠재적인 신규 시장진입자들의 위협도 줄일 수 있다. 좁은 해자 기업들은 업계 리더와 경쟁하기에 충분한 구매 규모와 인지도는 가지고 있지만, 상품 단위당 비용이 더 낮은 업계의 대형 리더들이 보유한 규모의 경제나 비용우위는 부족한 것이 일반적이다. 월마트는 거대한 규모에서 파생된 엄청난 양의 구매력을 통해 넓은 경제적 해자를 구축한 초대형 유통업체의 가장 좋은 예다. 월마트는 세계 최대 유통업체로서 소비재 납품업체, 판매상, 제조사들로부터 가능한 가장 유리한 조건을 끌어낼 수 있는 엄청난 힘을 가지고 있다. 더욱이 월마트라는 유통업 최대의 매출 채널을 확보하기 위해 납품업체들은 월마트의 적시 재고 및 유통 시스템just-in-time inventory and logistics system에 연결되어야 한다.

경기방어적 유통회사를 평가할 때 핵심 고려사항은 다음과 같다.

- 해당 기업이 상대적인 비용우위를 누리고 있는가? 산업 공급사슬의 불필요한 부분을 제거한 보다 큰 시장점유율이나 보다 큰 소매유통망을 가진 기업은 비용우위를 창출할 수 있을 정도로 충분히 상품 단위당 비용을 낮출 수 있다.
- 해당 기업의 제품군은 무엇인가? 납품업체에 얼마나 많은 구매 규모를 행사하고 있는가? 어떤 한 유통업체가 특정 납품업체의 매출이나 이익에서 차지하는 비율이 높을 경우, 대안적인 적절한 다른 납품업체가 있다면, 그 유통업체는 협상력을 가질 수 있다. 그러나 구매의 범위와 규모에 따라 한 유통업체가 일부 상품 부문에서는 상대적으로 큰 구매 규모를 갖지만 다른 상품 부문에서

는 그렇지 못할 수도 있다.
- 상당한 시장점유율을 앗아갈 수 있는 신규 진입자, 대안적 유통채널 혹은 혁신적 사업모델로 인한 리스크는 어느 정도인가? 확립된 다수의 유통채널을 가진 기업은 새롭고 보다 효율적인 유통채널의 등장으로 인한 경쟁 위협에서 더 잘 보호되고 있다. 반면 온라인 유통채널, 지배적인 상품 부문, 혹은 저비용의 보관 시스템이 없는 기업은 불리한 경우가 많다.
- 해당 기업의 점포 기반과 고객 구성이 경쟁자들과 비교해 어떠한가? 혹은 어떻게 겹치는가? 대규모 대상 고객이 대형 경쟁자의 대상 고객과 겹치는 유통회사는 극심한 가격 경쟁에 직면할 수 있다.

전문소비재 유통산업

자동차 부품, 책, 가전, 가구, 집수리용품, 사무용품, 온라인 소매업자, 애완동물용품, 스포츠용품 등 그 범위가 광범위한 전문소비재 유통산업은 해자를 발전시키기 가장 힘든 업종 중 하나다. 일반적으로 전문소비재 판매회사들은 납품업자에 대한 영향력이 부족하거나, 가격 주도를 기준으로 볼 때 월마트, 코스트코, 아마존 같은 대형 유통업체와 경쟁할 규모의 이점도 부족하기 때문에, 자신의 제품이나 고객의 쇼핑 경험을 차별화할 다른 방법을 찾을 수밖에 없다. 전문소비재 유통산업에서는 실질적으로 전환비용이 없기 때문에, 판매자가 해자를 구축할 수 있는 유일한 방법은 소비자가 경쟁자의 점포나 웹사이트가 아니라 자신의 점포나 웹사이트를 계속 방문해 쇼핑하게 만드는 뭔가를 제공하는 것뿐이다. 많은 전문소비재 판매회사는 차별화의 원천으로 기술적 전문성이나 설치 서비스를 장점으로 내세우지만, 이런 요인들은 소비자가 보다 높은 가격을 지불할 충분한 인센티브가 되지 못한다. 소수의 예외는 있지만(예를 들면 미국의 애완동물 미용 및 보호 서비스나 DIY용 자동차부품 분야) 대부분의 전문소비재 판매회사들은 지속가능한 어떤 경쟁우위도 갖고 있지 않다.

해자를 가진 소수의 전문소비재 판매회사의 경쟁우위는 보통 무형자산(전문화된 또는 프리미엄 제품들, 독특한 서비스의 제공)이나 비용우위(제품의 획득, 광고, 임차료와 관련해 납품업자들에 대해 가지는 상당한 협상력이나 물류 효율성)에서 나온다. 전문소비재 판매회사가 독특한 서비스를 제공하면 도매가격에 약간의 프리미엄을 더한 가격을 붙일 수 있으며, 비용우위를 가진 전문소비재 판매회사는 비용절감을 통해 통상 가격을 낮추는 형태로 고객에게 혜택을 줌으로써 고객의 충성심을 확보할 수 있다.

펫스마트PetSmart는 좁은 해자 등급을 받은 아주 소수의 전문소비재 판매회사 중 하나다. 최대의 애완동물 전문회사인 펫스마트는 대부분의 직접적인 경쟁자들보다 상당히 우월한 규모의 이점을 누리고 있다. 펫스마트 경영진에 따르면, 펫스마트의 제품가격은 전문소비재 판매회사와 식품점 경쟁자 모두에 비해 보통 8~10% 저렴하다. 더욱이 펫스마트는 보다 작은 경쟁자들이 모방하기에는 경제적 실익이 없는 광범위한 서비스도 제공한다. 펫스마트 제품은 할인매장보다 비싸지만, 펫스마트의 프리미엄 가격은 지속 가능한 것으로 보인다. 일부 소비자는 늘 저가 제품을 찾겠지만, 펫스마트는 상대적으로 부유한 고객을 대상으로 차별화에 성공했다. 이 고객들은 소득이 더 높고, 애완동물 관련 상품에 더 많은 지출을 하며, 애완동물 상품을 쇼핑할 때 가격에 덜 민감하다. 결과적으로 펫스마트는 즐겁고 차별화된 쇼핑 경험을 제공함으로써 지속적으로 약간 높은 가격을 부과할 수 있다. 펫스마트의 전문매장이 제공하는 프리미엄 소모품, 독특한 서비스, 전문화된 고객서비스에는 경쟁자가 없다. 또한 펫스마트는 몇몇 프리미엄 납품업자들을 계약으로 묶어 일부 제품에 대해서는 할인매장과 식품점에 납품하지 못하게 하고 있다. 이런 모든 요인들은 펫스마트의 브랜드를 제고하고 있으며, 가장 수익성 높은 애완동물 주인들을 고객으로 유치하는 데 도움이 되고 있다. 더욱이 펫스마트는 자신의 브랜드와 규모를 성공적으로 활용해 이익률이 높은 자체 프리미엄 PL제품(유통업체 상표 부착 제품)을 적극적으로 시판하고 있다.

전문소비재 판매회사를 평가할 때 핵심 고려사항은 다음과 같다.

- 해당 기업의 제품군 혹은 고객에게 제공하는 쇼핑 경험이 차별화되어 있는가? 대부분의 전문소비재 판매회사는 동질적인 상품군

을 제공하고 있으며, 제품군, 쇼핑 경험 혹은 고객서비스가 진정으로 차별화되지 않으면 소비자들은 구매 결정 시 가격 주도자들(대량 판매상인 대규모 온라인 판매업체)의 더 싼 제품을 구매하는 경향을 보인다.

- 해당 제품 부문이 얼마나 집중화되었나? 대량 판매상이 모방하기 힘든 전문화된 제품군을 보유한 유통업체의 경우, 시장점유율 자료와 산업 통합 추세를 통해 무형자산 및 비용우위 해자 원천을 파악할 수 있다. 보다 집중화된 제품 부문(집수리용품 및 자동차부품)의 보다 큰 유통업체들이 파편화된 제품 부문(스포츠용품)의 유통업체들보다 큰 규모의 이점을 가지는 경향이 있다.

- 해당 기업이 온라인 판매자라면, 네트워크 효과를 보유하고 있는가? 온라인 판매사들은 네트워크 이용자(고객)가 증가할수록—그와 그의 제3자 주문처리 파트너 입장에서 볼 때—네트워크의 가치가 증대되는 네트워크 효과를 보이는 경우가 적지 않다. 국가와 지역에 따라 성격과 규제가 다르기는 하지만, 대체로 우리는 해당 국가나 지역 주민의 약 15% 이상이 해당 온라인 판매 사이트를 활발히 이용하고 있으면 네트워크 효과가 있는 것으로 본다.[1]

---

1) 1995년에서 2012년까지 여러 국가와 지역의 온라인 유통업체가 보유한 적극적인 고객 기반에 대한 모닝스타의 연구에 기초한 비율.

숙박업

숙박업에는 수입모델이 각기 다른 세 종류의 기업이 있다. (1) 호텔 프랜차이즈업체는 프랜차이즈 가맹점들로부터 받는 수수료를 수입으로 한다. (2) 호텔 위탁관리업체는 호텔 소유주에게 위탁관리 서비스를 제공하고 받는 수수료를 수입으로 한다. (3) 호텔 소유 경영업체는 출장 및 레저 여행자들로부터 직접 수입을 올린다.

숙박업은 소비재 업종에서 전환비용이 작용하는 소수의 산업 중 하나다. 호텔 프랜차이즈 업체와 위탁관리업체는 보통 10~30년에 이르는 상당한 장기 계약을 맺는 경우가 많으며, 이는 호텔 소유주에게 높은 전환비용을 부과하게 된다. 한 호텔 소유주가 계약 만료 전에 계약을 해지할 경우, 사업 운영을 중단해야 할 뿐만 아니라 상당한 계약 중도해지 수수료를 지불해야 하고, 새 브랜드의 특성에 맞게 호텔을 개조하고 새 브랜드를 알리는 데도 상당한 지출을 해야 한다. 호텔 위탁관리 및 프랜차이즈 시스템상의 장기 계약과 호텔 소유주들의 적은 간섭으로 인해 호텔 위탁관리 및 프랜차이즈 업체들은 지금까지 초과 이윤을 창출해냈다. 또 호텔 위탁관리 및 프랜차이즈 업체들은 자신의 네트워크에서 위탁관리 호텔이나 프랜차이즈 가맹 호텔 수가 증가할수록 네트워크의 가치가 증대되는 네트워크 효과를 누릴 수도 있다.

이런 해자 원천들이 많은 호텔기업에 좁은 해자를 제공하기는 했지만, 경쟁 격화로 인해 우리는 이들에게 넓은 해자를 줄 수는 없었다. 한 숙박업체의 해자가 좁은지 넓은지를 결정할 때 우리가 고려하는 핵심 요인들로는 다음과 같은 것들이 있다. (1) 해당 업체의 평균 계약기간, (2) 해당 업체의 보상 네트워크(예를 들어 호텔 회원에 대한 마일리지 제공 체계)에 대한 소비자들의 참여 수준, (3) 프랜차이즈 시스템 내에 프리미엄 객실과 중저가 객실의 구성 현황.

첫째, 호텔 계약은 10년에서 30년 정도로 대부분은 20년 미만인데, 이는 넓은 해자 등급을 받을 정도로 수익이 충분히 오래 지속될지 확신하기 어렵다는 것을 의미한다. 둘째, 일부 호텔은 수백만 명의 명목 회원을 거느린 상당한 규모의 보상 네트워크를 보유하고 있지만, 이 보상 네트워크에 적극적으로 참여하는 소비자의 비율은 매우 낮다. 이는 소비자의 낮은 참여율과 경쟁 격화를 의미한다. 셋째, 가장 적극적인 호텔 프랜차이즈업체 중 일부는 가장 경쟁이 심하고 브랜드보다 가격이 더 중요한 중저가 호텔브랜드의 대형 객실 시스템을 가지고 있다.

숙박업체를 평가할 때 핵심 고려사항은 다음과 같다.

- 해당 업체가 기본적으로 하는 사업이 호텔 위탁관리업인가, 호텔 프랜차이즈업인가, 아니면 호텔 소유 경영인가? 한 호텔업체가 경제적 해자를 갖고 있는지 평가하기 위해서는 이 업체가 직접 소유한 호텔 대비 이 업체 포트폴리오에서 위탁 및 프랜차이즈 가맹호텔(이들은 높은 프랜차이즈 가맹 호텔 전환비용과 네트워크 효과를 가져다준다)이 차지하는 객실 수의 비율과 이들로부터 발

생한 수입의 비율을 확인해야 한다.
- 해당 업체가 특정 지역에 집중되어 있는가, 아니면 여러 대륙에 걸쳐 전 세계적으로 사업을 하고 있는가? 일반적으로 글로벌 브랜드를 가진 업체는 소규모 지역업체보다 큰 네트워크 효과와 브랜드 충성심을 누릴 수 있다.
- 해당 업체가 직접 소유 경영하는 호텔 수를 줄이고 위탁관리 및 프랜차이즈 계약으로 전환하는 '자산경량화 전략asset-light strategy'을 추구하고 있는가?
- 해당 업체의 호텔 중 직접 경영하는 호텔, 관리를 위탁한 호텔, 프랜차이즈 가맹 호텔의 비율은 얼마인가?
- 해당 업체의 가용객실당 수입revenue per available room(revPAR)은 얼마인가? (가용객실당 수입은 해당 기업이 초점을 맞추고 있는 시장이 어디인지 보여 주는 지표다.) 해당 기업이 초점을 맞추고 있는 시장 평균보다 높은 가용객실당 수입을 창출하고 있는가?

10 헬스케어(의료·건강)

　21세기에 헬스케어산업이 직면한 많은 변화와 과제에도 불구하고 이 업종은 여전히 상대적으로 해자가 풍부한 부문이다. 모닝스타가 분석한 약 140개 헬스케어기업 중 70% 이상이 해자를 갖고 있었고, 해자를 가진 기업 중 25% 이상이 넓은 해자 등급을 받았다.
　이 업종에 해자가 풍부한 원인 중 상당 부분은 무형자산 때문이라고 할 수 있다. 제약사와 바이오테크기업들은 시장에 출시하는 신약에 대해 장기 특허 보호를 누리고 있으며 그와 관련된 가격 결정력도 보유하고 있다. 지적재산권과 특허권은 의료기기제조사에게도

〈그림 10-1〉 헬스케어 업종의 경제적 해자 특성

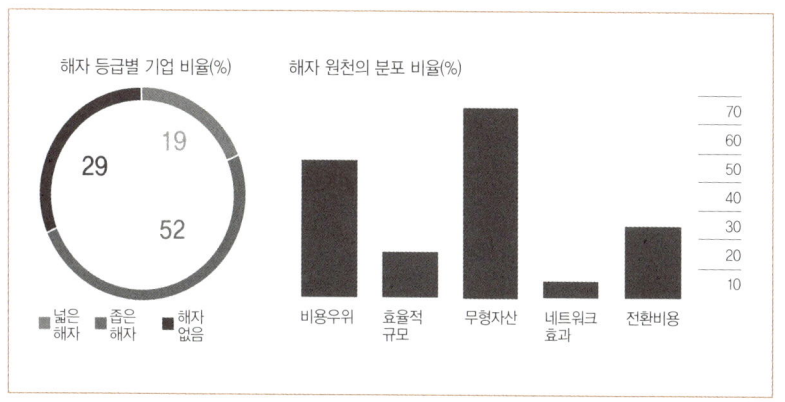

자료 : Morningstar

중요한 해자 원천이 된다.

〈그림 10-1〉처럼 헬스케어 업종에는 특허의 마술 말고도 다른 몇 개의 해자 원천이 존재한다. 대규모인 경우에만 수익성 있는 복잡한 공정을 보유한 바이오테크기업 같은 일부 기업에서는 비용우위가 해자 원천이 된다. 특히 직업의료인들이 그 사용법을 배우는 데 상당한 시간과 정력을 투자한 탓에 바꾸기 싫어하는 복잡한 제품을 가진 기업의 경우에는 전환비용도 작용을 한다.

제약산업

대형 제약사들은 전 세계적으로 약품을 만들고, 개발하고, 특허를 취득하며, 판매하는 기업들이다. 특허 보호를 받는 약품 판매를 통해 견고한 현금흐름을 창출하는 경우가 많은 제약사들은 보통은 그들의 기존 유통망을 통해 보급할 신약 개발에 자금을 투입할 여유가 있고, 그 결과 우리가 분석한 모든 메이저 제약사들은 해자—대부분은 넓은 해자—를 보유하고 있었다.

제약산업에서 보통 20년간 보장되는 특허권은 단연코 이 기업들의 가장 중요한 해자 원천이 된다. 약품을 개발하는 기간(약품을 개발하고, 특허를 취득하고, 임상시험하는 기간) 동안 독점기간의 일부가 지나가버리기는 하지만, 일단 약품이 승인되면 제약사는 독점적인 가격을 부과할 수 있다. 선진국시장에서는 특허가 만료되면 해당 약품의 매출이 약 70% 하락하기 때문에, 제약사들이 해자를 유지하기 위해서는 새로운 특허제품을 출시함으로써 복제약 경쟁generic competition(특허가 풀린 의약품의 생산 및 판매 경쟁)을 지속적으로 상쇄해야 한다. 그러나 특허권보다 브랜드가 중요한 신흥국시장에서는 특허 독점기간이 끝난 후에도 해당 약품이 상당한 시장점유율을 유지할 수 있다.

일부 대형 종합제약사들은 특허권 외에도 다른 해자 원천을 통해 해자를 강화할 수 있다. 브랜드 파워는 신흥국시장뿐 아니라 소비자들이 신뢰하는 브랜드에 기꺼이 더 비싼 가격을 지불하는 일반의약품consumer drug products 및 동물의약품 시장에도 영향력을 발휘한다. 효율적 규모는 소비자 기반이 매우 작아 신규 진입자의 진입 동기가 적은 희귀의약품시장에서 해자 원천으로 작용한다.

제약산업에서 넓은 해자와 좁은 해자의 차이는 주로 기업 매출의 상당 부분을 창출하고 있는 제품들의 다양성에 의해 결정된다. 제약사가 세계 여러 지역에서 판매하는 의약품이 많을수록 신약을 개발해 높은 투하자본수익률을 유지할 가능성은 더 커진다. 더욱이 제품의 다양성은 해당 기업이 신규 브랜드 제품의 도전과 새로 나타난 부작용(특허 보호기간이 만료되기 전 해당 의약품의 높은 수익률을 떨어뜨릴 수 있는, 가장 가능한 두 가지 부정적인 상황)을 견뎌낼 가능성도 높인다. 더욱이 높은 제품 다양성은 유통 및 제조 능력을 더욱 강화하는 경향이 있으며, 이는 소형 혁신제약사와의 제휴 가능성을 높여 외부에서 개발한 의약품까지 시장에 출시할 수 있게 해준다.

메이저 제약사들 가운데 존슨 & 존슨Johnson & Johnson은 다양한 수입 기반, 견고한 연구개발 제품군, 우수한 현금창출력 등에 힘입어 가장 넓은 해자를 구축한 제약사에 속한다. 사실 우리는 존슨 & 존슨이 모든 메이저 헬스케어기업을 선도하는 독보적인 주도기업이며, 전체 헬스케어기업 중에서도 가장 넓은 해자를 가지고 있다고 본다.

존슨 & 존슨의 다양한 사업은 회사의 넓은 해자를 지탱해 준다. 존슨 & 존슨은 의료기기시장, 처방전이 필요 없는 일반의약품시장 그리고 다른 여러 제약시장을 포함해 많은 시장을 주도하고 있다. 존슨 & 존슨은 하나의 특정 시장에 과도하게 의존하지 않고 있으며, 사업하고 있는 각각의 시장에서는 화이자Pfizer의 고지혈증치료제 리피토Lipitor 같은 어떤 한 제품이 매출을 지배하고 있지도 않다. 이익률이 낮은 일부 사업부가 있기는 하지만 존슨 & 존슨은 강력한 가격 결정력을 유지하고 있으며, 지난 5년 동안 70%에 육박하는 매출총이익률을 기록함으로써 그 강력한 경쟁력을 입증했다.

 존슨 & 존슨은 다른 여러 강점도 보유하고 있다. 강력한 연구개발 프로그램 덕분에 향후 몇 년 동안 몇 개의 블록버스터급 제품을 출시할 준비가 되어 있으며, 이를 통해 다른 많은 경쟁사와 달리 대규모 특허만료 문제를 별 타격 없이 극복할 수 있을 것으로 보인다. 세라믹 보형물과 외과수술을 최소화한 의료도구들을 포함한 의료기기 개발 노력은 여러 의료기기 분야에서 존슨 & 존슨의 리더십을 유지시켜줄 뿐만 아니라 강력한 가격 결정력을 유지하는 데도 도움을 줄 것이다. 존슨 & 존슨의 강력한 판매력도 신제품 개발 중인 소규모 헬스케어기업들이 계속해서 존슨 & 존슨을 파트너로 선택하게 만드는 장점이 될 것이다. 또한 최근 인수한 기업들에 대한 존슨 & 존슨의 불간섭 원칙 역시 혁신 제품을 보유한 기업들이 존슨 & 존슨의 일원이 되도록 유인할 수 있으며, 이를 통해 존슨 & 존슨은 세계 최대의 그리고 가장 수익성 있는 헬스케어기업의 지위를 유지할 수 있을 것이다.

 대형 제약사들을 평가할 때 핵심 고려사항은 다음과 같다.

- 해당 기업의 특허보호 만료 약품을 대체할 신약 개발 능력은 얼마나 강한가? 특허 상실의 영향과 출시되는 신약의 확률 조정 후 매출 전망치를 결합하면 복제약 경쟁을 상쇄할 수 있는 해당 기

업의 능력을 평가할 수 있는 좋은 대용지표가 된다. 정성적으로 과거의 성공적인 신약 개발비율도 신약 승인 확률에 영향을 미치는 경향이 있다.
- 신약 승인과 신약 개발비용 보상에 규제당국이 중요한 영향을 미친다는 점을 감안했을 때, 정부가 신약 개발을 얼마나 수용하며 보상하는지도 확인해야 한다. 또한 신약 개발에 대한 보상 주체로 정부 지불자government payer가 전 세계적으로 중요하지만, 미국의 경우에는 대형 민간기관 지불자consolidated private payer, 신흥국시장의 경우에는 개인 지불자individual private payer 역시 중요하다.
- 제조하기 어려운 의약품이 매출액에서 차지하는 비율은 어느 정도인가? 생물학제재와 백신은 특허 보호를 받을 뿐만 아니라 제조, 판매, 정부 허가 획득도 어려워 경쟁자에게는 추가적인 진입장벽이 되고 있다.
- 해당 기업이 전통적인 제약업 밖에서 사업하고 있다면 그 영역에서 해당 기업의 경쟁우위는 얼마나 강한가? 예를 들어 동물의약품, 일반판매 의약품, 백신, 복제약 시장 그리고 신흥국시장은 인체용 의약품시장과는 다른 진입장벽이 있을 수 있다.

바이오테크산업

바이오테크놀로지기업(이하 바이오테크기업)은 일반적으로 대형 제약사에 비해 작고, 보다 혁신적이며, 보다 위험이 큰 제약회사다. 오늘날 제약회사들이 화학적 가공과 생물학적 방법을 자주 병용하고 있지만 바이오테크기업들은 대개 화학적 가공보다는 생물학적 방법을 사용해 새로운 치료법을 개발하려고 한다. 바이오테크기업은 중견, 신흥, 투기적 기업의 세 범주로 나눌 수 있으며, 해자는 주로 앞의 두 범주에 존재한다.

바이오테크산업의 경우에 우리는 무형자산, 효율적 규모, 비용우위의 세 요인이 주요 해자 원천이 된다고 본다.

첫째, 무형자산은 매우 중요하며 여러 형태를 띨 수 있다. 진입장벽은 바이오테크기업의 가장 중요한 무형자산이다. 일반적으로 특허의 강력함, 특허기간, 포트폴리오 제품의 복잡성 등이 이런 진입장벽을 만들어 낸다. 특정 치료 분야의 보다 광범위한 경쟁역학도 지속 가능하고 강력한 수익원을 만드는 데 다소간 도움이 될 수 있다. 예를 들어 최근 연구개발 노력이 일반적인 1차 치료에서 치료법이 별로 없는 대신 가격 결정력이 강하고 판매 요건은 그리 엄격하지 않은 중병 치료 쪽으로 옮겨가고 있다. 해당 기업이 보유한 제품 포트폴리오의 폭은 연구개발 생산성이나 사업개발 성공 같은 무형자산의 힘을 나타내는 지표가 될 수 있으며, 폭 넓은 포트폴리오는 단일 제품에 대한 격화되는 경쟁 위협에 완충 역할을 할 수 있다.

가장 강력한 해자는 보통 효율적 규모로 구축되며, 우리는 마이오마린과 알렉시온 같은 소수의 희귀병 전문기업이 이런 경쟁우위를 보유하고 있다고 본다. 이런 기업들은 (소규모의 대상환자군을 파악해야 하기 때문에) 초기 비용은 높고 (세계적으로 환자 수가 적기 때문에) 시장 규모는 상대적으로 작아 여러 업체가 경쟁에 뛰어들 동기가 적은, 따라서 한 개 혹은 소수의 업체만 좋은 사업을 영위하고 있는 시장에 초점을 맞추고 있다. 선발자 우위first-mover advantage(시장 초기 진입자가 갖는 이점)를 확보한 기업은 엄청난 이익률, 최소한에 그치는 지불자와 규제당국의 반발, 최소한의 경쟁 위협 같은 혜택을 누릴 수 있다.

복잡한 생물학제재 제조 공정이 필요한 시장은 대규모인 경우에만 수익성이 있으며, 일부 기업의 경우에는 비용우위를 가져다주기도 한다. 예를 들어 한 바이오테크기업이 생산해 내는 판매제품이 결과적으로 한 개뿐이라면 혈장을 수집, 분류, 가공하는 일은 비용면에서 비합리적인 일이 되지만, 성공적인 기업은 혈장을 가지고 효율적으로 여러 판매제품으로 만들 수 있다. 비용이 많이 들고 복잡한 제조 요건은 시장을 제한함으로써 박스터Boxter와 그리폴스Grifols 같은 소수의 경험 많은 글로벌 업체만 사업할 수 있게 만든다.

바이오테크기업은 특허의 질, 포트폴리오의 강점 그리고 연구개발 전략이 해자의 넓이를 결정한다.

유명 브랜드의 약품은 20년의 특허보호를 누리지만, 신약 발견 직후 특허출원을 하는 것이 보통이므로 특허약이 20년 내내 독점적 수익을 누리는 경우는 거의 없다. 특허출원 후 진행되는 임상시험이 특허보호 기간의 상당 부분을 잠식하는 것이다. 많은 의약품이 시장에 출시된 후 누리는 특허보호 기간은 8~10년 정도이며, 따라서 해자를 평가할 때는 각 의약품의 독점연한을 명확히 확인하는 것이 중요하다. 제조하기 매우 복잡한 약은 특허만료 후에도 복제하기 어려울 수 있으며, 이 경우 해자의 내구성을 강화할 수 있다. 제품 제조가 얼마나 복잡하냐에 따라 진입장벽이 넘을 수 없을 정도로 높아질 수 있다. 그동안 충족되지 않았던 수요를 대상으로 한 희귀의약품은 해자를 강화할 가능성이 더 크며, 희귀의약품 지위를 얻으면─희귀병 치료를 위해 개발된 의약품으로 지정되는 것─그 의약품의 판매연한은 더 길어진다. 이런 특징들이 모방 가능해 보이는 강력한 제품다각화 및 연구개발 전략과 결합되면 자본수익률 보호막을 더욱 강화할 수 있고, 암젠Amgen, 노보 노르디스크Novo Nordisk, 로체Roche Holdings 같은 일부 바이오테크기업들을 넓은 해자 범주로 진입시킬 수 있다.

바이오테크기업을 평가할 때 핵심 고려사항은 다음과 같다.

- 현재의 특허가 해당 기업의 해당 약품에 대해 향후 10년간 적절한 보호를 제공할 것인가? 이런 특허(공정 특허 혹은 물질구성 특허)가 얼마나 강력한가?
- 해당 기업의 약품 포트폴리오가 복제약 경쟁에 얼마나 민감한가? 복잡성 곡선에서 해당 약품은 어디에 위치하고 있는가(요컨대 해당 약품을 제조하기가 얼마나 복잡한가)? 복제약 경쟁에 들어갔을 때 해당 약품의 제조 및 (필요한 경우) 임상시험 과정을 쉽게 모방할 수 있는가?

- 해당 기업이 종사하고 있는 치료 분야는 얼마나 매력적인가? 시장 규모는 물론이고 규제 및 보상 환경을 평가하고, 현재 및 미래에 가능한 경쟁자 수도 파악해야 한다. 아울러 해당 치료 분야의 특성에 기초해 진입장벽이 높은지 낮은지도 판단해야 한다.
- 해당 기업의 연구개발이 얼마나 생산적인가? 해당 기업이 경쟁우위를 유지하기에 충분한 연구개발 투자를 하고 있는가? 해당 기업의 연구개발 플랫폼의 생산성과 강점 그리고 해당 기업의 신제품 생산 능력을 평가해야 한다.

의료장비산업

의료장비제조사는 심박조율기와 인공고관절 같은 임시 혹은 영구 신체이식용 장비를 만드는 회사이며, 우리는 이 산업에 경제적해자가 풍부하다고 보고 있다. 다른 헬스케어기업과 마찬가지로 지적재산권, 규제 조건, 전환비용 그리고 의사들과의 관계 등이 모두 신규 진입자를 억제하고 있다. 일반적으로 의료장비제조사들은 이런 진입장벽을 통해 충분히 해자를 유지할 수 있지만, 기존 업체들은 현금이 풍부한 재무상황을 이용해 자신들의 과점적 산업구조에 상당한 위협이 될 수 있는 신규 진입자들을 없애버릴 수도 있다.

지적재산권과 직업의료인들과의 관계를 포함한 무형자산은 의료장비회사들의 가장 일차적인 경제적 해자의 원천이 된다. 이 기업들은 특허보호에 힘입어 쉽게 대체할 수는 없는 다소 차별적인 제품을 만들어 내기도 한다. 또 이 기업들은 대개 자신의 지적재산권을 적극적으로 방어하며, 따라서 해당 제품 세대가 지난 지 수년 후에도 경쟁자들간에 낮은 수준의 소송이 진행 중인 경우가 많다. 전문 의료장비에 고도로 훈련된 판매 대리인들과 개업의와의 긴밀한 관계에서도 해자가 나온다. 판매 대리인들은 수술실에서 조언을 제공하는 경우도 많은데, 이는 업무상 그리 많은 환자를 보지 않는 다수의 의사들에게는 매우 소중한 서비스다. 보형물제작사의 경우, 외과 전문의들이 수년간 한 기업의 신체이식용 장비와 도구를 사용하도록 붙들어 두는 높은 전환비용에서 해자가 나온다. 심장비제조사들에게는 효율적 규모가 해자의 또 나른 핵심 원천이 된다. 현재 3개의 주요 업체가 심장비시장의 약 90%를 점유하고 있으며, 따라서 이들은 효율적 규모 속에서 합리적인 과점기업으로 사업하고 있다.

　넓은 해자를 가진 의료장비제조사들은 가장 차별화된(그리고 가장 대체하기 어려운) 제품을 가진 기업, 그리고 의사들을 가장 확실히 붙들어 둠으로써 높은 전환비용을 보유한 기업들로만 구성된다. 일부 제품은 그 성격상 다른 제품보다 더 대체 가능한데, 보스턴 사이언티픽Boston Scientific과 애보트Abbott가 만들고 있는 관상동맥 스텐트coronary stent가 그런 제품이다. 전환비용이 낮은 제품에 과도히 의존하는 이런 기업들에게 우리는 좁은 해자 등급을 부여한다. 상대적으로 협소한 범위의 제품군에 의존하는 의료장비제조사의 경우, 기존 시장이나 제품을 와해시키는 어떠한 혁신기술에도 상대적으로 취약하기 때문에, (넓은 해자가 아니라) 좁은 해자 범주에 들어갈 수 있다. 반면 대체 가능성이 낮은 제품들로 보다 광범위한 제품 포트폴리오를 보유한 기업은 넓은 해자 기업이 될 수 있다. 메드트로닉Medtronic은 넓은 해자를 가진 의료장비제조사에 속한다. 메드트로닉의 척추 제품은 외과전문의들이 반드시 올라야 할 가파르고 긴 학습곡선과 관련된 높은 전환비용을 누리고 있으며, 심장박동조절기의 대체 가능성은 낮은 수준이다.

이 외에도 의료장비제조사들을 평가할 때 고려해야 할 주요 사항은 다음과 같다.

- 해당 기업이 어떤 새로운 기술을 개척하고 있는 중인가? 연구개발 중에 있는 신기술이 있는지, 특히 치료가 안 되고 있는 혹은 적절한 치료를 받지 못하고 있는 환자군을 위한 새로운 기술이 개발 중인지 확인해야 한다. 또한 연구개발 중인 제품들이 상당히 개선된 임상 결과나 성공적인 치료를 제공할 것인지 조사해야 한다.
- 경쟁 환경을 평가할 때 우리는 보통 제약사까지 포함시키는데, 그 이유는 의료장비 치료법과 경쟁하게 될 의학적 치료법의 혁신이 있을 수 있기 때문이다. 이는 특히 심장비제조사에서 가장 자주 발생하는 일이다.
- 의료장비제조사는 내적 혁신 노력을 보완하기 위해 일련의 인수에 의존하는 경우가 많다. 이 경우에 과도한 인수비용을 지불할

위험 때문에 우리는 투하자본수익률을 계산할 때 영업권을 포함시킨다. 영업권을 포함한 투하자본수익률이 지속적으로 진행되는 모든 투자를 보다 정확히 반영하기 때문이다.

- 보상 현황은 어떠한가? 일부 의료장비제조사의 경우, 보상 체계를 수립하는 것이 제품 성공에 핵심이 된다. 미국 의료보험보장센터Centers for Medicare and Medicaid는 민간 지불자를 위한 기준을 정하는 지표설정자 역할을 한다. 잘 설계된 임상시험과 기존 치료법을 상당히 뛰어넘는 유리한 임상 결과는 지불자의 협력을 얻어내는 데 중요하다.

의료기구 및 의료용품 산업

의료기구 및 의료용품 기업들은 병원 수술에 사용되는 기구는 물론이고 헬스케어 공급자와 개인 고객이 사용하는 기초적인 의료용품을 만든다.

의료기구 및 의료용품 산업의 가장 일반적인 해자 원천은 높은 전환비용이다. 외과의사들은 특정 의료기구의 복잡한 사용법을 익혀야 하며, 이 때문에 더 싸다 해도 덜 익숙한 제품으로 바꾸는 것을 주저한다. 제조 및 유통 인프라를 구축하는 데 필요한 초기 투자 규모가 크다는 점을 감안할 때, 진입장벽도 높은 편이다. 상당한 규모와 범위의 우위를 가질 경우, 기존의 보다 큰 업체들은 보다 상품화된 제품라인에서도 가격 결정력과 시장점유율을 유지할 수 있고 좋은 제품을 가진 신흥 업체들을 인수할 수 있다. 연구개발 전문성도 해자를 강화할 수 있다. 연구개발 측면에서 경쟁자보다 우수한 특징을 보이거나 그 효과를 입증한 기업은 경쟁력을 유지하고 가격 결정력에 유연성을 발휘할 수 있기 때문이다.

이 산업에서 넓은 해자를 구축하기 위해서는 수요가 충족되지 않고 있는 분야에 초점을 맞추거나 합리적 과점을 유지해야 한다. 최근의 환경에서 전환비용 요인은 다소 약해지고 있는데, 이는 빡빡한 병원 예산과 광범위한 보상 삭감 조치 때문에 고객에 대한 의료기구 제조사의 영향력이 감소하면서 구매 결정권이 의사들에서 병원 경영인 쪽으로 옮겨가고 있기 때문이다. 상품화된 제품들의 경쟁이 격화되고 있기 때문에 넓은 해자를 확보하기 위해서는 매우 차별화된 제품으로 수요가 충족되지 않고 있는 분야(예를 들어 넓은 해자를 가진 인튜이티브 서지컬Intuitive Surgical의 전문분야인 로봇수술)에 초점을 맞추거나, 신규 시장진입이 매우 적은 과점적 틈새시장(예를 들어 익숙한 제품을 계속 사용하는 의사들의 관성 때문에 그리고 불합리한 경쟁이 없어서 안정적인 시장점유율을 보이는 수술기구시장)을 지배해야 한다.

이 외에도 의료기구 및 의료용품 기업을 평가할 때 고려해야 할 사항은 다음과 같다.

- 해당 기업의 제품 라인이 얼마나 상품화되었는가? 해당 기업이 비차별적 제품 분야에서 주로 경쟁하고 있다면, 그럼에도 불구하

고 우수한 수익 창출이 가능한 비용우위나 다른 해자 원천을 갖고 있는가?
- 해당 의료기구시장은 얼마나 매력적인가? 시장 규모와 기술 변화의 속도를 확인하고, 규제 및 보상 환경을 평가하며, 현재와 미래의 가능한 경쟁자 수를 파악해야 한다. 또 이런 분야의 특징에 기초해 진입장벽이 높은지도 판단해야 한다.
- 기술적 우수성 자체는 해자의 지속 가능한 원천이 거의 아니지만, 면도기-면도날 사업모델razor/razor-blade operating model(면도기는 싸게 대량 공급하고, 그 후 면도날을 판매하는 식의 사업모델)이나 대형 유통인프라 같은 요인과 결합되면 강력한 힘을 발휘할 수 있다. 충족되지 않는 수요를 대상으로 하는 의료기구시장은 특히 수익성이 있을 수 있는데, 그것은 규제와 보상 환경이 상당히 우호적이어서 보다 크고 보다 지속적인 초과수익이 가능하기 때문이다.
- 의료기구제조사들은 새로운 치료 분야로 진출하기 위해 그리고 신규 경쟁자를 막기 위해 인수합병으로 내부 연구개발 노력을 보완하는 경우가 많다. 인수 대상 기업들의 자본수익률을 비교할 때는 연구개발 역량을 자본화하거나 인수에 따른 영업권을 조정하는 것이 중요하다.

진단연구산업

　진단연구기업은 약품 개발이나 진단 과정을 지원하는 제품이나 서비스를 판매하는 기업이다. 여기에는 진단 분석 장비 및 관련 소모품 제조사와 판매사, 임상연구기관 그리고 진단연구실 등이 포함된다.

　전환비용은 진단연구산업의 가장 강력한 경쟁우위다. 이 산업에서 경제적 해자를 가진 기업은 대규모 선투자나 상당한 시간 투입이 필요한 탓에 발생하는 높은 전환비용의 혜택을 누리는 게 일반적이다. 워터스Waters나 애질런트Agilent처럼 면도기-면도날 사업 전략을 구사하는 기업은 다른 제품으로 바꿀 경우 상당한 선투자가 필요한 탓에 경쟁사 제품으로 바꿀 가능성이 적은 고객을 잡아두고 있다. 이런 기업은 최종 사용자가 많은 교육을 받아야 하는 제품 라인에 초점을 맞추는 경향이 있다. 일단 어떤 제품에 훈련되고 경험을 쌓게 되면 고객은 다른 제품으로 잘 전환하지 않는다. 약품 연구의 경우에는 기존 업체들을 보호하는 추가 보호막이 존재하는데, 그것은 제약사나 바이오테크기업이 약품 제조공정을 바꾸기 위해서는 (신규 제조공정으로 생산한 약품의) 임상시험 자료의 타당성을 다시 증명해야 하기 때문이다.

　진단연구산업은 무형자산과 비용우위의 혜택을 누리기도 한다. 제품은 특허보호를 받지만, 보호의 범위는 해당 제품이 얼마나 복잡한지에 따라 다르다. 대부분의 제품 라인에서 기술은 그 자체만으로는 신규 진입자를 막는 보호막을 거의 제공하지 못한다. 임상조사산업에서 최정상급 기업은 자신을 그 아래 경쟁자들과 차별화하고 프리미엄 가격을 보장해 줄 수 있는 전문성, 지식, 강력한 자료의 혜택을 누리고 있다. 비용우위, 요컨대 가격은 특히 저가 상품화 제품시장에서는 작은 역할을 하지만, 고가 장비시장에서는 구매 결정의 일차적 기준이 되지 않는 게 보통이다. 고객은 보다 나은 혹은 보다 편리한 제품에 기꺼이 높은 가격을 지불한다. 공인연구소사업reference lab business에서는 규모가 중요하다. 이 분야 최대의 연구회사인 랩코프LabCorp와 퀘스트Quest는 한 번에 많은 양의 검사를 처리할 수 있기 때문에 소규모 경쟁자들보다 낮은 비용으로 실험검사를 효율적으로 해낼 수 있으며, 이를 통해 사실상 복점 체제를 형성하고 있다. 마지막으로 한 제품 틈새시장이 작지만 아주 소수의 업체에게는 충분한 수익을 제공해 줄 경우, 효율적 규모도 해자 원천이 될 수 있다(진단연구산업에서는 드문 경우다).

이 외에도 진단연구기업을 평가할 때 고려해야 할 사항은 다음과 같다.

- 고객 기반이 얼마나 고착적인가? 많은 교육이 필요한 의료기구를 판매하는 기업은 고객이 경쟁사 제품으로 바꿔 다시 교육받는 것을 꺼리기 때문에 보다 고착적인 고객을 보유하는 경향이 있다. 해당 기업의 제품들이 임상연구 전 과정에 걸쳐 사용된다면, 그 기업의 각 제품은 그 각 과정에 얼마나 중요한가? 연구자(고객)가

경쟁사의 연구플랫폼으로 바꿀 경우에 여러 규제당국으로부터 허가를 다시 받아야 하나?
- 해당 기업이 일반적으로 전환비용이 더 높은 면도기–면도날 사업모델로 혜택을 누리고 있는가? 총수입 중 자본재 장비(면도기) 대비 그 부속품(면도날, 즉 소모품과 서비스) 판매 수입은 어느 정도인가?
- 해당 기업 제품이 제조하기 얼마나 복잡한가? 복잡한 제품을 가진 기업은 보다 장기적으로 경쟁을 극복할 가능성이 높고, 차세대 제품에 응용할 수 있는 기술적 전문성을 갖고 있을 가능성도 높다. 저기술 제품에 초점을 맞추면 가격 인하를 무기로 도전하는 저비용 제조업체들과의 경쟁에 노출되기 쉽다. 기술적 시각에서 제품들을 비교할 때는 매출총이익률이 핵심 지표가 된다.

11 IT · 기술

눈 깜빡할 사이에 많은 부를 이룬—그리고 잃어버린—기술 업종에 온 걸 환영하는 바이다. 1990년대 말의 닷컴버블과 2000~2001년의 극적인 닷컴버블 붕괴의 기억이 아직도 많은 투자자들의 뇌리에 남아 있다. 가파른 성장률, 투기, 과신, 풍부한 벤처자금 덕분에 기술주들—특히 조금이라도 인터넷과 관련된 주식들—은 화려하게 하늘로 솟아올랐다가 불과 몇 년 후 역시 장엄하게 땅으로 곤두박질쳤다. 그 이후 많은 기술기업들이 그야말로 잿더미에서 일어나 다시 신고점으로 날아올랐다.

〈그림 11-1〉 기술 업종의 경제적 해자 특성

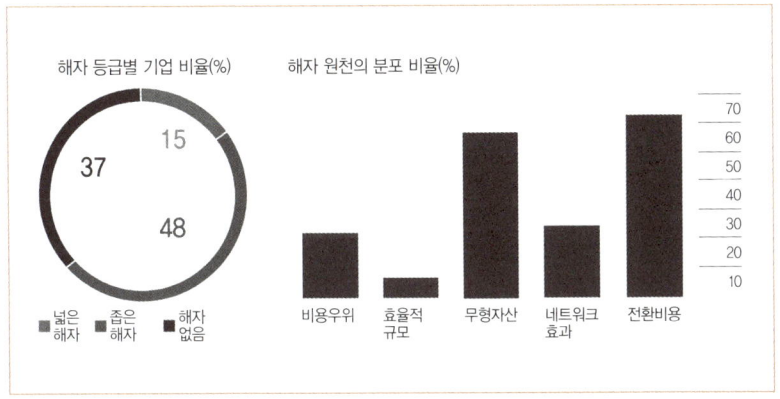

자료 : Morningstar

사실 기술 업종은 빠르게 그리고 끊임없이 변하는 기업들이 넘쳐나기 때문에 투자자들로서는 사뭇 흥분되는 영역이다. 그러나 바로 그런 특징 때문에 기술 업종은 확신을 갖고 장기적인 초과수익을 예상하기가 매우 어려운 영역이기도 하다. 이 때문에 우리는 기술 업종에서 투자 기회를 찾을 때는 성장 잠재력에 더해 지속 가능한 경쟁우위를 찾는 것이 중요하다고 생각한다. 우리가 분석한 140개 기술기업 중 현재 약 15%가 넓은 해자를 갖고 있는데, 그 대부분은 소프트웨어와 반도체 회사들이다. 그 나머지 기업은 해자 없는 기업과 좁은 해자 기업으로 거의 반반 나뉘어 있는데, 좁은 해자의 상당수는 〈그림 11-1〉에서 볼 수 있듯이 높은 고객 전환비용과 무형자산은 물론이고, 다른 해자 원천들에도 그 기반을 두고 있다.

소비재 기술산업

　소비재 기술산업은 애플, 파나소닉, 삼성 그 외 여러 기업을 포함해 세계에서 가장 유명한 몇몇 브랜드들의 홈그라운드다. 이 기업들은 어마어마한 규모의 이용자(소비자)들에게 하드웨어, 소프트웨어, 서비스, 콘텐츠를 제공하고 있다.

　소비재 기술산업에서는 전환비용이 해자의 형태에 중요한 영향을 미친다. 매우 짧은 제품 수명주기를 감안했을 때, 장기적으로 지속 가능한 초과수익을 창출할 수 있는 유일한 소비재 기술기업은 현재의 고객이 미래에도 자기 제품을 구매하는 것을 보장해 주는 확고한 전환비용을 부과할 수 있는 기업이다. 하드웨어기업은 처음에는 제품 판매를 통해 이익을 낼 수 있다. 그러나 미래에도 계속 해당 제품을 판매하기 위해서는 그 제품과 관련된 소프트웨어, 서비스, 콘텐츠를 제공해야 한다. 우리는 소비자 가전제품이 상대적으로 상품화되어 있다고 믿는다. 예를 들어 최근 몇 년 동안 수십 개의 다른 제품이 아이폰과 비슷한 스펙을 갖추게 되었다. 그러나 아이폰 고객들이 구매하는 소프트웨어, 애플리케이션, 미디어 콘텐츠는 애플이 향후 수년간 고객 기반의 상당 부분을 유지하는 데 도움을 줄 것으로 보인다.

　게임회사도 지적재산권이란 무형자산으로 경쟁우위를 확보할 수 있다. 성공적인 게임회사들은 인기 게임의 후속작과 확장팩에서 양질의 콘텐츠를 제공함으로써 매년 지적재산권을 현금화한다. 게임

산업에 대한 진입장벽이 낮기는 하지만, 업계를 주도하는 게임콘텐츠회사들은 향후 수년 동안은 소수의 매우 인기 있는 프랜차이즈게임이 창출하는 부로 살아갈 수 있을 것이다.

기술이 너무 빨리 변하고 소비자 변덕도 심하기 때문에 소비재 기술기업들이 넓은 경제적 해자를 구축하기란 매우 어렵다. 그럼에도 불구하고 비용우위, 고객 전환비용 혹은 (게임산업의 경우) 가치 있는 지적재산에 대한 장기사용권을 확보할 수 있는 기업은 좁은 해자는 구축할 수 있다. 예를 들어 일렉트로닉 아츠Electronic Arts는 NFL(미국 프로미식축구리그)로부터 장기 지적재산 사용권을 확보하고, 빠르고 쉽고 저렴한 고품질 게임을 가능하게 한 소프트웨어 개발엔진을 구축함으로써 출시된 지 25년이나 된 매든Madden 같은 게임브랜드로 스포츠 비디오게임시장을 지배하고 있다. 그러나 이런 요인들을 빼면, 어떤 소비재 기술기업도 변덕이 심한 소비재 기술시장 너머로 사업을 확장해 보다 안정적인 사업영역을 확보하지 않는 한, 향후 10년 이상 대규모 경제적 이윤을 창출하기는 어려울 것 같다.

소비재 기술기업을 연구할 때 핵심 고려사항은 다음과 같다.

- 해당 기업 제품의 어떤 측면이 충성스런 고객을 유지하고 미래의 제품 판매에 도움이 되는가? 기존 고객 기반의 폭과 깊이 그리고 고객이 경쟁 제품이나 플랫폼으로 얼마나 기꺼이 그리고 쉽게 전환할 수 있는지 검토해야 한다.
- 소프트웨어, 서비스, 지적재산권 측면에서 해당 기업의 경쟁력은

어느 정도인가, 시간이 감에 따라 그런 경쟁력이 강화되고 있는가?

- 해당 기업 제품이 시장에서 프리미엄 지위를 갖고 있는가? 우리는 해당 기업이 경제적 초과이윤을 확보할 수 있는지를 판단하는 한 지표로 그 기업의 제품 가격이 하락 추세인지, 아니면 현 수준을 유지하는 추세인지 확인한다.
- 해당 기업 제품이 대체재로 모방될 수 있는지 생각해야 한다. 이용자가 다른 혹은 보다 통합적인 제품으로 유사한 기능을 실행할 수 있는가, 아니면 이용자가 필요한 모든 기능을 실행하기 위해 혹은 유사한 이용 경험을 하기 위해 다수의 기기나 플랫폼을 보유해야 하나?
- 투하자본수익률을 볼 때는 해당 기업이 아웃소싱 제작과 낮은 고정비용으로 혜택을 보고 있는지 살펴야 한다.

기업용 하드웨어시스템산업

기업용 하드웨어시스템 판매사는 컴퓨터, 프린터, 전화시스템, 서버, 데이터 저장, 네트워크 장비를 포함하는 IT 및 업무 지원용 장비를 파는 회사다.

이런 하드웨어 판매사가 해자를 구축할 때는 무형자산이나 비용 우위에 크게 의존할 수 없다. 기업용 기술은 쉽게 모방될 수 있고, 고객들이 사뭇 까다로우며, 진입장벽은 상대적으로 낮기 때문이다. 그러나 고객의 전환비용은 경쟁우위의 가장 중요한 원천이 될 수 있고, 기업용 하드웨어 판매사들은 제품에 대한 고객 고착성을 높이기 위해 공통적으로 보통 세 가지 전략을 취한다.

첫째, 이들은 자신의 하드웨어 제품에 소프트웨어 콘텐츠를 내장시킨다. 하드웨어 제품에 내장된 사용자 인터페이스, 시스템 관리도구, 애널리틱스(분석 소프트웨어), 프로그래밍 인터페이스는 해당 제품 가치에 대한 고객의 인식을 제고하고, 고객 환경에 대한 제품의 통합 수준을 높일 수 있다. 둘째, 이들은 시스템의 사용연한을 늘이기 위해 노력한다. 이를 위해 기업용 하드웨어 판매사들은 고객이 전체 시스템을 교체하지 않고도 하드웨어 모듈만 추가 구입하면 제품 능력이나 제품 사양을 업그레이드할 수 있는 새시(전체 시스템)-블레이드(부속 하드웨어 모듈)식 전략을 많이 추구한다. 또 이들은 작동 중단은 최소화하면서도 시스템 플랫폼 전면 교체보다는 상당히 낮은 비용으로 실행될 수 있는 소프트웨어나 프로세서 업그레이드 서비스를 제공하기도 한다. 셋째, 이들은 높은 이윤의 경상수입을 확보하고 제품 교체 주기 사이에도 계속 고객 관계를 유지하기 위해 보통 최초 제공한 시스템 가격의 10~20% 가격으로 책정되는 연간 유지관리 서비스도 제공한다.

강하게 통합된 그리고 업무에 필수적인 제품은 보다 지속적인 경쟁우위를 제공한다. 일반적으로 기업 업무는 하드웨어와 소프트웨어 플랫폼들이 서로 결합된 여러 시스템의 지원을 받기 때문에, 여러 통합 접점에 영향을 미치는 제품을 제공하는 회사는 개별 통합접점 솔루션만 제공하는 회사보다 지속적인 경제적 이윤을 창출하는 데 더 유리하다. 예를 들어 데이터베이스 서버들, 애플리케이션 서버들, 웹 서버들을 결합하는 데이터센터의 핵심 스위치 클러스터는 멀리 떨어진 소규모 판매팀을 지원하는 지점 사무소의 라우터보다 포기하기 힘든 하드웨어 시스템이다. 이와 비슷하게 기업 업무에 필수적인 제품은 그렇지 않은 제품보다 고객 고착적이다. 이런 제품의 경우 신제품으로 교체할 때 부담해야 할 리스크가 이미 알고 있는 기존 제품의 혜택보다 큰 것이 보통이기 때문이다. 마지막으로, 이해하고 관리하는데 상당한 전문성과 교육이 필요한 제품은 특별한 교육 없이 바로 사용할 수 있는 제품보다 고객 고착성이 높다.

EMC는 높은 전환비용에 기초해 경제적 해자를 구축한 대표적인 기업이다. 첫째, 대규모 네트워크 저장회사인 EMC는 이미 광범위하게 설치된 시스템 기반을 보유하고 있다. 둘째, 좋은 기술을 보유한 도전자라 해도 EMC로부터 시장을 빼앗아오기는 힘들 것으로 보인다. 리스크 혐오적인 기업의 최고 IT 책임자들(CIO)이 상당한 인센티브가 없는 한, 증명되지 않은 신제품 판매사에 베팅할 가능성은 별로 없기 때문이다. 셋째, 고객들은 저장 환경을 확장할 때 기존 소프트웨어는 그대로 사용하고 추가 하드웨어 비용만 지불하면 된다. 마지막으로, EMC의 광범위한 제품라인은 유연성이 있다. 따라서 고객들은 저가의 장치에서 시작해 데이터 필요성이 증가함에 따라 가치사슬의 상부(고가의 고사양 제품)로 이동할 수 있다.

기업용 하드웨어시스템 판매사를 평가할 때 핵심 고려사항은 다음과 같다.

- 업무에 필수적인 애플리케이션을 지원하는 강하게 통합된 제품이 가장 고객 고착적이다. 해당 기업의 제품들이 업무에 필수적인 애플리케이션이나 접점 솔루션을 지원하는가? 그 제품들이 고객 환경 속에 강하게 침투해 있는가, 아니면 다른 제품으로 쉽게 전환될 수 있는가(즉 상품 같은 것인가 commoditylike), 그런 전환에 소요되는 비용은 어느 정도인가?
- 제품주기가 빠르면 경쟁자가 고객을 빼앗아 갈 기회가 더 많아진다. 해당 기업이 제품주기 내내 경쟁으로부터 자신을 보호하기 위해 어떤 방어막을 구축하고 있는가? 경쟁자가 해당 기업 제품을 모방하기가 얼마나 쉬운가? 고객들이 해당 제품의 새로운 사양들에서 가치를 발견하고 있는가, 아니면 해당 제품이 각 제품주기마다 점점 더 상품화되고 있는가?
- 보다 강력한 기업은 일반적으로 고객의 최종 거래 후보 업체 리스트에 올라 있고, 재판매 업체로 깊은 관계를 유지하고 있으며, 강력한 영업력을 보유하고 있고, 고객의 핵심 의사결정자와 오랜 관계를 유지하고 있다. 대기업 고객 입장에서 볼 때 해당 기업이 믿을 만한 공급자인가?
- 대부분의 기업용 하드웨어시스템 판매사들은 상당한 초과현금을 보유한 적극적인 인수자인 경우가 많다. 따라서 투하자본수익률

을 계산할 때는 투하자본에서 초과현금을 차감한 후 획득한 영업권을 더하는 식으로 조정하는 것이 적절하다.

IT서비스산업

경쟁이 심하고 파편화된 시장임에도 불구하고 많은 대형 IT서비스기업들이 전환비용과 무형자산을 통해 경제적 해자를 구축했다. 기술 컨설팅, 시스템 통합, 고객 애플리케이션 개발 같은 IT서비스기업들이 수행하는 긴밀하고 종종은 업무에 필수적인 작업 성격을 감안했을 때, 고객이 기존 IT서비스기업을 바꾸기를 꺼리는 경우가 많다. 더욱이 일단 고객관계가 확립되면 고객의 사업과 고객에 가장 영향을 미치게 될 새로운 기술 추세에 대한 IT서비스기업의 통찰력이 강화되는 경우가 많다. 이런 역학관계로 인해, 그리고 솔루션의 관련성과 시의 적절성을 감안할 때, IT서비스기업과 고객의 관계가 수십 년간 지속되기도 한다. 신뢰를 받은 IT서비스기업은 입소문을 통해 추가로 사업을 획득할 수 있는데, 이런 점에서 브랜드는 매우 중요하다. 성공적인 실적은 재주문을 통한 반복적인 사업과 지속적이고 고착적인 고객 관계를 더욱 강화해 준다.

IT서비스기업이 제공하는 세계적인 서비스의 규모는 획득하는 계약의 규모와 가격에 큰 영향을 미친다. 세계 최대 규모의 다국적 기업들에게 원하는 모든 IT 솔루션을 제공할 수 있는 세계적 IT서비스

기업은 극소수에 불과하다. 세계적인 서비스 제공 과정을 신속하고 효율적으로 바꿀 수 있으면 보다 고가의 계약을 따낼 수 있고 따라서 재무 실적을 더욱 개선할 수 있다.

이 스펙트럼의 반대쪽 끝에는 사업 처리와 인프라를 아웃소싱에 의존하는 IT서비스기업이 있다. 아웃소싱에 의존하는 것이 보다 쉬운 선택이기는 하지만 의미 있는 전환비용을 창출하지는 못하며, 제품과 서비스의 차별성이 부족하기 때문에 특정 제품이나 서비스를 전문으로 하는 경쟁자들의 상품화(비슷한 제품이나 서비스를 만들어 내는 것)를 통한 도전에 노출되어 있다.

IT서비스기업이 넓은 해자를 구축하기란 쉽지 않다. 장기적으로는 IT서비스와 이 산업의 주도 기업들이 계속 존재하겠지만, 이런 서비스가 향후 10년 이상 기업들에게 얼마나 가치 있는 서비스로 남아 있을지 예측하기는 어렵다. 따라서 IT서비스기업들의 장기적인 가격 결정력에는 의문이 있다. 더욱이 이들은 기술 변화에 영향을 받기 때문에 기존 사업을 중단해야 할 가능성도 상존한다.

엑센추어Accenture는 고객 전환비용과 무형자산에 기초해 최근 넓은 해자로 등급이 상향된 IT서비스기업이다. 심도 있고 광범위한 산업 전문성, 세계적인 서비스 제공 네트워크, 높은 고객만족도를 통해 엑센추어는 매우 경쟁적이고 파편화된 IT서비스산업에서 성공적인 토대를 구축했다. 엑센추어의 세계적 성격은 보다 작은 경쟁자들과 차별화되는 요인이며, 이를 통해 엑센추어는 광범위한 전문인력 및 기술도구 풀을 확보할 수 있었다. 엑센추어의 성공에 기여한 또 다른 중요한 요인은 긴밀하고 장기적인 사업 관계를 형성하고 발전시키는 능력이다. 이런 관계의 고착성은 2013년 중반 현재 자산 기준 엑센추어 100대 고객기업 중 99개가 최소 5년 이상 관계를 유지한 고객이며, 92개는 10년 이상 관계를 유지한 고객이란 사실에서도 확인된다. 이런 수치는 엑센추어가 수행하는 작업의 긴밀하고도 고객 사업에 필수적인 성격을 잘 보여주며, 이런 성격 때문에 고객들은 다른 업체로의 전환을 꺼리고 있다.

기업 대상 IT서비스기업을 평가할 때 핵심 고려사항은 다음과 같다.

- 해당 기업의 세계적 서비스 제공 모델이 얼마나 광범위하고 깊이 있는가? 해당 기업이 다른 기업은 할 수 없는 규모로 서비스를 제공할 수 있는가? 고객에게 원스톱쇼핑one-stop-shop을 제공할 수 있는 광범위한 포트폴리오를 보유하는 것이 좋다.
- IT서비스기업을 평가할 때는 기존 고객과 형성한 관계의 깊이와 지속성에 초점을 맞춰야 한다. 관계의 깊이는 상위 5~10대 고객과의 거래로 창출된 수입 추세를 통해 측정할 수 있고, 관계의 지속성은 이런 관계가 얼마나 오래 가는지 보고 평가할 수 있다.
- 해당 기업이 가치사슬의 어느 지점에서 사업하고 있는가? 해당 기업이 새로운 신기술 추세에 뒤떨어지지 않으면서 보다 고가의 컨설팅과 통합 서비스를 제공할 수 있는가? 아니면 저가 아웃소싱 서비스에서 상품화 도전에 직면해 있는가? 해당 기업이 프리미엄 가격을 부과할 수 있는지 보기 위해서는 그 기업의 수익성

과 수익률 관련 지표들을 살펴봐야 한다.
- 해당 기업이 전환비용과 무형자산 같은 경제적 해자의 질적 기준을 충족시키고 있다 해도 플러스 경제적 이윤을 창출할 능력이 있는지에 대해 확신을 가질 수 있어야 한다. IT서비스기업의 경우, 반복 실행repeated execution 문제 때문에 플러스 경제적 이윤을 창출하지 못할 수도 있기 때문이다.

반도체산업

반도체산업에는 반도체 제작장비와 원자재 공급업체부터 반도체 칩을 설계, 제조하는 기업에 이르기까지 반도체 공급사슬에 존재하는 모든 기업이 포함된다. 반도체산업의 가장 중요한 원동력은 컴퓨터 성능은 향상시키면서도 그 비용은 빠르게 줄이는 혁신 능력이다. 이를 보통 무어의 법칙Moore's Law(마이크로칩 성능이 18개월마다 2배 향상될 것이라는 법칙)이라고 한다.

반도체산업에서는 비용우위와 무형자산이 해자의 공통 원천이 된다. 종종 개별 부문 시장에서 주도적 점유율을 가진 기업들은 규모의 경제에 따른 혜택을 누리는데, 이는 비용우위에 기초한 해자를 가져다준다. 이런 기업은 시장점유율과 규모에서 앞선 지위를 이용해 단위당 비용을 보다 효과적으로 분산할 수 있으며, 이를 통해 경쟁자보다 연구개발에 더 집중 투자할 수 있고, 이는 그 기업이 기술적으로 앞서나감과 동시에 진입장벽을 구축할 수 있게 해준다.

아날로그 칩 제작사, 특히 리니어 테크놀로지Linear Technology와 맥심 인티그레이티드Maxim Integrated처럼 뛰어난 혁신 및 성공적인 제품 실적을 가진 회사는 우수한 반도체 칩 설계 전문성과 지적 자본 같은 무형자산도 해자 구축에 기여한다. 아날로그 칩은 매우 독자적인 제품이기 때문에 직접적인 대체재가 없으며, 이런 제품을 설계하는 엔지니어들은 독자적인 제품을 설계해야 할 일련의 과제를 안고 있다. 결과적으로 아날로그 칩 분야에서 수년에 걸친 연구개발과 제조 경험을 가진, 그리고 상당한 아날로그 엔지니어 인재들(희귀인력이다)을 보유한 기업은 장기적으로 초과이윤을 창출할 수 있으며, 따라서 해자 등급을 받을 수 있다. 특허에 따른 차별화를 없애주는 특허 교차사용cross-licensing 관행 및 산업표준 때문에 기술특허로 해자를 구축하는 것은 매우 드문 일이다. 그러나 판매된 모든 3G 및 4G 핸드폰에서 로열티를 받는 퀄컴Qualcomm의 CDMA 무선기술 관련 특허 같은 소수의 예외도 있다.

반도체산업의 지속적인 기술 변화 때문에 특정 반도체회사의 해자 폭을 판단하기란 쉽지 않다. 그러나 좁은 해자와 넓은 해자 기업의 차이는 특정 제품 부문의 경쟁 상황을 보고 판단할 수 있다. 컴퓨터프로세서 같은 반도체산업의 특정 제품은 보다 독자적인 제품인 반면, 메모리 칩 같은 여타 제품들은 성격상 보다 상품에 가깝다. 다른 조건이 같을 경우, 보다 복잡한 제품을 생산하는 기업의 해자가 넓은 경향이 있다. 제품을 모방하기 어려운 기술적 문제로 인해 진입장벽이 높기 때문이다. 반면 기술적으로 덜 복잡한 제품을 가진 기업은 좁은 해자만 갖거나 해자가 없는 경향이 있다.

거대 반도체기업 인텔Intel은 그 거대한 규모를 기반으로 마이크로프로세서시장에서 주도권을 유지할 수 있는 장기적인 우위를 확보하고 넓은 경제적 해자를 구축했다. 인텔은 업계에서 타의 추종을 불허하는 대규모 연구개발 지출을 통해 프로세서 성능 면에서 상당한 경쟁력을 보유하고 있다. 더욱이 인텔은 가장 경쟁력 있는 반도체 제조 기술에 지속적으로 투자할 수 있는 자원을 보유하고 있다. 또 인텔은 나머지 칩 분야에서도 (무어의 법칙 차원에서) 1~2년 앞선 능력을 보유함으로써 다른 어떤 경쟁자보다 낮은 제품 단위당 비용으로 보다 빠르거나 보다 성능 효율적인, 혹은 두 특성을 모두 가진 칩을 생산할 수 있다.

반도체기업을 평가할 때 핵심 고려사항은 다음과 같다.

- 해당 기업이 종사하는 반도체산업 분야에서 주도적인 시장점유율을 확보하고 있는가? 해당 기업이 경쟁자들보다 많은 연구개발 예산을 지출함으로써 앞선 기술을 유지할 수 있는가?
- 해당 기업이 우수한 엔지니어들(특히 아날로그 칩 부문에서 중요하다)을 보유하고 있는가? 혹은 상당한 기간 동안 초과 자본수익률을 가능하게 해주는 기술적 특허를 보유하고 있는가? 경쟁자가 경쟁력 있는 제품을 출시하기가 기술적, 가격적으로 얼마나 어려운가?

- 기술 변화로 인해 해당 기업이 최근 시장점유율을 높이는 중인가, 아니면 잃고 있는 중인가? 그런 시장점유율 변화가 단기적인 것인가, 아니면 영구적인 것인가?
- 투자자들은 보통 3~5년간 진행되는 한 경기주기 전체에 걸쳐 해당 기업의 자본수익률과 수익성을 분석해야 한다. 반도체산업은 경기에 매우 민감한 산업이기 때문에 경기상승기에 초과수익을 올렸다 해도, 그것이 해당 경기주기 전체에 걸쳐 초과수익을 창출할 수 있음을 의미하는 것은 아니다.
- 진행 중인 연구개발 및 자본적 지출 견지에서 볼 때 해당 칩 제작사의 재투자 필요성은 어느 정도인가? 특히 아날로그 칩 제작사는 가격 안정의 혜택을 누리고 있을 뿐만 아니라 지속적으로 높은 수준의 투자가 필요한 첨단 제조기술에 의존하지도 않는다.

소프트웨어산업

소프트웨어기업은 컴퓨터 관련 기기의 구동을 돕거나 이용자의 임무 수행을 돕기 위해 메인프레임, 서버, 컴퓨터, 기타 컴퓨터기기들에 사용되는 프로그램을 만들고, 판매하며, 유지 관리하는 회사다. 소프트웨어는 제품(사용권$_{licence}$) 혹은 서비스(서비스형 소프트웨어$_{Service\ as\ a\ Service}$, SaaS)로 판매될 수 있다. 소프트웨어기업은 크게 애플리케이션과 인프라의 두 범주로 나뉜다.

애플리케이션 소프트웨어기업은 네트워크 효과가 경제적 해자의 주요 원천이 된다. 한 브랜드의 애플리케이션 소프트웨어를 사용하는 이용자가 많을수록 네트워크 효과는 더 커진다. 이용자 기반이 사실상의 산업표준을 정하기 때문이다. 마이크로소프트 오피스나 어도비 포토샵이 그 대표적인 사례다.

인프라 소프트웨어기업도 높은 전환비용으로 경제적 초과이윤을 창출할 수 있다. 상당한 고객 맞춤, 실행력 그리고 교육이 필요한 필수 인프라 소프트웨어는 고객에게 높은 전환비용을 부과하게 된다. 인프라 소프트웨어기업은 고객의 필수적인 업무 과정에 깊이 개입함으로써 고객이 다른 업체로 전환하는 것을 막는 견고한 장벽을 쌓을 수 있다. 결과적으로 소프트웨어기업들은 높은 고객 갱신율을 유지함으로써 연금 같은 수입원을 확보할 수 있다.

서비스형 소프트웨어(SaaS)를 공급하는 기업의 경우, 규모의 경제가 고려해야 할 또 다른 중요한 요인이 된다. 이런 기업에서 보이는 높은 자본적 지출과 (영구 라이선스 모델perpetual-license model에 비해) 저가인 가입사용료 모델subscription model을 고려할 때, 규모의 경제가 자본수익률 창출에 필수적이다. 따라서 필요한 재원이 없는 기업은 경쟁에 성공할 수 없다. 지적재산권과 정부 규제를 포함한 무형자산은 소프트웨어기업의 또 다른 경제적 해자 원천이 된다.

상당한 시장점유율을 가지고 대규모 네트워크 효과를 누리는 소프트웨어기업은 장기적으로 초과수익을 창출할 가능성이 높다. 좁은 해자를 가진 기업은 일반적으로 의미 있는 시장점유율과 전환비용을 가진 제품을 보유하고는 있지만, 최대의 시장점유율을 가진 기업은 아니다. 또한 좁은 해자 기업은 한 접점 솔루션 혹은 한 부분의 소프트웨어 환경에서는 강력한 시장 지위를 갖고 있지만, 전체 소프트웨어산업에서는 그렇지 못하다. 반면 넓은 해자를 가진 기업은 산업표준 혹은 범주표준으로 간주되는 제품(혹은 제품들)으로 거의 독점적인 시장점유율을 가진 경우가 많다. 소프트웨어산업의 빠른 변화로 인해 소프트웨어기업들은—자사 제품이나 서비스가 금방 구식이 되어버리는—진부화 리스크$_{\text{risk of obsolescence}}$를 안고 있으며, 그 틈을 노려 새로운 시장진입자와 경쟁자들이 경쟁우위를 확보하려고 한다. 새로운 추세를 무시하면서 경쟁자로부터 자사 제품을 지키려는 노력은 소프트웨어기업들이 공통으로 범하는 오류다. 기존 소프트웨어기업들이 산업과 시장 변화에 뒤처지지 않기 위해서는 끊임없이 혁신하거나 M&A 전략을 추구해야 한다.

인튜이트$_{\text{Intuit}}$는 높은 전환비용과 긍정적인 네트워크 효과에 기초해 넓은 해자를 구축한 유명한 소프트웨어기업이다. 인튜이트의 회계, 세무, 개인재무 애플리케이션 사용법을 배우는 데는 다소의 시간과 노력이 필요하다. 따라서 다른 대체재나 경쟁 애플리케이션으로 전환할 경우 이용자들은 소프트웨어비용과 훈련비용을 추가로 부담해야 할 뿐만 아니라 업무 중단과 새 애플리케이션에 재무 정보를 입력하는 과정에 오류를 범할 리스크까지 감수해야 한다. 자사 제품에 대한 고객 고착성을 강화하기 위해 인튜이트는 여러 제품들의 기능을 능숙하게 연계시켰다. 이에 따라 인튜이트 제품 중 하나를 사용하고 있는 이용자가 필요에 의해 다른 인튜이트 제품을 추가로 사용할 가능성은 더욱 높아졌다. 예를 들어 퀵북QuickBooks(인튜이트의 회계기장 프로그램) 이용자들은 연말 세금 계산을 위해 그들의 1년 치 재무 정보를 터보택스TurboTax(인튜이트의 세무 관리 및 세금 계산 프로그램)에 입력할 가능성이 높다. 또한 인튜이트 애플리케이션의 광범위한 보급은 긍정적인 네트워크 효과를 낳고 있다. 인튜이트의 이런 시장지배력은 회계 업무 담당자와 최종 사용자들이 인튜이트 제품을 찾아 쓰려는 강력하고 자기발전적인 동기를 갖게 만들었다.

소프트웨어기업을 평가할 때 핵심 고려사항은 다음과 같다.

- 해당 소프트웨어가 고객의 필수적인 업무 기능에 깊이 자리 잡을수록 전환비용은 높아진다. 해당 애플리케이션이 광범위한 실행이나 고객맞춤을 요구하는가? 자금이나 기타 자원 측면에서 볼 때, 기존 소프트웨어를 다른 제품으로 대체하는 비용이 기존 제품을 사용하면서 지출하는 유지관리비나 사용료보다 비싼가?
- 소프트웨어 이용자나 개발자가 창출하는 네트워크 효과가 있는가? 이용자들이 최대의 호환성을 확보하기 위해 특정 소프트웨어 제품을 선택하고 있는가? 개발자들이 가장 많은 이용자, 따라서 잠재적으로 최대의 시장을 확보할 수 있기 때문에 어떤 애플리케이션이나 플랫폼을 개발하고 있는가?
- 많은 소프트웨어기업들이 서비스형 소프트웨어제품을 공급하기 시작했기 때문에 규모의 경제는 중요한 고려 사항이다. 클라우드

기반 컴퓨팅, 서비스형 소프트웨어 인프라 그리고 서비스형 플랫폼 각각은 데이터센터를 구축하고 운영하기 위한 상당한 초기 및 지속적인 자본적 지출을 필요로 한다. 이런 비용은 소규모 기업은 물론이고 초기비용을 상쇄할 정도로 충분히 큰 고객 기반을 갖지 못한 기업들로서는 엄두도 못 낼 정도로 큰 비용일 수 있다.

- 해당 기업 제품이 시장에서 우위를 가질 수 있는 특허권, 지적재산권 혹은 브랜드 파워를 갖고 있는가?

통신서비스산업

통신서비스기업들은 무선통화, 유선통화, 단문메시지 서비스, 인터넷데이터 이용 같은 서비스를 제공하는 회사들이다. 대부분의 대형 통신업체들은 고객들에게 이 모든 서비스를 제공한다. 많은 전화회사들은 한때 정부기관이거나 민간 소유라 해도 정부의 규제를 받는 독점업체였다. 급속하게 성숙된 시장과 고객확보 경쟁은 이 산업에서 경제적 해자의 중요성을 잘 보여주고 있다.

통신산업에서는 통신 네트워크의 규모와 질이 비용우위를 결정할 수 있다. 예를 들어 미국에서는 현재 케이블 네트워크가 전화, TV, 인터넷 서비스를 제공할 수 있는 유일한 설비다. 이런 질적 이점을 통해 케이블회사들은 전체 통신비 지출의 일정 부분을 꾸준히 확보하고 있다. 더욱이 무선데이터의 중요성이 증대됨에 따라 네트워크 용량을 제공하는 데 필요한 스펙트럼(주파수 영역)이 갈수록 부족해지면서 스펙트럼 자체가 독특한 무형자산이 되었다. 사용자와 인프라 차원의 규모는 새로운 네트워크기술을 효율적으로 활용하고, 고객당 마케팅비용을 최소화하며, 새로운 기기에 대한 접근을 확보하고, 가능한 대규모 고객 기반에 걸쳐 간접비를 분산시키는 데 매우 중요하다. 그리고 한 통신회사 네트워크를 이용하는 가입자가 많을수록 그 회사의 상호접속수수료interconnection fees(고객이 다른 회사 고객과 통신할 때 통신회사들이 서로 지급하는 수수료) 부담은 적어진다.

개별 통신회사의 해자를 평가할 때는 특정 통신시장의 경쟁 상황과 규제 환경을 이해하는 것이 중요하다. 특정 시장에 종사하는 업체의 수는 경쟁 강도를 이해하는 데 유용한 지표가 된다. 3개 이하 회사가 사업하고 있는 무선통신시장과 2개 이하 회사가 사업하고 있는 유선통신시장은 그보다 많은 업체가 사업하는 경우보다 훨씬 더 합리적인 경향이 있으며, 따라서 효율적 규모를 창출해 높은 투하자본수익률을 가능하게 해준다. 비우호적인 규제 환경은 그런 규제가 없었더라면 강했을 기업의 지속적인 비용우위를 훼손할 수 있기 때문에 규제 환경을 이해하는 것도 중요하다. 예를 들어 영국은 기존의 브리티시 텔레콤BT Group을 소매 및 도매 부문으로 강제로 분할하는 등 세계에서 가장 적극적인 규제를 행사해 왔다. 이로 인해 수십 개의 경쟁업체가 유선전화시장에 진입하는 일이 벌어졌다. 한편 최근 멕시코는 아메리카 모빌America Movil의 비용우위를 위협하는 새로운 반독점개혁법을 채택했다. 이 법으로 인해 아메리카 모빌은 경쟁자보다 높은 상호접속수수료를 지불해야 할 것으로 보인다. 통신회사의 수익성을 위협하는 다른 규제들로는 정부의 가격 책정, 종합서비스 강제, 지방정부 주도의 경쟁사 설립 등이 있다.

통신산업의 급속한 기술 변화와 계속되는 정부의 개입 위협, 통신사업에 필요한 대규모 자금 같은 요인 때문에 우리는 분석 대상이 된 통신회사 중 어떤 회사에도 넓은 해자 등급을 부여하지 못했다. 그러나 주로 비용우위를 통해 좁은 해자 등급을 받은 통신회사는 많았다.

그밖에 통신회사를 평가할 때 주요 고려사항은 다음과 같다.

- 해당 기업이 종사하는 특정 하위시장에서 고객 획득 및 유지 비용 전망은 어떤가?
- 해당 기업의 전략과 경쟁업체의 전략이 시장점유율에 초점을 맞춘 것인지, 수익성에 초점을 맞춘 것인지 알아야 한다.
- 해당 기업이 종사하는 시장(혹은 시장들)에서 업체들이 통합되거나 혹은 늘어날 현실적인 가능성은 어느 정도인가? 해당 기업의 장기적인 경쟁우위를 분석할 때는 해당 업종과 산업이 확대될 가능성이 클지 아니면 수축(통합)될 가능성이 클지를 판단해야 한다.
- 스마트폰의 지속적인 확산을 감안하면, 무선통신사의 경쟁우위를 평가할 때는 그 회사의 기기 포트폴리오 device portfolio가 차별화 요인이 될 수 있다.

- 해당 기업—그리고 해당 업종—의 가입자당 평균수익$_{\text{average margin per user}}$(AMPU = 영업이익 ÷ 이용자 수) 추세를 분석하면 비용우위 해자 원천이 강화되고 있는지 약화되고 있는지를 정확히 평가할 수 있다.

12 금융서비스

　금융서비스 업종은 모두 돈과 관계된 부문이지만, 돈을 벌기가 항상 제일 쉬운 곳은 아니다. 돈 그 자체나 대부분의 금융상품은 순수한 상품이지만, 금융서비스업종에는 세상에서 가장 똑똑한 많은 사람들이-엄청난 양의 컴퓨터 처리 능력까지 동원해서-경쟁에서 이기기 위해 하루 24시간 열심히 일하고 있다. 상당한 양의 레버리지까지 포함시켜 보면 금융회사와 그 투자자들이 왜 그렇게 바쁜지 쉽게 이해할 수 있다.

　거의 비차별적인 상품과 서비스, 규제 부담, 한몫 챙기려는 경쟁

〈그림 12-1〉 금융서비스 업종의 경제적 해자 특성

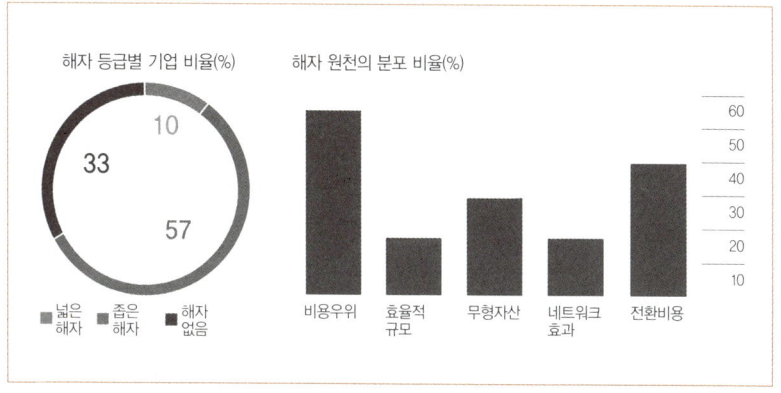

자료 : Morningstar

자들이 매우 많다는 점을 고려하면, 그중 은행과 보험이 특히 힘든 분야다. 유명한 자동차를 구입하기 위한 자금 대출에 추가로 약간의 금리를 더 지불하라거나 저축계좌 이자로 현행 이자의 반만 받으라고 고객을 설득하는 것은 거의 불가능한 일이다. 더욱이 금리와 실업률 같은 거시경제적 요인들이 수익 변동성을 확대하는 데 일조하고 있다. 결과적으로 시장에 소수 이상의 경쟁자가 있을 때 은행과 보험산업에서 넓은 해자는 거의 발견되지 않는다. 그렇지만 대부분의 경우 비용 억제를 통해 적지 않은 수의 은행과 보험사가 좁은 해자를 구축했다.

은행과 보험산업을 제외한 다른 금융산업에서는 경제적 해자를 발견하기가 상대적으로 쉽다. 금융산업에 존재하는 거래적 성격이 강한 네트워크 효과를 만드는 데 도움이 되는 경우가 있다. 성공적인 신용카드사와 금융거래소들은 카드이용자, 상인(가맹점), 매매자 네트워크 덕분에 해자를 구축했다. 우리는 이 부문에서 몇 개의 넓은 해자 기업을 발견했다. 그리고 〈그림 12-1〉에서 볼 수 있듯이 전체 금융서비스 업종에서 가장 많은 해자 원천은 비용-우위였다.

은행업

　은행은 금융 중개 기능을 하면서, 예금과 기타 부채라는 원재료를 대출과 증권 형태의 생산적인 자산으로 전환시킨다. 은행은 그들의 차입비용과 자산수익률의 스프레드(차이)를 통해 돈을 버는데, 이 스프레드는 그들이 떠안는 금리와 신용 리스크에 의해 결정된다. 이들은 또 다양한 상품과 서비스를 제공한 대가로 고객으로부터 받는 수수료를 통해 돈을 벌 수도 있다.
　경쟁이 심한 은행업에서 가격 결정력을 갖기란 어렵다. 차입비용은 물론이고 투자를 통해 가능한 수익률도 보통은 시장에 의해 결정되기 때문에, 은행이 자신을 차별화할 여지는 거의 없다. 더욱이 미국처럼 포화된 시장에서는 고객의 은행 선택 범위가 매우 넓다는 것을 감안하면, 은행이 어떤 실질적인 협상력을 발휘하기란 쉽지 않다. 캐나다나 영국처럼 경쟁자가 미국보다 적은 시장의 은행들은 가격 결정에 약간의 유연성을 발휘하는 경우도 있다. 또한 편리한 대규모 지점망이나 강한 고객관계 같은 구조적 우위를 가진 은행들은 보다 높은 수수료를 부과하거나 보다 낮은 예금이자를 제공함으로써 수익률을 제고하는 경우도 있다.

비용우위는 은행들의 중요한 해자 원천이다. 상대적으로 제한된 가격 결정의 유연성 때문에 은행들은 경쟁우위 구축 수단으로 효과적인 비용 통제에 더욱 의존해야 한다. 보다 낮은 비용구조를 수립하고 유지하는 은행의 능력에는 경영진이 큰 역할을 하기 때문에, 은행을 평가할 때는 경영진의 능력에 특별한 관심을 기울여야 한다. 초과수익을 창출하기 위해 은행 경영진은 경쟁자들보다 (1) 운영은 더 효율적으로, (2) 대출은 더 효과적으로, (3) 차입비용은 더 낮추는 일에 지속적으로 초점을 맞춰야 한다. 그렇게 한 후에도 은행이 과도한 리스크를 부담하지 않고 자본비용을 훨씬 초과하는 수익을 내기란 어렵다.

고객의 전환비용도 은행의 해자 원천이 될 수 있다. 일반적으로 절대적인 전환비용은 낮지만, 계좌를 자주 옮기는 번거로움을 피하는 것이 전환으로 받을 수 있는 혜택보다 중시되는 경우가 종종 있다. 이런 현상은 극심한 가격 경쟁과 은행이 매력적인 인센티브를 제공할 수 있는 기회가 제한되어 있다는 점을 고려하면 특히 이해할 만하다. 다수의 제품 라인을 묶은 강력한 고객 관계를 가진 은행은 평균 이상의 전환비용을 창출하는 경우가 많다.

은행이 장기간 초과수익을 보장하는 충분히 강력한 경쟁우위를 구축하는 경우는 거의 없기 때문에 넓은 해자를 가진 은행은 거의 없다. 그러나 웰스 파고Wells Fargo 같은 많은 은행은 좁은 해자는 구축해 왔다. 웰스 파고가 구축한 좁은 해자의 주요 원천은 저비용 예금 기반이다. 은행들은 고객의 자금(예금)을 다양한 대출과 증권에 투자함으로써 돈을 번다. 은행이 이런 고객자금에 지불하는 비용은 적을수록 좋다. 웰스 파고는 광범위한 지점망, 뛰어난 고객서비스 그리고 고객에게 다양한 상품을 판매하는 능력 덕분에 고객자금에 매우 낮은 비용을 지불하고 있다. 또 이런 장점 덕분에 웰스 파고는 예금자 입장에서 편리한 은행이 되었고, 이는 고객의 전환비용을 높였다. 더욱이 경영도 우수한 웰스 파고는 이자비용을 억제하고 위험한 대출을 떠안아야 할 압력을 최소화하는 데도 뛰어나 수익성을 제고할 수 있었다. 훌륭한 사업비용 통제와 보수적인 대출 기준의 결합은 저비용 생산자로서 웰스 파고의 지위를 더욱 굳혀 주었다. 마지막으로 금융 위기 동안 보여준 웰스 파고의 견고한 실적은 웰스 파고라는 브랜드와 관련된 무형의 그러나 소중한 자산을 더욱 강화시켜 주었다.

일부 시장에서는 광범위한 통합과 엄격한 규제가 은행산업의 경쟁 강도를 낮췄다. 그 결과, 예를 들어 캐나다와 호주의 은행들은 넓은 해자를 구축할 수 있었다. 이런 시장에서는 규제당국이 은행들의 과도한 리스크 부담을 억제하는 데 성공함으로써 나쁜 투자에 따른 비용을 줄였다. 규제 환경 때문에 신규 진입자도 드물고, 기존의 대형 은행들은 자신들의 충분한 시장점유율에 만족하고 있는 것 같다. 이런 지역에서 은행들은 고객에 대해 높은 수준의 가격 결정력을 보유하고 있다.

은행업을 평가할 때 핵심 고려사항은 다음과 같다.

- 해당 은행이 실질적인 경쟁자가 많은 시장에서 사업하고 있는가, 아니면 소수의 지배적인 은행들이 합리적인 과점을 구축하고 있는가?
- 규모의 경제나 특별한 사업모델 같은 구조적인 이점 덕분에 매우 효율적인 운영을 하고 있는가, 아니면 주로 엄격한 비용 통제 때문에 운영비용이 낮은 것인가?
- 낮은 신용손실(대손)을 기록하고 있는 것은 특정 틈새 대출시장이나 규제에 따른 지위 때문인가, 아니면 능숙한 대출 업무 때문인가?
- 낮은 자금조달비용이 해당 은행의 넓은 영업망이나 강력한 고객 관계에서 기인한 높은 전환비용 같은 구조적 이점의 결과인가?
- 해당 은행의 자산과 부채의 성격 그리고 그 자산 및 부채와 관련된 리스크는 무엇인가?
- 해당 은행의 비이자수입의 원천은 무엇이고 금액은 어느 정도인가? 이런 기타 사업라인에서 해당 은행의 경쟁우위는 어느 정도인가?
- 해당 은행이 어떤 규제 체계 하에서 사업하고 있는가?
- 해당 은행이 창출할 것으로 기대되는 초과 스프레드(자기자본이익률 − 자기자본비용)는 얼마인가?

자본시장산업(투자은행 및 증권업)

투자은행과 증권사 같은 자본시장업체들은 기본적으로 금융증권을 만들고 매매하는 것을 돕는 일을 한다. 이들은 고객을 위한 대리인agent으로 활동할 때는 고객에게 수수료를 부과하고, 투자나 매매 당사자principal로 활동할 때는 직접 수익을 추구한다.

자본시장업체의 해자는 네트워크 효과, 무형자산 그리고 비용우위에 기초해 구축된다. 금융중개기관으로서 투자은행과 증권사의 역할은 자본 조달을 원하는 매도자를 자본 투자를 원하는 매수자와 연결해 주는 것이다. 네트워트 효과는 많은 사업 라인에 걸쳐 중요한 경쟁우위의 원천이 된다. 증권 인수의 경우, 주식이나 채권 발행을 계획하고 있는 기업은 관심 있는 매수측 기관 및 자산운용사 고객으로 구성된 대규모 유통망distribution network을 보유한 투자은행을 찾을 가능성이 높다. 이런 투자은행은 기업이 발행할 증권에 대해 가장 경쟁적인 입찰을 유도할 수 있기 때문이다. 마찬가지로 매수측 기관이나 자산운용사 고객 같은 투자자들은 좋은 증권을 할당받고자 증권 인수기관(투자은행이나 증권사)과 관계 맺기를 원한다. 인수합병의 경우, 기업은 합병 파트너를 찾기 위해 광범위한 지역에 걸쳐 자문사 및 고객 네트워크를 보유한 금융자문사를 찾는다. 매매의 경우, 매수자와 매도자 모두의 입장에서 볼 때 대규모 매매 고객 네트워크를 가진 증권사는 대규모 주문 혹은 그 증권사가 아니면 처리하기 어려웠을 주문을 신중하게 체결시켜 줄 확률이 더 높다.

강한 명성도 자본시장업체의 무형의 경쟁우위를 만들어 낸다. 예를 들어 명성이 좋은 투자은행은 거래의 발행주간사 book runner(발행인수단을 구성하고 발행증권을 인수단에게 할당하는 역할을 하는 인수주간사)로 선택될 가능성이 더 높은데, 이를 통해 신규 발행증권 중 더 많은 부분을 인수하고 따라서 수수료 수입도 더 많이 올릴 수 있다. 높은 명성은 새로 진출한 곳에서 수익성 있는 거점을 획득하는 속도와 가능성을 높이거나, 사모펀드를 제공하기 시작하는 인수합병 자문사 같은 또 다른 사업에 진출하는 속도와 가능성을 높이기도 한다.

비용우위도 일부 증권사 사업모델에 경쟁력을 제공할 수 있다. 핵심적인 전자매매 인프라와 충분한 규모를 갖춘 증권사는 그보다 소규모 증권사 혹은 종합서비스 증권사보다 거래비용을 낮출 수 있고, 낮은 거래비용은 진입장벽과 경쟁력 있는 가격 책정의 유연성을 창출해 낼 수 있다.

우리는 지금의 강력한 투자은행들이 10년 동안은 초과 자본수익을 벌 수 있으며 따라서 좁은 해자 등급을 받을 만하다고 믿는다. 그러나 20년이란 시간지평에서 볼 때는 자본시장사업의 불확실성이 너무 커 넓은 해자 등급을 부여하기엔 무리가 있다. 인수증권 가격을 잘못 책정함으로써 명성에 타격을 입게 되면 발행자와 투자자 모두 해당 투자은행을 외면할 수 있으며, 비용우위에서 비롯된 초과수익은 가격 경쟁과 규제로 압박을 받는다. 더욱이 현재 자본시장업체들의 재무 상태가 좋아 보이기는 하지만, 적지 않은 차입을 통한 사업모델은 향후 20년간 초과수익 창출 능력은 물론 가까운 미래에 그들의 생존마저 위협할 파산과 유동성 문제를 초래할 수도 있다.

그렇지만 모든 자본시장업체가 그렇게 위험한 것은 아니다. 예를 들면 라자드Lazard는 독립 금융자문사 중 최대의 지역 네트워크를 보유하고 있으며, 150년 이상에 걸쳐 기업 및 정부 지도자들에게 고품질 금융 자문을 제공하는 명성을 구축했다. 라자드는 호황기에는 인수합병에 대해, 불황기에는 구조조정에 대해 기업에 자문함으로써 경기주기에 노출된 기업의 위험을 최소화하고 있다. 더욱이 자문업은 많은 레버리지(차입)가 필요하지 않으므로 회사 실적도 안정적이다. 이런 여러 요인들 때문에 우리는 라자드가 지속적으로 경제적 이윤을 창출할 능력이 있다고 확신하게 되었다.

자본시장업체들을 평가할 때 핵심 고려사항은 다음과 같다.

- 해당 기업이 최대의, 가장 복잡한 자본시장 거래를 놓고 경쟁할 능력이 있는가? 해당 기업이 국제 거래에 대한 경쟁력이 있는가?
- 해당 기업의 유통망이나 지역적 영업 범위가 실제로 확대되고 있는가?
- 새로운 금융 규제가 현재의 사업 라인을 위협할 가능성이 더 큰가, 아니면 기회를 창출할 가능성이 더 큰가?
- 해당 기업 서비스의 어느 정도가 전자플랫폼으로 실행될 수 있는가?
- 해당 기업의 틈새시장 점유율은 높은가?
- 해당 기업이 평균 이상의 자본수익률을 벌기 위해 재무레버리지

에 의존하고 있는가?
- 회사 수입 중 자기자본투자 수익이나 자기매매 수입이 차지하는 비율은 어느 정도인가?

신용카드서비스업

강력한 네트워크 효과의 수혜를 받는 신용카드서비스회사(마스터카드Master Card나 비자Visa 같은 기업을 말한다)는 좁은 혹은 넓은 해자를 보유한 경우가 많다. 본질적으로 지불자(카드이용자)와 피지불자(가맹점)를 연결시키는 사업에 종사하는 기업들의 경우, 강력한 네트워크 효과는 지불결제 네트워크의 광범위한 수용과 사용에 달려 있다. 추가되는 각각의 네트워크 이용자는 다른 이용자들을 위한 가치를 창출한다. 요컨대 많은 카드이용자들이 채택한 네트워크는 그것을 수용한 가맹점에도 혜택을 주며, 많은 가맹점이 채택한 네트워크는 카드이용자에게도 매력적인 선택이 된다.

비용우위도 이 산업의 해자에 기여한다. 추가 거래를 처리하는 추가 비용이 최소이기 때문에 신용카드서비스회사들은 규모의 경제에 따른 혜택도 누릴 수 있다. 결제와 기타 자금이체를 처리하는 기업에게는 브랜드 신뢰성이 필수적이기 때문에 무형자산도 가격 결정력을 제고한다.

신용카드서비스업의 거대기업 비자는 전 세계 전자결제시장을 지배하고 있다. 기본적으로 비자는 비자 브랜드로 이루어지는 결제 금액과 비자 네트워크로 처리되는 거래 수에 기초한 수수료를 수입으로 하고 있다. 디지털 결제 거래 수가 계속 증가하는 세상에서 이런 넓은 해자 기업은 번성할 수밖에 없다.

비자의 해자는 비자의 카드 보유자 및 가맹점 네트워크에서 나온다. 사실 비자는 네트워크 효과가 실제로 작동하고 있는 아주 전형적인 사례다. 비자카드 보유자가 추가될수록 비자 브랜드는 가맹점 입장에서 더욱 매력적이 되고, 비자를 수용하는 가맹점이 늘어날수록 비자 브랜드는 카드이용자에게도 더욱 매력적이 된다. 세계 최대의 결제 네트워크로서 비자의 편재성은 비자가 향후 수년 동안 소비자의 물리적—그리고 디지털—지갑 속에 자리 삽고 있도록 해줄 것이다. 새로운 경쟁자들(그리고 기존 경쟁자들)이 비자 수준의 네트워크를 구축하기란 쉽지 않으며, 이는 비자에게 장기적인 구조적 우위를 제공해줄 것이다. 또한 비자는 높은 브랜드 신뢰성이란 혜택도 누리고 있으며, 이 중요한 무형자산에 지난 수십 년간 수십억 달러를 지출했다.

신용카드서비스기업들을 평가할 때 핵심 고려사항은 다음과 같다.

- 해당 기업의 네트워크가 기꺼이 그 기업 제품을 사용해 결제하고 결제를 받아들이는 상당한 규모의 고객 기반을 보유하고 있는가?
- 해당 네트워크가 대규모의 집중된 지불인(카드이용자)과 피지불인(가맹점)으로 이루어진 고객 기반에 상당한 협상력을 갖고 서비

스를 제공하고 있는가, 아니면 소규모의 파편화된 이용자들에게 서비스를 제공하고 있는가?
- 이용자 규모와 별도로 해당 네트워크가 고객들에게 다른 독특한 것(부유한 고객 대상 서비스, 낮은 비용 등)을 제공하고 있는가?
- 고객이 어떤 종류의 전환비용에 직면해 있는가? 평균 고객수명 customer life(고객으로 존재하는 기간)은 어느 정도인가?
- 결제시스템은 세계적으로 규제가 심하다. 네트워크의 수익성을 제한하는 입법은 신용카드서비스업에 상존하는 리스크다.
- 추가로 거래량을 창출하기 위해 어떤 투자(자본적 지출, 마케팅, 인센티브 제공)가 필요한가?
- 해당 결제시스템으로 고객에게 돈을 빌려주고 있는가, 혹은 다른 서비스를 제공하고 있는가?

보험업

보험사는 위험을 공개된 비용으로 전환함으로써 고객을 돕는다. 보험사는 노출된 위험을 한데 모음으로써, 이상적으로는, 어느 정도 정확하게 보험금 청구를 예상할 수 있으며 과도한 리스크 없이 좋은 수익을 올릴 수 있다. 보험사가 보장해 주는 리스크의 종류는 죽음부터 허리케인(자연재해)에 이르기까지 매우 다양하지만, 보험업의 기본적인 역학은 꽤 일관적이다. 그리고 보험이 다소 복잡한 사업이

기는 하지만 핵심은 결국 상품사업commodity business이고, 상품은 차별성이 없는 제품이다.

보험업의 상품적 측면에도 불구하고 보험사들은 보험계약 인수에서 지속 가능한 비용우위를 유지함으로써 해자를 구축할 수 있으며, 보험사가 이렇게 하는 방법은 실제로 다양하다. 첫째, 보험사는 시장의 덜 경쟁적인 사업 분야에 초점을 맞춤으로써 경쟁력을 획득한다. 예를 들어 초과액재보험surplus and excess lines은 다른 많은 보험보다 전문화되고 규제가 덜한 분야로 보험사의 유연성과 가격 결정력을 제고할 수 있는 분야다. 그러나 이런 분야의 사업을 한다 해도 해당 보험사가 인수하는 보험에 적절한 가격을 매기지 못하면, 그리고 보험인수 담당자들이 열악한 가격의 보험인수는 피하도록 적절한 인센티브를 제공하지 않으면 초과수익을 창출하기 어렵다.

덜 경쟁적인 사업에 초점을 맞추는 대신에 보험사들은 관리비용을 낮추는 데 집중할 수도 있다. 이를 위한 가장 확실한 방법은 사업을 확대시켜 규모의 경제를 활용하는 것이다. 그러나 보험산업은 몇 가지 이유로 이런 전략에 한계가 있다. 우선 미국 보험산업은 규제가 주 단위로 이루어지기 때문에 전국 단위 보험사는 모든 주에 걸쳐 여러 비용이 중복될 수밖에 없다. 더욱 중요한 것은 보험사 비용 중 고정비용이 차지하는 비율이 상대적으로 낮다는 것이다. 그래도 사업 규모를 효과적으로 확대할 수 있는 보험사는 여전히 존재한다. 특히 개인보험 분야는 보험인수 전문인력과 인적 자본이 덜 필요하기 때문에 사업 확장이 보다 가능하다. 그러나 우리는 사업상 필요한 목적의 규모와 그냥 규모—단지 그냥 커져만 가는 규모—는 금방 구분한다. 일반적으로 우리는 다양한 사업을 하는 대형 보험사는 해자를 갖고 있지 않다고 본다.

규모를 통해서가 아닌 다른 방법으로도 비용을 줄일 수 있다. 보험사들은 독자적이고 효과적인 보험상품 유통망을 발전시킴으로써 고객 획득비용을 줄일 수 있다. 또 신규 보험 계약비용이 기존 보험 갱신비용보다 훨씬 높기 때문에 보험사는 이를 이용해 고객을 보다 고착적으로 만들고, 보다 오래 유지함으로써 비용을 줄일 수 있다. 또 보험사는 전속대리인(보험설계사) 네트워크를 유지하거나 복수의 보험상품을 교차 판매함으로써 고객 고착성을 창출해낼 수 있다. 그러나 이런 전략들에는 추가 비용이 발생하며, 따라서 해당 전략이 장기적으로 효과적인지 확인하기 위해서는 보다 면밀한 검토가 필요하다.

이 글을 쓰고 있는 현재, 순수 보험사로 넓은 해자 등급을 받은 회사는 없으며, 앞으로도 나올지 의문이다. 위에서 살펴본 대로 보험사가 지속 가능한 경쟁우위를 구축할 수는 있지만, 보험업에서 경제적 해자는 몇 가지 이유로 다소 취약하다. 첫째, 보험사는 자신이 보유하고 있는 대규모 투자 포트폴리오로 인해 상당한 투자 리스크에 노출되어 있으며, 보험사업 실적이 좋아도 투자 손실 때문에 수익이 필요한 수준 밑으로 떨어질 수 있다. 더욱이 보험인수 부문의 우위는 가격을 잘못 책정할 리스크나 덜 매력적인 분야로 사업을 확장하는 식의 경영진의 열악한 결정으로 상대적으로 쉽게 약화될 수 있다. 마지막으로 사업모델상 기본적으로 존재하는 재무레버리지 때문에 어떠한 실수나 예기치 못했던 손실로 인한 부정적인 영향이 더욱 확대될 수 있다.

보험사들을 평가할 때 핵심 고려사항은 다음과 같다.

- 일반적으로 보험사는 상품을 통해 유리한 경쟁력을 확보하기가 어렵다. 고객들은 브랜드나 쉽게 모방할 수 있는 상품에 프리미엄 가격을 지불하려고 하지 않기 때문에 결국 비용구조가 핵심 차별 요인이 된다.
- 많은 보험사들이 수년 동안 판매된 그들의 상품가격을 잘 모르는데, 그것을 모르면 보험가격을 낮게 책정할 수 있디. 보험사들은 장기적인 수익성을 희생하고 성장을 추구하려는 동기를 갖고 있으며, 이 과정에서 낮은 가격을 수용하거나 사업을 잃을 위험을 무릅쓰기도 한다.
- 보험사 수익성의 2대 원천은 보험인수 수입(고객이 납부한 보험료에서 사업비를 뺀 것)과 유동자금$_{float}$ 수입(보험료를 포함해 회사가 보유한 가용자금을 활용해 올린 수입, 주로 투자 포트폴리오 수입)이다. 우리가 볼 때 우수한 보험인수 수입만이 유일한 진정한 해자의 원천이다. 일반적으로 고수익일수록 리스크도 높기 때문에 우리는 보험사가 투자로만 지속 가능한 우위를 확보할 수 있다고는 믿지 않는다.
- 보험산업에는 비용 변동성이 내재되어 있기 때문에, 보험사는 장

기적으로 평가되어야 한다.
- 우리는 손해보험보다 생명보험의 해자가 더 취약하다고 본다. 사망률은 상대적으로 일정하고 생명보험사가 자본시장 위험에 더 노출되어 있기 때문에 보험인수에서 생명보험사가 자신을 차별화하기란 어렵다.

13 기초소재

원소주기율표를 보면 기초소재기업들이 파는 제품을 금방 알 수 있다. 어떤 기초소재기업이 주기율표의 원소 중 하나를 직접 생산하는 것이 아니라면, 그 기업은 이런 원소들을 결합한 혼합물질 혹은 합금을 생산하고 있을 가능성이 크다.

정의상 기초소재기업은 철, 알루미늄, 종이 같은 상품commodity으로 사업을 하는데, 사실 상품은 해자를 구축하기에 그리 좋은 분야는 아니다. 일반적으로 상품은 제품 차별성이 없으며, 가격은 수요와 공급에 의해 결정된다. 이런 상품으로 사업하는 기업들은 대개의

〈그림 13-1〉 기초소재 업종의 경제적 해자 특성

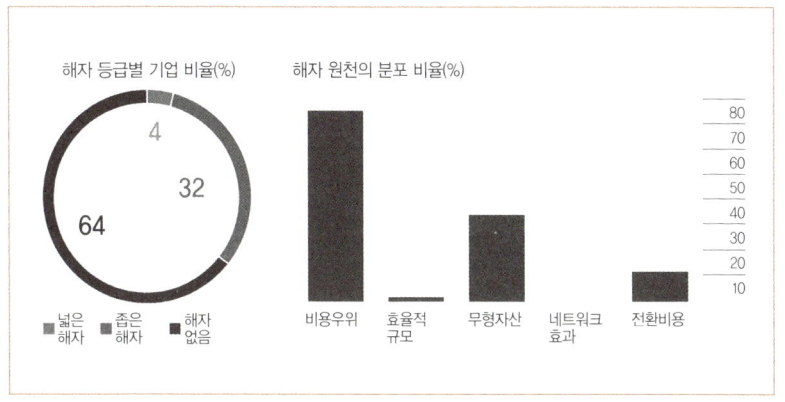

자료 : Morningstar

경우 가격수용자인데, 이는 그들이 제품 가격을 거의 통제하지 못한다는 것을 뜻한다.

이런 속성을 가진 기초소재 업종에서 경쟁우위를 획득하고 해자를 구축하는 데 관건이 되는 것은 상품을 경쟁자보다 낮은 비용으로 생산하는 능력이다. 세계적인 광상mineral deposit(유용한 광물이 다량 묻혀 있는 곳)의 소유, 저렴한 공급 원료(예를 들어 원유)의 확보, 매우 효율적인 생산 방법 등이 비용우위를 가능하게 하는 가장 일반적인 요인들이다. 일부 기초소재기업은 강력한 연구개발 파이프라인(개발 중인 제품라인)을 구축함으로써 혹은 고객 사업에 깊이 연루되어 높은 전환비용을 유발시킴으로써 해자를 만들어 내기도 한다. 그렇지만 불행히도 경쟁우위를 가져다 줄 수 있는 이런 요인들은 대개의 경우 지리적으로 제한된 곳에서만 확보가 가능하고, 궁극적으로는 경쟁자들에 의해 모방될 수 있다. 따라서 기초소재 업종의 경우, 〈그림 13-1〉처럼 일부 기업이 충분한 우위를 확보해 좁은 해자를 구축한다 해도 넓은 해자를 가진 경우는 매우 드물다.

상품제조업

철강, 알루미늄, 제지 제조사들을 포함하는 상품제조 회사들은 사회간접시설, 건물, 자동차, 주택용품 같은 최종 제품의 주요 부품이 되는 중간재나 완제품을 생산한다. 이 기업들은 채굴, 재활용, 수확되는 원자재를 정제, 제련, 가공해 필수 부품으로 대낭 생산한 뒤, 이를 주문자상표 부착 제조사(OEM), 건설업자, 제조업체 혹은 최종 소비자에게 판매한다.

상품제조사들의 경우에는 지속 가능한 원가우위가 가장 핵심적인 해자의 원천이다. 이런 기업들은 차별성 없는 상품들을 생산하기 때문에 다른 잠재적인 해자 원천—브랜드나 특허권, 전환비용, 네트워크 효과, 효율적 규모—은 거의 작용하지 않는다. 상품을 구입하는 고객에게는 가격이 왕이기 때문에, 시가보다 충분히 낮은 비용에 지속적으로 제품을 생산하는 능력만이 자본비용을 초과하는 수익을 올릴 수 있는 사실상 유일한 방법이다. 사업비용을 억제하기 위해 이 기업들은 보다 싼 원자재와 에너지를 확보하고, 제품 생산 과정에서는 효율적이고 현대적인 기술을 사용해야만 한다. 원자재자산 소유를 통한 원자재의 안정적인 확보만으로는—보다 나은 운전자본 관리와 품질 통제 같은 다른 혜택은 있을지 몰라도—충분하지 않다. 이렇게 확보한 자산 자체도 해자 원천이 되기 위해서는 저렴해야만 한다.

넓은 경제적 해자 등급을 주기 위해서는 장기적인 확신이 필요한데, 상품제조사들 경우에는 이런 장기적인 확신이 어렵다. 지질퇴적물에서 나오는 원자재들은 궁극적으로 고갈되게 마련이고, 따라서 상품제조사들은 지속적으로 새로운 원자재원을 찾아야 한다. 원자재가 재활용 자원인 경우, 초과수익이 20년 이상 지속 가능해 보여도, 최종 제품의 상품 특성으로 인해 진입장벽이 너무 낮아 새로운 경쟁자의 시장 진입을 막지 못할 가능성이 크다.

이런 상품제조사들에게는 해자 구축을 어렵게 하는 또 다른 요인도 몇 가지 있다. 예를 들어 이들은 시간이 가면 모든 생산장비와 생산 과정을 업그레이드해야 하는데, 이는 경쟁자가 저비용으로 유사한 설비에 투자하는 것을 가능하게 만든다. 또한 일부 상품 제조에서 정부가 가진 소유권과 일부의 경우 보이는 높은 영업레버리지를 감안할 때, 판매가가 생산비보다 낮을 때도 생산하는 고비용 업체가 존재하는 경우도 있다. 자본수익률이 아니라 생산을 극대화하는 것은 전체 산업의 경제적 이윤을 낮춤으로써 보다 저비용의 상품제조사조차 넓은 해자를 구축하기 어렵게 만든다.

이런 고유한 문제에도 불구하고 철강회사 뉴코Nucor는 분명한 비용우위를 통해 좁은 해자를 구축했다. 뉴코의 비용우위는 많은 부분

전기 아크로electric arc furnace(EAF)를 사용한 데 기인한다. 용광로에 비해 전기 아크로는 설치된 생산설비의 제품 단위당 투자비용이 적고, 에너지와 노동력도 훨씬 적게 소요된다.

뉴코는 또 직접환원제철direct reduced iron(DRI) 생산설비를 확대함으로써 비용을 관리하고 있다. 철강 생산에 DRI를 사용하면 다양한 방식으로 비용을 절감할 수 있다. 첫째, DRI는 녹일 필요가 없기 때문에, 고철로만 이루어진 공급 원료보다 낮은 온도에서 가공할 수 있다. 이는 뉴코의 철강 생산 현금 비용의 상당 부분을 차지하는 전기 비용을 절감해 준다. DRI를 낮은 온도에서 가공할 수 있기 때문에, 생산장비의 마모나 훼손도 덜하고, 따라서 유지 및 설비 교체 비용도 낮다. 또한 DRI 생산 과정에 사용되는 천연가스증기는 석탄증기보다 불순물이 적기 때문에, 뉴코는 선철을 활용하는 경쟁자들보다 강하고 품질 좋은 철강을 생산할 수 있다. 결과적으로 뉴코는 다른 전기 아크로 생산자들이 보다 제한된 제품 포트폴리오를 제공하는 반면, 매우 다양한 철강제품을 제조할 수 있다. 뉴코의 이런 다양한 제품 포트폴리오는 회사의 수입원 관련 변동성을 줄여줬고, 따라서 우리는 향후 예측 가능한 시기 동안 뉴코가 지속적으로 경제적 이윤을 창출할 수 있을 것이라는 보다 큰 확신을 갖게 되었다.

뉴코의 DRI 기반 생산 과정으로의 전환은 아직 초기 단계다. 그러므로 이 회사의 비용구조가 상당히 개선되었다는 보다 구체적인 증거를 확인한 후에야 넓은 해자 등급을 부여할 수 있을 것이다. 금융위기 이후, 뉴코는 경제적 이윤을 창출하기 위해 노력하고 있으며,

명백한 예상이 가능한 시기(5~10년) 동안은 경제적 이윤을 창출할 수 있겠지만, 20년 내에는 경쟁자들이 뉴코의 DRI 기반 생산 과정을 모방할 수 있을 것이다. 따라서 뉴코에는 좁은 해자 등급이 적절하다고 본다.

상품제조사들을 평가할 때의 핵심 고려 사항은 다음과 같다.

- 해당 기업의 생산비용과 자본비용이 낮은가? 이를 위해서는 제품 단위당 신규 생산설비 설치비용을 살펴봐야 하는데, 제품 단위당 감가상각, 마모 및 상각 비용(DD&A)을 그 대용지표로 사용할 수 있다.
- 해당 기업이 (현재와 같은 기술이나 지리적 위치를 점하지 않았으면) 쉽게 모방됐을 수도 있던 기술이나 지리적 위치의 혜택을 보고 있는가?
- 해당 기업이 상당한 유산비용 legacy cost(기업이 직원이나 퇴직자와 그 가족들을 위해 평생 부담하는 각종 연금과 의료보험료)을 부담하고 있거나, 재무상태표를 관리하는 데 어려움을 겪고 있는가? 이런 것들은 해자에 영향을 미치는 기본적인 요인은 아니지만, 회사의 재무 유연성을 줄이고 사업에 적절히 투자할 수 있는 능력을 훼손할 수 있다. 해당 기업의 자본적 지출이 그 기업의 감가상각비에 비해 혹은 경쟁기업에 비해 적어지고 있는 것은 아닌지 살펴봐야 한다.

상품가공업

　화학회사와 농산물회사 같은 상품가공회사는 천연자원 채굴 및 채취업체 혹은 기타 상품가공업체로부터 자원이나 상품을 넘겨받아 이것을 완제품 구성제품building blocks이나 다양한 산업의 완제품으로 쓰이는 제품을 생산해 내는 회사다. 가치사슬상 천연자원 채굴업체에 보다 가까운 상품가공회사는 기초적인 구성제품을 생산해 내는 경우가 많고, 천연자원 채굴업체에서 보다 멀리 떨어진 상품가공회사는 고객 주문에 맞춘 전문제품을 생산하는 경우가 많다.

　일반적으로 업스트림upstream 상품가공회사(가치사슬에서 천연자원 쪽에 가장 가까운 상품가공회사)는 차별성이 없는 제품을 생산한다. 예를 들면 에탄올을 에틸렌으로 분해하는 석유화학회사는 차별성이 없는 제품을 판매하는 업스트림업체다. 이런 형태의 상품가공회사는 상품제조사와 마찬가지로 비용우위가 가장 중요한 해자의 원천이 된다. 그러나 상품가공회사들은 자원을 땅에서 직접 채취하기보다는 공개시장에서 사는 경우가 많기 때문에, 장기적으로 이들의 비용우위는 지속되지 못할 가능성이 높다. 요컨대 바스프BASF 같은 소수의 상품가공회사만 지속적인 비용우위를 유지할 수 있는 우수한 생산 과정을 보유하고 있다(바스프의 경쟁우위에 대한 보다 자세한 내용은 아래에서 살펴볼 것이다).

　보다 전문화된 제품을 생산하는 다운스트림downstream 상품가공회사의 경우는 상황이 다르다. 전문제품은 장기적으로 항상 지속 가능하지는 않지만 이익률이 더 높은 경우가 많다. 전문제품 같지만—혹은 회사 경영진이 전문제품이라고 주장하지만—경쟁자가 쉽게 모방할 수 있는 제품은 아닌지 주의해야 한다. 특허권은 모방을 막는데 도움이 될 수 있으며, 일부 가공업체들은 특허기간 동안은 큰 수익을 창출할 수 있는 특허제품(무형자산) 포트폴리오를 보유한 혜택을 누리기도 한다.

전문제품을 가진 다운스트림 상품가공회사는 고객의 전환비용에 따른 혜택을 누릴 수도 있다. 일부 기업은 고객의 사업 과정에 깊이 연루됨으로써 고객이 경쟁제품으로 전환할 경우 많은 비용이 들도록 만든다. 또 일부 기업은 구매자(고객기업)에게 대규모 선행 자본투자에 대한 보상을 제공하고 그 과정에서 지역 독점을 구축할 수 있는 장기 현지 상품 계약을 맺음으로써 전환비용을 창출해 내기도 한다. 또 다른 기업은 잠재적인 신규 경쟁자가 상대적으로 작은 시장에 들어가려고 하지 않을 때 발생하는 효율적 규모의 혜택을 누리기도 한다.

이런 추가적인 잠재적 해자 원천에도 불구하고, 상품가공회사가 넓은 경제적 해자 등급을 받기란 여전히 어렵다. 장기적인 해자를 구축할 가능성이 가장 많은 기업은 모방하기 어려운 가공 과정이나 기술, 견실한 연구개발 파이프라인으로 지지되는 특허권 그리고 높은 전환비용을 유발하는 깊은 고객 관계를 가진 기업들이다.

화학그룹 바스프는 비용우위와 무형자산이라는 두 가지 원천으로 좁은 해자를 구축한 상품가공회사다. 우선 우리는 바스프가 화학제품 생산에 약간의 비용우위를 갖고 있다고 본다. 이 비용우위는 저렴한 원자재 확보로 구축된 것이라기보다는 바스프의 규모와 페어분트Verbund(시설 통합)라는 독특한 생산 과정에서 기인한 것이다. 바스프는 세계 여러 곳에 있는 회사의 거대한 화학생산단지들에 페어분트란 이름을 붙였으며, 유럽, 북미, 아시아에 각각 두 개씩 총 6개의 페어분트를 운영하고 있다.

이 단지들의 규모를 소개하자면, 독일 페어분트는 총 $10km^2$의 부지에 160개의 화학제품 생산플랜트가 있고, 3만 5,000명의 직원이 근무하고 있다. 서로 다른 여러 화학플랜트들을 가까이 모으고 생산을 수직적으로 통합함으로써 바스프는 운송비용과 에너지 소비는 줄이면서도 제품 생산량은 늘렸다. 예를 들어 한 플랜트의 부산물을 다른 플랜트의 재료로 사용하는 식이다. 이런 개념은 에너지 사용에도 적용된다. 요컨대 한 플랜트의 생산 과정에서 발생한 열은 인접 플랜트의 에너지로 사용될 수 있다. 바스프는 이런 페어분트 개념으로 연간 약 10억 유로의 비용을 절감하고 있다고 계산한다. 2012년 바스프의 영업이익이 약 67억 유로라는 것을 감안하면, 이는 상당한 비용 절감이다. 물론 다른 많은 화학회사도 개별 플랜트 수준에서는 규모의 경제를 만들어 내는 세계적인 설비를 운영하고 있지만, 한 곳에 수많은 플랜트를 모아 연결시키는 바스프의 페어분트 개념에 필적하는 곳은 거의 없다.

비용우위 외에도 무형자산이 바스프의 좁은 경제적 해자의 일부분을 이루고 있다. 지난 약 10년 동안 바스프는 보다 전문적인 화학제품으로 제품군을 변화시켰다. 전문 화학제품은 기초 화학제품보다 고객에게 더 큰 가격 결정력을 발휘할 수 있기 때문에, 이익률을 높여준다. 또한 바스프는 연구개발에 지속적으로 자금을 투입하고 있으며, 이를 통해 일반적으로 가격 결정력이 있는 특허제품들을 만들어 내고 있다.

이런 이점에도 불구하고, 우리는 바스프에 넓은 해자 등급을 주기를 주저했다. 그 이유는 바스프의 페어분트라는 규모의 이점이 보다 장기적으로 볼 때 충분히 모방 가능하다고 생각했기 때문이다. 궁극적으로 다른 기업의 대규모 화학단지들이 전 세계적으로 충분히 건설되면, 바스프의 비용우위도 약화될 것이다. 우리는 이런 일이 미래에 충분히 가능하다고 믿지만, 그럼에도 불구하고 바스프가 좁은 경제적 해자는 가졌다고 본다.

상품가공회사를 분석할 때 기억해야 할 핵심 고려사항은 다음과 같다.

- 해당 기업이 저비용의 자원을 지속적으로 확보할 수 있는가? 한 기업이 지역적으로 결정된 가격 덕분에 보다 싼 자원을 획득하는 일시적인 비용우위를 누릴 수는 있지만, 이런 비용우위는 장기적으로는 지속 가능하지 않다.
- 해당 기업이 매우 전문적인 제품을 생산하거나 독자적인 생산 과정을 가지고 있는가? 다른 기업이 이 기업의 제품이나 생산 과정을 모방할 수 있는지 확인해야 한다. 수십 년이 지나도 경쟁자가

해당 기업의 비법을 파악하지 못했다면, 해당 기업은 해자를 가졌을 가능성이 높다. 독자적인 생산 과정도 비용우위를 가져올 수 있다.
- 해당 기업의 연구개발 노력이 특허제품 포트폴리오로 이어지고 있는가? 해당 기업의 제품 포트폴리오와 연구개발 파이프라인을 평가해야 한다.
- 해당 기업이 전문 제품이나 유통모델을 통해 전환비용을 창출하고 있는가? 전환비용과 관계된 지속적인 가격 결정력이 있는지는 물론이고, 그 기업과 고객 간의 상호작용은 어느 정도인지, 잠재적인 지리적 이점이 있는지 확인해야 한다.
- 해당 기업 내에서 해자 가치가 있는 사업은 어떤 것인가? 대형 상품가공회사에는 지속가능한 경쟁우위를 가진 사업과 그렇지 못한 사업이 혼재된 경우가 많다.

금속 및 광산업

일반적으로 금속 및 광산업의 경쟁우위는 지질에 달려 있다. 세계적인 자원매장지는 독보적인 자산이 되며, 유리한 지질은 동일 산업의 다른 업체들에 비해 유리한 지위를 가져다준다.

일반적으로 지질 평가에는 클수록 좋고, 품질이 좋을수록 이윤도 크며, 복잡한 가공이 필요하면 비용이 증가한다는 세 가지 경험 법칙이 적용된다.

첫째, 크기—대규모 광물층이나 대형 채취장의 형태로 본 크기—가 규모의 경제를 가져다준다. 수백피트나 되는 두꺼운 광맥을 채굴하는 광산업체가 있는 반면, 1피트도 안 되는 얇은 광맥을 채굴하는 업체도 있다. 다른 조건이 동일하다면 전자가 더 좋다. 둘째, 고품질의 광상(매장층)은 원하는 광물 한 단위를 얻기 위해 제거해야 할 암석의 양이 더 적다는 것을 의미한다(광상의 품질은 암석 단위당 금속의 집중도로 측정한다). 마지막으로 가공에 필요한 조건도 암석에서 실제로 추출할 수 있는 금속의 양을 결정한다(이는 금속공학적 문제에 속한다).

이 세 요인은 모두 생산물 한 단위를 생산하는 데 어느 정도의 노력이 필요한지를 계산하는 방정식을 구성하며, '총비용 ÷ 생산물'의 방정식에서 분모인 생산물의 양이 (단위당 비용을 좌우하는) 매우 중요한 요인이 된다. 간단히 말해 상당한 매장량, 높은 품질, 금속공학적으로 간단한 가공 조건을 가진 지질을 찾아야 한다. 그러나 또 염두에 두어야 할 것은 광상 취득비용이다. 광산업체가 정부로부터 광상을 취득하든 다른 회사 인수를 통해 광상을 취득하든, 너무 비싼 값을 지불하면 취득한 광상이 아무리 좋아도 경제적 해자를 파괴할 수도 있다.

캐나다 서스캐처원 주의 광산회사 포타시코프Potash Corporation는 저렴한 칼리(칼륨비료 원료) 자산을 보유한 데다 신규 광산 개발에 소요되는 엄청난 자본비용 때문에 구축된 높은 진입장벽 덕분에 넓은 경제적 해자를 갖게 된 극소수의 기초소재기업 중 하나다. 포타시코프는 칼리 비용곡선 하단에 있기 때문에 미래에 칼리 가격이 생산 한계비용에 근접해도 이윤을 창출해 낼 수 있다. 이렇게 평균보다 낮은 비용은 포타시코프가 보유한 캐나다 광산의 우수한 지질, 특히 그 규모에서 비롯된 것이다.

평균 이하의 현금비용 외에도 포타시코프는 칼리시장의 진입장벽에 따른 혜택도 누리고 있다. 경제적으로 경쟁력 있는 광산은 지구의 매우 적은 지역에서만 발견되는데, 캐나다, 러시아, 벨라루스가 주요 생산지역에 속한다. 포타시코프가 하는 기존 광산의 확대 개발은 신규 광산 개발보다 톤당 훨씬 낮은 비용으로 이루어진다. 신규 광산 개발프로젝트의 경우, 프로젝트 완료와 정상 가동까지 7년 이상이 소요될 수 있기 때문에 신규 진입자에게는 상당한 진입장벽이 존재한다.

마지막으로 현재 생산 수준을 기준으로 할 때 포타시코프가 보유한 칼리광산들의 생산연한이 65년에서 85년에 걸쳐 있기 때문에, 포타시코프는 향후 오랫동안 계속 칼리를 생산할 수 있을 것이다. 이렇게 긴 생산연한과 튼튼한 영업 및 자본 비용 구조를 감안해 우리는 편한 마음으로 포타시코프에 넓은 해자 등급을 줄 수 있었다.

금속 및 광산기업을 분석할 때의 핵심 고려사항은 다음과 같다.

- 해당 기업이 유리한 특성을 지닌 광상이나 기타 천연자원을 보유 혹은 통제하고 있는가? 광상의 품질, 박토비(생산되는 광물량 대

비 제거되어야 할 폐석량 비율)나 제거해야 할 상부 퇴적물, 채굴 방법, 가공의 필요성, 회수율(매장량 대비 실제 채취량의 비율) 같은 구체적인 내용들을 확인해야 한다. 보유 광상이나 기타 천연자원이 고품질이라 해도, 그것이 얼마나 희귀한지, 아니면 흔한지도 확인해야 한다.

- 해당 기업이 규모의 경제 혜택을 누리고 있는가? 어떤 비용이 고정비용이고, 따라서 레버리지 효과는 어느 정도인가(고정비 비중이 클수록 매출 변동에 따른 이익 변동이 크다. 이를 레버리지 효과라 한다)? 동일 산업 내 다른 업체들보다 생산 능력이 우수한 개별 생산자산을 보유한 기업은 생산량을 늘려도 고정비는 별로 증가하지 않는 혜택을 누릴 수 있으며, 이는 제품 단위당 생산비용을 낮춘다. 지리적으로 작은 지역에 대규모 생산 능력을 보유함으로써 개별 생산자산들이 밀접히 통합되어 단일 공장이나 광산처럼 비용과 자산을 서로 나눌 수 있으면, 규모의 경제를 만들어 낼 수도 있다.

- 해당 기업이 낮은 운송비용 혜택을 누리고 있는가? 총비용이나 제품 가격 대비 운송비는 얼마인가? 운송비용은 매우 중요한 요소이기 때문에 고객과 가장 가까운 곳에 위치한 생산자는 고객으로부터 멀리 떨어진 경쟁자에 비해 상당한 비용우위를 가질 수 있다.

- 해당 기업이 유리한 혹은 불리한 정권의 등장에 영향을 받는가? 해당 기업이 동일 산업 내 다른 업체들보다 높은 로열티나 세금

을 지불하고 있는가? 미래에 보유 광산이나 천연자원이 부분 혹은 전면 수용될 리스크는 어느 정도인가? 반대로 해당 기업이 지속 가능한 비용우위를 유지하는 데 정부가, 예를 들면 진입장벽을 통해 도움을 주고 있는가? 유리한 천연자원 보유로 창출되는 경제적 이득이 정부 대신 당연히 상장기업 주주들에게 귀속되는 것은 아니다. 기업이 천연자원 개발에 자본을 지출했지만 정작 생산이 시작된 후, 보통은 개발 과정에서 합의된 것보다 많은 세금이나 로열티가 부과됨으로써 게임 룰이 바뀌는 경우가 종종 있다. 이는 생산자에게 보다 높은 비용을 유발시킴으로써 천연자원 기반 우위나 운송비용 우위를 상쇄시킬 수 있다. 한편 소중한 자산을 정부가 노골적으로 수용할 수도 있다. 이런 리스크가 크면, 우리는 좁은 혹은 넓은 해자 등급을 주기를 주저할 수밖에 없다.

14 에너지

대체에너지와 재생에너지에 대한 관심이 커진 지금도 글로벌 에너지산업은 여전히 화석연료에 집중되어 있다. 석유와 천연가스의 발견, 추출, 가공, 유통을 목표로 하는 기업들이 이 산업을 지배하고 있다.

당연히 상품가격이 에너지산업에 큰 영향을 미친다. 에너지 업종은 수요와 공급의 작은 변화도 상품 가격과 회사의 단기 수익에 큰 영향을 미치는 경기에 매우 민감한 업종이다. 그러나 경기 고점과 저점은 오래 가지 않는 경향을 보이며, 이런 특징은 에너지 업종에

〈그림 14-1〉 에너지 업종의 경제적 해자 특성

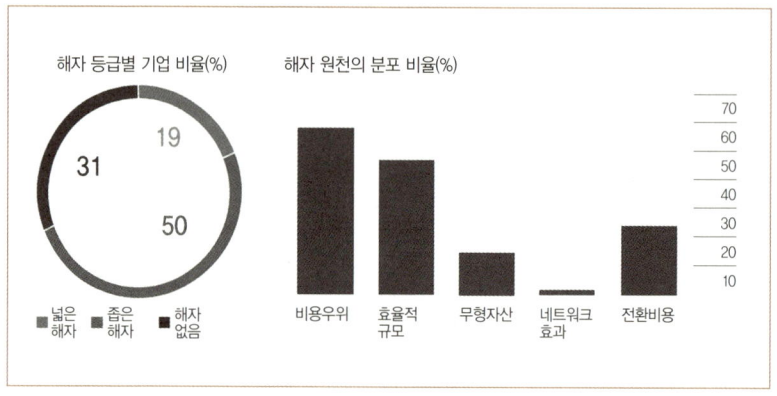

자료 : Morningstar

투자할 때 유념해야 할 사항이다.

　상품가격에 매우 큰 영향을 받는 에너지 업종에 속한 기업이 장기적인 해자를 만든다는 것은 결코 쉬운 일이 아니지만 그렇다고 불가능한 일도 아니다. 사실 해자를 가진 에너지기업도 꽤 존재한다. 그러나 해당 에너지기업의 유형에 따라 해자의 모습도 매우 다르다. 예를 들어 고객 입장에서 볼 때 다른 고려사항보다 가격이 가장 중요한 에너지 굴착업체들 사이에는 해자가 매우 드문 반면 적지 않은 수의 에너지 탐사 및 생산업체exploration and production(E&P)와 정제업체들은 비용우위를 통해 좁은 해자를 구축할 수 있었다.

　〈그림 14-1〉에서처럼 비용우위는 에너지 업종의 가장 일반적인 해자 원천이다. 에너지 탐사 및 생산업체들은 매장지 수명이 길고, 수년간 시추탐광이 가능하며, 경제성이 좋은 원유와 가스 자산을 개

발함으로써 비용우위를 구축한다. 에너지 정제업체들은 저가의 원유, 낮은 영업비용 그리고 정제 제품 수출 능력을 확보함으로써 글로벌 경쟁자들에 대해 비용우위를 획득할 수 있다.

에너지 업종에서 넓은 해자가 가장 많이 발견되는 분야는 원유와 가스의 수송을 담당하는 미드스트림 파이프라인 기업들midstream oil and gas pipeline companies인데, 이들은 보통 효율적 규모를 통해 해자를 구축한다. 기존의 원유 및 가스 수송 파이프라인의 경우, 규제와 경기가 경쟁을 제한하는 경향이 있다. 그리고 신규 파이프라인 프로젝트의 경우에는 경쟁이 극심해질 수는 있지만 (그런 경쟁이) 합리적인 경향을 보이기도 하는데, 그것은 수년 동안 많지는 않아도 지속적인 자본수익률이 예상되는 장기 계약이 이루어지기 때문이다.

석유 및 가스 굴착업

석유 및 가스회사들에 일급(한 굴착 계약의 총비용을 계약일 수로 나눈 것) 기준으로 굴착장비, 굴착 인력, 굴착 관련 서비스를 제공하는 석유 및 가스 굴착회사는 해자가 없는 게 보통이다. 굴착회사는 고객기업이 굴착회사를 결정할 때 굴착회사의 서비스 품질, 사업 및 기술 전문성, 장비의 적합성과 이용 가능성, 명성 그리고 안전사고 이력 같은 무형자산도 고려하지만 가격을 가장 먼저 고려하는 매우 힘든 환경 속에서 사업하고 있다.

굴착장비에 대한 수요는 가까운 미래의 석유 및 가스 상품 가격에 대한 고객의 기대와 그 프로젝트의 예상 경제성에 의해 결정된다. 반면에 굴착장비의 공급은 신규 장비 설치 가격, 자본시장에 대한 접근 능력, 인력의 이용 가능성, 개별 굴착회사의 작업단 필요성fleet needs 등에 의해 결정된다. 수요와 공급의 결정 요인이 다르기 때문에 수요와 공급 사이에 미스매치(불일치)가 자주 발생하는데, 이는 이 산업을 한 경기주기 동안 일급이 50% 이상 변할 수 있는 경기에 매우 민감한 산업으로 만들었다.

어려운 산업역학에도 불구하고 최대 규모의 국제 굴착회사들은 작은 경쟁자들에 대해 상당한 경쟁우위를 누리고 있지만, 규모가 그들에 근접한 주요 경쟁자들에 대해서는 작업단 규모와 구성이 비슷하기 때문에 경쟁우위가 매우 제한적이거나 아예 없기도 하다. 그러나 일반적으로 이런 경쟁우위도 진입장벽이 더 낮은 보다 파편화된 국내 굴착회사들에는 적용되지 않는다. 규모가 보다 큰 굴착작업단을 운영함으로써 국제적인 주요 굴착회사들은 수십 년간 지속되는 프로젝트 기간 내내 유지되는 재무 안정성, 신규 장비와 숙련공들을 잘 조화시키는 능력, 고객의 요구에 부응하는 보다 많은 장비 옵션은 물론, 강력한 명성과 우수한 안전 실적을 포함한 몇 가지 무형자산을 확보할 수 있다. 이런 형태의 전문성을 모방하기는 어려운데, 그것은 초심해 굴착장비를 설치하기 위해서는 수년의 기간에 7억 5,000만 달러까지 비용이 들 수 있고 관련 숙련공도 부족하기 때문이다.

항상 노후화되는 자산 기반과 매우 경쟁적인 시장 때문에 굴착회사가 넓은 해자를 확보하기란 극히 어렵다. 숙련공의 총가치는 그에 맞는 선진 굴착장비를 통해서만 충분히 활용될 수 있으며, 심해기술은 빠르게 발전하고 있다. 때문에 굴착장비의 사용연한이 30년이라 해도 선진 굴착장비로서의 사용연한은 그보다 훨씬 짧다. 따라서 초과수익이 있더라도 그 지속성은 불확실하다. 더욱이 고도로 통합된 시장구조는 대형 굴착회사들간의 경쟁을 격화시키고 있으며, 이는 우리가 해자 등급을 부여하는 데 필요한 확신을 갖기 어렵게 만들고 있다.

트랜스오션Transocean은 보통 1만 피트 이상의 깊이를 굴착해야 하는 초심해 굴착 분야에서 확보한 전문성을 통해 이런 불리함을 극복하고 좁은 해자를 구축한 기업이다. 초심해 굴착의 일간 운영비가 100만 달러를 넘을 수 있기 때문에, 계획에 없던 굴착작업 정지 시간을 줄이는 능력은 고객의 입장에서 볼 때 매우 가치 있는 것이다. 트랜스오션은 가장 근접한 경쟁자들이 보유한 것보다는 두 배나 많은 심해 굴착장비를 보유하고 있으며, 경험도 가장 풍부하다. 이런 만만치 않은 굴착시장에서 트랜스오션은 그 전문성을 통해 프리미엄 가격의 일급을 부과할 수 있게 되었다.

또한 신규 굴착장비 구축에 필요한 막대한 시간과 자금 때문에 경쟁자들이 규모 및 경험 측면에서 트랜스오션과의 격차를 좁히기 어려울 것으로 보인다. 경쟁자들이 기업 합병을 통해 트랜스오션의 심해 굴착시장 지배력에 도전한다고 해도, 트랜스오션은 업계 최고의 굴착기술을 선도하고 있으며 보유한 여러 기술에 대해 이미 특허를 받아 놓은 상태이기 때문에 앞으로도 계속 일정한 우위를 유지할 수 있을 것이다.

굴착회사를 평가할 때 유념해야 할 다른 몇 가지 고려사항은 다음과 같다.

- 프리미엄 자산 기반—이 경우에 심해 굴착장비—이 얼마나 큰가? 전문적인 심해 굴착장비를 많이 보유하고 있으면, 안정적인 수입을 확보할 수 있고 모방하기 힘든 굴착 전문성을 보유하고 있다고 볼 수 있다.
- 해당 굴착회사의 (만약 있다면) 굴착장비 설치 계획의 규모와 내용은 어떠한가? 장비 비용, 사용되는 작업장, 인도 시기, 계약 상황, 다른 추가적인 장비 옵션은 있는지 등의 요인을 신중히 살펴보는 것이 굴착회사를 평가하는 데 도움이 된다.
- 재무 상태(자산, 부채, 자본 상태)는 어떠한가? 해당 굴착회사가 부채나 자본을 어떻게 이용하고 있는가? 굴착회사의 차입 수준과 마스터합자회사master limited partnership 같은 특별한 방식의 자금 조달은 향후 굴착장비 주문 추세에 대한 통찰을 제공하고, 따라서 해당 굴착회사의 프리미엄 자산 기반 구축 능력 및 경제적 이윤 확보 능력을 평가하는 데 도움이 될 수 있다.

에너지 탐사 및 생산업

에너지 탐사 및 생산기업이란 에너지 매장지에서 상품(석유나 가스)을 채굴할 권리를 가진 회사를 말한다. 이들은 원유와 가스 매장지를 찾고, 유전과 가스전을 개발하며, 원유와 가스를 상품으로 생산해 판매한다.

에너지 탐사 및 생산기업에게는 비용우위가 경제적 해자의 주 원천이 될 수 있다. 이들은 많은 경우 대체 가능성이 큰 비차별적 상품을 생산하고 있기 때문에, 이를 시가보다 훨씬 낮은 비용으로 생산하는 능력만이 현실적으로 경제적 이윤을 창출할 수 있는 유일한 방안이 된다. 지리적 특성은 추출비용을 결정하는 가장 중요한 요인이다. 극단적으로 단순화해 말하면, 에너지 탐사 및 생산기업은 암석 단위당 보다 많은 자원을 지표면에 보다 가까운 곳에서 그리고 보다 두껍고 큰 광맥에서 획득해야 좋다.

넓은 해자 등급을 받은 에너지 탐사 및 생산기업은 매우 드물다. 이들은 지리적 매장자원―궁극적으로 고갈되는 유한자원―에 의존하고 있으며, 성장은 고사하고 기존의 생산 수준이라도 유지하기 위해 결국은 또 다른 매장지를 찾거나 획득한 후 이를 개발해야 한다. 넓은 해자를 받을 수 있는 유일한 후보 기업들은 향후 수십 년 동안 현재 보유하고 있는 매장지나 매장자원을 기초로 생산 수준을 유지할 수 있는 수명이 긴 매장지를 보유한 저비용 생산자들이다. 우리로부터 좁은 해자 등급을 받기 위해서는 실질적인 가치파괴 위협이 없는 상태에서 최소한 10년 동안은 초과 이윤이 가능해야 한다. 이 때문에 해당 기업이 확보한 매장지가 아무리 매력적이라 해도 미래의 수익이 해당 지역의 당대 권력자들에게 흘러들어갈 수도 있는 정치적으로 위험한 지역에서 사업하는 에너지 탐사 및 생산기업의 경우 넓은 해자를 받기가 사실상 불가능하다.

레인지 리소스Range Resource는 좁은 해자를 구축한 에너지 탐사 및 생산기업의 좋은 예다. 텍사스 주 포트워스를 근거지로 하는 레인지는 에너지 탐사 및 생산업에서 중요한 세 가지 차원의 자산의 질—자원의 잠재력(이용 가능한 굴착지 수와 각 굴착지의 채굴 가능한 탄화수소 즉 에너지 자원의 양), 단위당 생산비용(생산비용으로는 로열티, 리스 비용, 굴착 및 작업 완료 비용, 자원 추출 비용, 세금 등이 고려되어야 한다), 실현된 가격(상품으로 생산한 석유와 가스의 구성비는 물론이고, 지역적 차이에 따른 영향도 받는다)—에서 경쟁자들보다 우수한 경쟁력을 보유하고 있다. 레인지는 건성가스와 액상가스 생산 모두를 목표로 하고 있는 펜실베이니아 마르셀루스의 셰일 매장지에서 20년 이상 굴착 가능한 굴착지를 보유하고 있다. 이 매장지는 낮은 운영 및 개발 비용, 미국 북동부 고객에 대한 근접성에 따른 유리한 가격 차별성, 생산성 있는 다수의 매장지를 개발할 수 있는 잠재력, 그리고 향후 수년간 계획된 인프라 확충에 기초해 상품을 매우 수월하게 시장으로 운반할 수 있다는 점 등을 특징으로 한다. 이 지역의 초기 업체이자 상당한 규모를 갖춘 레인지는 낮은 로열티, 폐쇄적인 매장지 위치, 관련 서비스업체 및 수송 파트너들과의 견고한 관계 등에서도 혜택을 누리고 있다.

　에너지 탐사 및 생산기업을 평가할 때 유념해야 할 다른 몇 가지 고려사항은 다음과 같다.

- 에너지 탐사 및 생산기업에서 비용우위를 찾을 때는 해당 기업의 현재 비용뿐 아니라 미래 비용도 이해해야 한다. 미래의 비용을 예상할 때는 리스비용, 허가비용, 서비스 및 장비 제공업자에 대한 모든 지불금, 개발비용, 생산비용, 로열티 등을 포함한 모든 관련 비용을 고려해야 한다. 또 일시적으로 상품가격을 인상시키거나 인하시키는 공급 및 수요 충격은 배제하고, '정상적인' 환경을 반영한 가격 전망을 사용하는 것이 제일 좋다. 가격의 경우, 어떤 세계적인 벤치마크 가격이 아니라 해당 기업이 생산하는 동안 실제로 획득한 실현 가격이 중요하다. 이런 실현 가격은 제품 품질, 가공 필요성, 수송 거리, 인프라 수준에 따라 다를 수 있다.
- 해당 기업의 자본비용이 낮은가? 단위당 탐사 및 개발비용을 고려해야 한다. 이때 단위당 감가상각비용, 마모비용, 상각비용이 대용지표로 사용될 수 있다. 석유와 가스의 경우, 개발되지 않은 매장지가 분모(단위당 비용 방정식, 즉 '총비용 ÷ 생산물'에서 생산물)에 포함되었는지 각별한 관심을 가져야 한다. 개발되지 않은 매장지는 이미 증명된 개발된 매장지에 비해 가치가 적고 개발에 더 많은 비용이 소요되기 때문이다.
- 해당 기업의 생산비용이 낮은가? 생산비용은 현금비용cash costs이

라고도 할 수 있다.
- 투하자본수익률을 살펴볼 때 보통 우리는 분모(투하자본수익률 공식, 즉 '이자 차감 전 영업이익 ÷ 투하자본'에서 투하자본)에 영업권을 포함시킨다. 해당 기업이 주주를 위한 경제적 이윤을 창출할 능력이 있는지 평가할 때 자원획득비용도 고려해야 하기 때문이다.

석유 및 가스 운송업

석유 및 가스 운송회사는 천연가스, 천연가스액(천연가솔린), 원유, 정제품 등을 가공, 수송, 저장하는 일에 종사하는 기업을 말한다(이를 미드스트림midstream이라고 한다). 이런 미드스트림업체들이 해자를 구축하는 방법은 다양하지만, 효율적 규모가 가장 지배적인 해자의 원천이 된다. 신규 프로젝트를 둘러싼 미드스트림업체들 간의 경쟁이 극심함에도 불구하고 일단 파이프라인 서비스를 개시하면 초과수익을 얻는 것이 보통이다. 신규 파이프라인이 필요하다는 분명한 경제적 주장이 제시되지 못하는 한 경쟁 파이프라인의 건설을 억제하는 경향이 있는 규제감독 및 시장역학 덕분에 장거리 파이프라인은 본질적으로 해자형 자산이 된다. 경쟁자가 신규 파이프라인 설치 허가를 받은 후에도 기존 파이프라인이 더 유리한데, 그것은 경쟁자가 신규 수송권을 확보하고 새로운 파이프라인을 건설하는 것보다 기존 업체가 펌프나 컴프레션을 통해 수송 능력을 늘리거나 기존 파이프라인과 동일한 수송권을 사용하는 병행 파이프라인을 추가 설치하는 것이 더 용이하기 때문이다. 미드스트림업체들은 석유나 가스의 수송을 원하는 선적자와의 장기 계약을 통해 프로젝트의 경제성을 확정한 후에 신규 프로젝트 공사에 착수함으로써 최소한 프로젝트 및 자본비용 회수는 보장받고 장기적으로는 초과수익 가능성까지 확보하려고 한다.

단일 파이프라인도 매력적이기는 하지만 복수의 생산지역에서 공급받아 복수의 소비시장으로 수송하는 복수의 파이프라인망이 훨씬 가치 있다. 위치나 시간으로 인해 발생하는 가격 차이는 미드스트림업체들의 이익에 영향을 미치는 중요한 요인이 될 수 있다. 이들은 자신들의 전 수송망에 걸쳐 석유나 가스의 흐름을 최적화함으로써 지리적 가격 차이를 억제하면서 생산자나 최종 소비자의 요구에 부응할 수 있다. 또 이들은 수송망에 연결된 저장시설을 이용함으로써 시간적 가격 차이를 억제할 수도 있다. 미드스트림업체의 자산은 높은 고객 전환비용의 혜택도 누린다. 미드스트림 자산을 이용하는 석유와 가스 생산회사들(업스트림upstream이라고 한다)에게는 이 자산 말고는 다른 대안이 거의 혹은 전혀 없는 것이 일반적이기 때문이다.

우리가 분석한 미드스트림 파이프라인기업 대부분은 사실 넓은 경제적 해자를 보유하고 있었다. 상대적으로 규모가 작은 기업은 밀접하게 통합된 자산을 보유한 보다 큰 기업에 비해 경쟁력이 떨어지는 경향을 보이는데, 그것은 규모가 큰 기업일수록 가격과 서비스에서 보다 효과적으로 경쟁할 수 있기 때문이다. 미드스트림 가치사슬 상의 여러 연결점에 걸쳐 서비스를 제공할 수 있는 기업은 특히 유리한 입장에 있다. 예를 들면 복수의 시장을 대상으로 생산 에너지 수집 시스템gathering system, 가공플랜트, 천연가스 파이프라인 시스템을 운영하면서, 가공플랜트와 다운스트림시장downstream markets(에너지의 정제, 판매 관련 석유화학제품 생산시장)을 연결하는 엔터프라이즈 프로덕트Enterprise Products 같은 회사는 천연가스를 단순 수집, 가공하는 리젠시 에너지Regency Energy 같은 회사보다 수수료 수입을 올릴 기회가 훨씬 많다. 가치사슬을 따라 통합이 이루어지면 파이프라인 망 전반에 걸쳐 능력 활용도도 높아진다. 이 때문에 우리는 보다 크고 수직적으로 통합된 미드스트림업체에 넓은 경제적 해자를 부여하는 경향이 있다.

석유 및 가스 미드스트림업체를 평가할 때 유념해야 할 다른 몇 가지 고려사항은 다음과 같다.

- 해당 기업이 현재 초과수익을 실현하고 있는가? 해당 기업이 지리적으로 혹은 가치사슬 전반에 걸쳐 내부적으로 연결된 자산 네트워크를 보유하고 있는가?
- 해당 기업의 자산들이 서로 얼마나 보완적인가? 해당 기업이 미드스트림 가치사슬 전반에 걸쳐 통합을 이루고 있는가? 해당 기업이 사업하고 있는 각각의 연결점에서 초과이윤을 창출할 수 있는가?

- 추가적인 자본적 지출은 어디로 흘러가고 있는가? 해당 기업이 다수 자산들의 취급량을 증가시키는 프로젝트에 효율적으로 자본을 사용할 수 있는가? 해당 기업의 투자가 해당 지역에서의 경쟁력을 강화하거나 신규 시장이나 지역으로 전략적 진입을 하는 데 도움이 되는가?

정유산업

정유회사는 원유(산업용어로는 공급원료feedstock)를 가솔린, 디젤, 제트연료처럼 사용 가능한 제품으로 전환시키는 사업을 한다. 정유업은 제품간 차별성이 전혀 없고 투입이나 산출 비용에 대한 통제를 거의 할 수 없는 매우 경쟁적인 산업이고, 따라서 비용우위적 공급원료라고 하는 할인가의 원유를 확보하는 것이 정유회사가 가질 수 있는 가장 가치 있는 경쟁력이 된다.

일반적으로 이런 경쟁우위는 두 가지 경로로 확보할 수 있다. 하나는 원유 생산지와 가까이 있거나 판로가 막힌 원유를 확보하는 것이다. 이를 통해 정유회사는 국제적인 벤치마크 가격보다 할인된 가격에 원유를 확보할 수 있고, 그럼으로써 이윤을 높일 수 있다. 다른 하나는 보다 가공하기 쉬운 경질輕質의 저유황 원유light, sweet crude보다 싼 가격에 거래되는 품질이 낮은 중질重質의 고유황 원유heavy, sour crude를 매우 복잡한 과정을 거쳐 제품으로 가공해 내는 능력을 확보하는 것이다. 첫 번째 형태의 경쟁우위는 확보하기가 더 힘든데, 그것은 할인 가격을 만들어 내는 상황을 정유사가 통제할 수 없기 때문이다. 두 번째 형태의 경쟁우위는 확보하기가 보다 용이하지만 일반적으로 정유회사의 상당한 투자가 필요하다. 결과적으로 경쟁우위를 실현하는 데 필요한 생산 능력 업그레이드에 대한 투자가 상대적으로 부족하다는 점을 감안했을 때, 첫 번째 형태의 경쟁우위가 더 낫고 더 높은 수익을 올릴 가능성도 있다.

정유회사들은 그 자체로는 해자를 만들어 내기에 불충분하지만 기존의 해자를 강화시킬 수는 있는 다른 몇 가지 경쟁우위를 가질 수도 있다. 첫째, 정유회사는 경쟁자보다 낮은 운영비용을 실현할 수 있다. 이는 현금 운영비용의 거의 50%를 차지하기도 하는 국내 천연가스 가격이 상대적으로 저렴해서 (다른 나라의) 경쟁자보다 낮은 에너지비용을 지출함으로써 확보되는 경우가 가장 많다. 둘째, 수출 능력을 가진 정유회사들은 국내시장에서만 사업하는 정유회사들보다 높은 가격을 받고 수출함으로써 혹은 설비가동률을 더 높여 배럴당 고정비용을 낮추면서 이윤을 개선할 수 있다. 마지막으로 주유소 같은 판매 및 유통 자산을 보유한 정유사들은 제품 판매 경로를 확보함으로써 수요가 감소하거나 공급이 과잉인 시장에서도 경쟁자보다 높은 설비가동률을 유지할 수 있다.

할인가 원유를 지속적으로 확보할 수 있는지에 대한 의문 때문에 정유사들은 일반적으로 넓은 해자 등급을 받기가 어렵다. 끊임없이 변하는 국제 석유시장의 성격을 감안할 때, 현재 확보한 할인가 원유를 지속적으로 확보할 수 있을지, 미래에 다른 곳에서 할인가 원유가 나타날지를 알기란 쉽지 않다. 따라서 정유사의 비용우위 공급원료(할인가 원유) 확보와 그에 따른 초과수익이 10년 혹은 20년 동안 지속 가능할지 판단하기도 어렵다.

예를 들면 새로운 석유 매장지를 개발한 초기에는 수송 수단의 부족으로 생산물을 할인가에 판매해야 할 수도 있다. 그러나 대부분의 경우 수송 수단은 신속히 출현하며, 이로 인해 가격은 국제 벤치마크 가격 수준으로 올라가고 할인율은 낮아지게 된다. 결과적으로 할인가 원유를 지속적으로 확보하고 해자를 만들어 내기 위해서는 수송 수단의 부족이란 요인보다 지속 가능하거나 예측 가능한 다른 뭔가가 필요한 경우가 많다. 이를테면 좁은 경제적 해자를 얻은 미국 정유사들은 정부의 원유 수출 금지 조치로 할인가 원유를 확보하는 데 유리한 위치에 있다. 더욱이 신규 정유시설을 건설하는 데 소요되는 비용과 정부의 허가 규제로 인해 진입장벽이 구축된 덕분에 미국의 모든 정유사가 경쟁우위를 유지할 수 있는 효율적 규모도 작용하고 있다.

발레로Valero는 공급원료 우위를 통해 좁은 해자를 구축한 좋은 예다. 발레로의 15개 정유시설 시스템은 경쟁자보다 복잡한데, 발레로는 이를 통해 저품질의 공급원료를 높은 가치를 가진 제품으로 가공하고 있다. 공급원료의 약 2/3를 비용우위(저가의) 원유나 잔여물로 충당함으로써, 발레로는 경쟁자보다 낮은 수준의 원료비용을 지출한다. 결과적으로 발레로는 지금까지 경쟁자들보다 높은 이익률을 기록해 왔다. 또한 발레로는 업계 최대의 수출업자이기도 한데, 이는 발레로의 해자를 더욱 강화시키고 있다.

정유사를 평가할 때 고려해야 할 핵심 질문은 다음과 같다.

- 해당 정유사가 비용우위 공급원료를 확보하고 있는가? 해당 정유사가 생산지 근접성, 판로가 막힌 원유의 확보 혹은 저품질 원유 가공 능력을 통해 저가의 원유를 가공함으로써 경쟁자보다 높은 이익률을 올릴 수 있는지 확인해야 한다.
- 경쟁우위를 위해 상당한 투자가 필요한가? 품질이 낮은 저렴한 원유 가공시설을 업그레이드하는데 투자하면, 품질이 낮은 중질의 고유황 원유를 지속적으로 낮은 가격에 확보하는 것이 해당 정유사의 수익을 좌우하게 될 것이다. 이런 식의 노력으로 실현한 이익률의 상승이 충분하지 않으면, 그 투자는 경제적 수익을 창출하지 못할 수 있고, 그러면 해당 정유사는 해자를 구축할 수 있는 초과수익을 창출하지 못할 수도 있다.
- 정유사의 저가 원유 확보 혹은 비용우위가 지속 가능한가? 해자는 지속 가능한 초과수익을 창출하는 능력에 달려 있다. 정유사의 비용우위가 지속 가능하지 않으면 해자는 불가능하고 시장의 힘market forces이 그 우위를 금방 무력화할 수도 있다. 이는 지속 가능성을 확보하기 위해서는 정부 규제처럼 시장이 효율적으로 작동하지 못하게 만드는 뭔가가 필요하다는 것을 의미한다.

통합 석유가스산업

 기본적으로 석유 및 가스 탐사와 생산 그리고 정유 과정을 결합한 통합 석유가스회사의 경우, 해자의 주 원천은 저비용 혹은 경제적으로 유리한 자원 기반(생산 과정의 업스트림upstream 부분이라고 한다)이다. 이보다 훨씬 정도가 덜하기는 하지만 해당 기업의 정유 및 화학 자산(생산 과정의 다운스트림downstream 부분이라고 한다)에서도 해자가 나올 수 있는데, 이는 공급원료의 비용우위와 효율적 규모의 혜택 때문일 수 있다. 따라서 통합 석유가스회사는 자신의 업스트림이나 다운스트림 부분 어느 하나(혹은 둘 모두)에 기초한 해자를 가질 수 있으며, 통합 석유가스회사의 이런 각 부분을 대상으로 해자를 분석하는 것은 탐색 및 생산회사(업스트림)와 정유사(다운스트림)의 해자를 분석하는 것과 기본적으로 같다.

 탐색 및 생산과 정유 과정을 적절하게 통합하면 통합 석유가스회사의 자본수익률을 제고하고 해자를 넓힐 수 있다. 가치를 부가하는 통합은 여러 방식으로 실현될 수 있다. 예를 들어 생산물을 최고의 시장으로 보내 최고의 가격을 실현할 업트스트림 프로젝트를 기획할 때 통합회사는 다운스트림 부분의 지식과 능력을 이용할 수 있다. 특히 정유 부분과 화학제품 제조 부분이 공장을 공유하면─언제라도 부가가치가 가장 높은 제품을 생산할 수 있게 하고, 한 부분(예를 들어 정유 부분)의 부산물을 다른 부분(화학제품 제조 부분)의 공급원료로 사용할 수 있게 해 주는─'공급원료의 유연성'을 통해 가치를 부가할 수 있다. 또 이런 공장 공유는 공유서비스(회사의 여러 조직이 필요로 하는 반복적인 서비스를 각 조직이 아니라 회사 전체 차원에서 한 곳에서 제공하는 것)와 비용 절감을 가능하게 만들어 준다.

한 기업의 업스트림과 다운스트림 자산들이 한쪽이 잃고 있는 경제적 이윤을 다른 쪽이 회복하는 식으로 연결될 때 통합이 가장 좋은 효과를 내고 있는 것이다. 이런 시나리오는 원유 생산시설(업스트림 자산)이 회사의 정유시설(다운스트림 자산)에서 정제되는 원유와 동일한 종류와 양의 원유를 생산할 때 가장 가능하다. 성공적인 통합은 업스트림과 다운스트림 부분 모두에 내재된 변동성의 일부를 제거할 수 있다. 결과적으로 산업주기 동안 자본수익률이 보다 예측 가능하고, 이는 통합 석유가스회사가 미래에도 수년 동안 지속적인 초과수익을 창출할 것이라는 확신을 높여줄 수 있다. 따라서 독립 정유사나 독립 생산 및 탐사회사들보다 통합회사들에서 더 많은 해자가 발견된다. 그러나 우리가 넓은 해자 등급을 부여하기 위해서는 둘 모두 매우 잘 운영되는 최고 품질의 업스트림 및 다운스트림 자산이 있다는 것이 확인되어야 한다. 통합을 통해 창출되는 가치가 기업의 넓은 해자 구축에 도움이 되는 것은 분명하지만, 기업의 업스트림과 다운스트림 부분이 그 자체로 경쟁우위를 갖고 있지 않다면 통합으로 창출되는 가치만으로는 결코 넓은 해자를 만들어 낼 수 없다.

엑슨 모빌은 경쟁자에 비해 우수한 수익을 지속적으로 창출해내는 관행을 제도화한 덕분에 우리로부터 넓은 해자 등급을 받은 통합 석유가스회사다. 엑슨 모빌의 기업문화 속에는 비용 절감과 운영 개선에 대한 부단한 노력이 뿌리 깊게 자리 잡고 있다. 결과적으로 엑슨 모빌은 회사의 글로벌사업 전반에 걸쳐 사업적 연속성을 확보할 수 있었다. 이를 통해 엑슨 모빌은 회사의 업스트림과 다운스트림 부분을 세계적으로 통합해 비용을 절감할 수 있었다. 특히 화학제품 생산 과정과의 통합을 통해 회사 정유사업에 가치를 부가했다. 나아가 엑슨 모빌은 그 규모를 이용해 비용을 통제하는 규모의 경제를 실현할 수 있었다.

더욱이 엑슨 모빌은 자본 배분 활동을 중앙집중화했다. 그 결과 엑슨 모빌은 전 세계의 프로젝트들을 서로 비교 평가하면서, 가장 매력적인 수익성을 가진 프로젝트에만 자금을 배분할 수 있었다. 이런 잘 통제된 투자 전략을 통해 엑슨 모빌은 상품주기 정점에 과투자를 피할 수 있다. 상대적으로 큰 프로젝트의 성격 때문에 엑슨 모빌은 프로젝트의 경제성을 확보하기 위해서는 인상된 상품가격에 의존하지 않는 장기적인 접근법을 취해야 한다. 따라서 엑슨 모빌은 인상된 상품가격에 의존하는 대신, 계획된 시간 내에 그리고 계획된 예산 범위 내에서 프로젝트를 완수하는 데 초점을 맞춤으로써 해당 프로젝트의 최초의 경제성이 적절히 유지되도록 하고 있다.

엑슨 모빌의 강력한 재무 상태도 해자의 일부를 이루고 있다. 강력한 현금흐름, 거액의 현금잔고, 낮은 부채 수준으로 인해 엑슨 모빌은 낮은 자본비용을 유지하면서 자본시장에 의존하지 않고 지속적으로 투자할 수 있게 되었다.

통합 석유가스회사를 평가할 때 핵심 고려사항은 다음과 같다.

- 통합 석유가스회사의 다운스트림 사업이 업스트림에서 실현하지 못한 가치를 획득하고 있는가? 예를 들어 가격이 구매 결정에 중요한 영향을 미치는 지역에서 석유를 생산하고 있다면, 그 기업의 다운스트림 자산이 보다 큰 이윤을 확보하면서도 저렴한 가격에 정유 및 화학제품을 공급하고 있는가?
- 정유 능력에서 탄화수소(에너지 자원) 생산이 차지하는 비율은 얼마인가? 회사가 진정으로 통합되었다고 할 수 있을 정도로 그 비율이 균형을 이루고 있는가?
- 해당 기업이 업스트림 사업을 최적화하기 위해 다운스트림 지식을 활용하고 있는가, 아니면 다운스트림 사업을 최적화하기 위해 업스트림 지식을 활용하고 있는가?
- 정유와 화학제품 생산설비가 서로 인접해 있는가? 서로 인접해 있으면, 해당 기업은 공급원료 제공을 최적화하여 가치를 극대화할 수 있다.

엔지니어링서비스

엔지니어링서비스기업은 매장지에서 상품을 추출하는 데 필요한 서비스를 수행하고 장비를 공급하는 회사다. 이런 기업은 종종 힘든 사업 환경 속에서 복잡한 문제를 효율적이고 비용효과적으로 해결하는 데 필요한 전문성, 서비스, 장비를 제공한다.

우리는 엔지니어링서비스에서 많은 에너지기업의 가장 일차적인 해자 원천인 비용우위뿐만 아니라 신뢰성에 대한 명성, 강력한 사업 실적, 광범위한 제품 포트폴리오 같은 다른 무형의 해자 원천을 찾는다.

정교하고 복잡한 업무를 수행하는 엔지니어링서비스회사는 매우 적대적인 환경에서 사업하면서도 지구에서 가장 어려운 엔지니어링 문제들을 해결할 것을 요구받는 경우가 많고, 고객들은 하나의 실수라도 수억 달러의 비용을 유발할 수 있기 때문에 증명되지 않은 엔지니어링업체는 사용하기를 매우 꺼린다. 결과적으로 고객들은 다양한 상황과 지역에서 그들의 모든 요구에 부응할 수 있는 소수의 업체만 이용하는 경향이 있으며, 이는 엔지니어링서비스산업을 4~5개의 메이저업체가 특정 시장이나 제품 라인의 상당 부분을 통제하는 다소 통합된 산업으로 만들었다.

사업 환경이 매우 위험한(그리고 전쟁지역인) 경우가 자주 있기 때문에 안전 실적도 중요한 요인이 된다. 고객들은 경쟁을 촉진하기 위해 작업을 입찰에 부치며 프로젝트를 몇 개 부분으로 쪼개지만, 엔지니어링서비스산업의 과점 구조 때문에 일반적으로 가격은 합리적이다.

엔지니어링서비스산업의 경우 비용우위, 무형자산, 효율적 규모 같은 해자 원천들이 함께 존재하기 때문에 다른 형태의 에너지기업보다는 넓은 해자가 존재할 가능성이 더 높다.

세계적인 제조 혹은 엔지니어링 기지를 보유하고 있으면서 거의 포괄적인 제품 포트폴리오를 제공하는 기업은 신뢰할 수 있고, 안전하며, 효율적으로 고객들에게 서비스하기에 가장 좋은 위치에 있기 때문에 강한 프로젝트 실적을 통해 신뢰를 구축하고 있을 가능성이 더 크다. 이런 엔지니어링기업은 경쟁자보다 조사에 더 많은 자금을 투입하는데 필요한, 그리고 미래의 프로젝트 결과를 개선하는 통합적인 기술을―종종은 고객과의 협력을 통해―개발하는 데 필요한 규모도 보유하고 있다. 필요한 연구 인프라를 구축하고, 수십 년에 걸쳐 축적된 기존 업체의 조사 작업을 모방해야 하며, 찾기 힘든 고급 엔지니어들을 고용해야 할 필요성 때문에 신규 진입자가 넘기 힘든 높은 진입장벽이 존재하는 작지만 충분한 틈새시장에서 사업하는 기업도 넓은 해자를 구축할 수 있다.

슐룸베르거Schlumberger는 엔지니어링서비스산업에서 주도적 위치를 점하고 있는데, 이는 회사에 많은 이점을 제공해 주고 넓은 해자를 구축할 수 있게 해주었다. 슐룸베르거의 제품 포트폴리오는 석유서비스산업에서 가장 광범위한 포트폴리오 중 하나다. 회사의 규모와 명성 덕분에 슐룸베르거는 유전단지에 대한 거의 독보적인 안목을 갖게 되었고, 이를 통해 이 산업의 가장 어렵고 세계적인 과제들을 처리할 수 있게 되었다. 더욱이 현지에서 충원되고 훈련된 엔지니어들로 구성된 슐룸베르거의 전 세계적인 엔지니어기반은 비용구조에 도움을 줄 뿐만 아니라, 회사가 필요에 따라 신속하게 제품라인과 인재를 배치할 수 있게 해주었고, 갈수록 가장 중요한 고객이 되어가고 있는 각국 국영 석유회사들과의 관계를 강화할 수 있게 해주었다.

슐룸베르거의 넓은 해자는 잇단 상업적 성공으로 이어진 대규모 연구개발에서 비롯되었지만, 현명한 인수 전략과 강한 국제적 존재감 그리고 광범위한 제품 포트폴리오로 더욱 강화되었다. 슐룸베르거는 소프트웨어가 기존의 제품라인에 쉽게 통합되어 연구개발 분야의 경쟁우위를 강화시키는 소규모 인수에 초점을 맞추고 있다. 더욱이 40년 이상 작업 현장 국가의 노동자들을 고용하면서 다져온 슐룸베르거의 강한 국제적 존재감과 견고한 제품 포트폴리오는 현지국 국영 석유회사들과의 관계를 강화시킴으로써 중요한 프로젝트들을 따낼 가능성을 더욱 높였다.

엔지니어링서비스기업을 평가할 때의 핵심 고려사항은 다음과 같다.

- 해당 기업이 경쟁자에 비해 얼마나 크고 얼마나 세계적인가? 보다 크고 보다 세계적인 기업은 장기적으로 투하자본을 초과하는 수익을 올릴 가능성이 높고, 이는 그 기업의 경쟁우위에 대한 우리의 확신을 높여준다.
- 어떤 종류의 엔지니어링 문제가 해결되고 있는가? 어떤 엔지니어링 틈새시장의 경우는 공통의 프로젝트 요청에 대체로 표준화된 설계를 적용하는 숙련된 엔지니어들이 충분히 공급되기도 하는

데, 이는 매우 가격경쟁적인 시장을 만든다. 이와 대조적으로 보다 매력적인 틈새시장은 거친 환경에서 사업해야 하고, 상품이나 서비스의 구입 혹은 완전히 통합된 솔루션이 필요하며, 인재는 부족한 시장이다.

- 해당 기업의 제품 포트폴리오가 얼마나 통합되었는가? 소수의 제품만 공급하는 기업은 고객의 시간과 비용을 절약해 주는 완전히 통합된 제품 패키지를 제공함으로써 추후 프로젝트에서 다른 경쟁자들을 물리칠 수 있는 보다 큰 제품 포트폴리오를 가진 기업에 밀릴 위험이 크다.

15 유틸리티

유틸리티Utilities 기업의 경제적 해자를 결정하는 핵심 요인은 해당 기업에 대한 정부의 규제 혹은 탈규제의 정도다.

듀크 에너지Duke Energy와 서던 컴퍼니Southern Company 같은 규제 대상 유틸리티기업은 일반적으로 전기, 천연가스, 프로판가스 혹은 용수 같은 에너지원을 생산·전달하는 모방하기 힘든 유통, 전송, 발전 네트워크를 보유하고 있다. 주나 연방 규제당국은 소비자들이 부담하는 비용은 낮추면서도 자본공급자(투자자)들에게는 좋은 수익을 보장하기 위해 이들 기업의 가격 책정 및 수익을 통제한다. 결과

〈그림 15-1〉 유틸리티 업종의 경제적 해자 특성

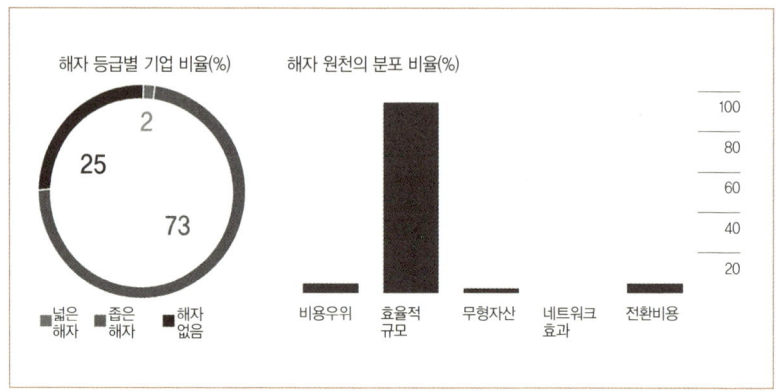

자료 : Morningstar

적으로 유틸리티기업들은 장기적으로는 최소한 자본비용 정도의 수익은 올리며, 이로 인해 많은 규제 대상 유틸리티기업은 많지는 않아도 플러스 수익을 창출하며 좁은 해자를 구축한다.

규제받지 않는 독립 민간전력회사independent power producer(IPP)들은 규제 대상 유틸리티기업과 매우 다르다. 민간전력회사는 농축 우라늄, 화석연료 혹은 재생에너지를 사용해 도매시장에서 혹은 유통업자와의 양자 계약을 통해 판매할 목적으로 전기를 생산하는 자체 발전소를 보유하고 있다. 일반적으로 이들의 이익은 변동성이 심하고, 경기에 민감하며, 에너지상품시장 동향과 긴밀한 관계에 있고, 이로 인해 지속적인 경쟁우위와 경제적 해자를 보유할 가능성은 낮은 편이다. 이들 중 분명한 비용우위를 가진 기업들—화석연료나 재생에너지보다는 핵에너지에 초점을 맞춘 기업들—만이 해자 구축을 시도할 수 있다. 〈그림 15-1〉은 유틸리티 업종의 해자 등급과 원천의 분포를 나타낸 것이다.

규제 대상 유틸리티기업

규제 대상 유틸리티기업의 경우, 효율적 규모가 해자의 가장 중요한 원천이 된다. 일반적으로 주와 연방 규제당국은 유틸리티기업에 해당 서비스 부문의 독점업체로 사업할 배타적 권리를 부여한다. 이런 권리를 주는 대가로 당국은 고객의 비용은 최소화하고 자본공급자의 수익은 상당히 보장해 주는 수준의 가격을 책정한다.

규제당국과 자본공급자 간의 이런 암묵적 계약으로 인해 규제 대상 유틸리티기업은 단기적으로는 수요 추세, 투자주기, 영업비용, 자본 조달의 용이성 등에 따라 수익이 다양할 수 있지만, 장기적으로는 최소한 자본비용 정도의 수익은 올릴 수 있다. 직관적으로 보면 이런 유틸리티기업은 모두 효율적 규모에 기초해 경제적 해자를 갖고 있어야 하지만, 공격적인 규제로 인해 이런 이점이 상쇄됨으로써 투하자본수익률이 제한될 수도 있다. 이런 불리한 규제결정 리스크로 인해 대부분의 규제 대상 유틸리티기업은 넓은 해자 등급을 받지 못하고 있다. 그러나 심각한 가치 파괴 위협은 낮고, 대부분의 경우 평균수익이 자본비용을 초과하기 때문에, 우리는 대부분의 규제 대상 유틸리티기업에 좁은 해자 등급을 부여하고 있다.

규제 대상 및 비규제 대상 자산을 모두 갖고 있는 복합 유틸리티 기업은 비규제 대상 사업이 지속 가능한 비용우위를 보이면 넓은 해자를 구축할 수 있다. 도매전력시장에서 우리는 원자력발전을 장기적인 비용우위를 지속할 수 있고, 따라서 넓은 해자를 구축할 수 있는 유일한 에너지원으로 보고 있다. 원자력발전소의 높은 자본비용은 신규 진입자를 막고 있으며, 낮은 가변비용은 화석연료발전소보다 높은 경쟁력을 제공해 주고 있다.

엑셀론Exelon은 사업별로 다른 해자 특성을 가진 여러 사업 라인을 보유한 복합 유틸리티기업이지만, 미국의 선두 원자력발전소라는 지위 덕분에 전체적으로 넓은 해자 등급을 받은 유일한 유틸리티기업이다.

앞서 언급한 것처럼 엑셀론 같은 원자력발전소는 두 개의 주요 경쟁우위를 보유하고 있다. 첫째, 원자력발전소는 부지를 확보하고 건설하는 데 수년이 걸리며, 비용도 수십억 달러가 소요되고, 지역주민의 반대에 부딪치는 경우가 종종 있다. 이런 요인들이 상당한 진입장벽으로 작용해 기존 원자력발전소는 해당 지역에서 효과적인 저비용 독점을 누릴 수 있다. 둘째, 다른 어떤 신뢰할 만한 발전수단도 원자력발전소의 비용이나 규모에는 필적할 수 없다. 원자력발전의—석탄이나 천연가스를 원료로 사용하는 경쟁관계의 화석연료발전에 비해—낮은 가변비용과 낮은 탄소가스 배출은 대체재의 위협을 낮추고 있다. 전기가 미국의 핵심 에너지원으로 남아 있는 한, 원자력발전소는 상당한 저비용 우위를 유지하고 높은 자본수익률을 낼 것으로 보인다.

한편 우리는 규제되는 수익 수준에 기초해 볼 때, 엑셀론의 규제 대상 도매 배전사업distribution도 좁은 해자 정도는 가능하다고 본다. 반면 엑셀론의 소매 전력공급사업retail supply business은 해자가 없다. 전기 및 가스 소매시장은 실질적으로 진입장벽, 전환비용, 제품 차별성이 없는 매우 경쟁적인 시장이다. 고객이 고착적이기는 하지만, 결국 대부분의 소매 전력공급자들은 가격 경쟁을 피할 수 없다.

규제 대상 유틸리티기업을 분석할 때 유념해야 할 핵심 고려사항은 다음과 같다.

- 규제 대상 유틸리티기업의 경우 서비스원가주의 요금 결정cost-of-service ratemaking이 좁은 해자를 지지해 주고 있다. 규제당국은 유틸리티기업이 좁은 해자를 유지할 수 있는 요금을 통해 영업 및 자본비용을 회수할 수 있는 적절한 기회를 허용해 주어야 한다. 투자 필요성, 비용 인플레이션, 수요가 서로 연계되어 있는지 확인해야 한다.
- 해당 유틸리티기업이 규제가 허용한 수익 정도는 벌고 있는가? 규제당국이 유틸리티기업에 허가하는 수익과 유틸리티기업이 실제로 버는 수익의 차이가 크면, 실제로 버는 수익을 허가된 수익으로 수렴시키려는 가격 인상이나 가격 인하 조치가 뒤따르게 된다.
- 복합 유틸리티기업의 비규제 대상 자산이 그 기업의 해자를 강화

하는가 아니면 약화시키는가? 비규제 대상 에너지사업은 비용우위나 진입장벽을 먼저 살펴야 한다. 해당 기업이 비규제 대상 자산에 투입하는 자본이 많을수록 경제적 이윤을 얻는 데 필요한 비용우위를 확보하기가 더 힘들어진다.

독립 민간전력회사

독립 민간전력회사는 상품에너지시장에서 사업하는 가격수용자이기 때문에 일반적으로 지속 가능한 경쟁우위를 구축하기가 어렵다. 민간전력회사의 자본수익률은 상품연료 가격, 시장경쟁, 지역의 에너지 수요 등에 의해 결정되기 때문에 장기적인 경제적 해자를 구축할 수 있는 기회가 제한적이다. 요컨대 저비용의 원자력, 석탄, 재생에너지를 사용하는 민간전력회사는 보다 고비용 경쟁자들이 존재하는 시장에서 사업할 경우에만 경쟁우위를 구축할 가능성이 가장 높다. 그렇다 해도 저비용 발전 원료는 일반적으로 대규모 자본 투자를 필요로 하며 따라서 경제적 이윤을 내기 위해서는 여러 해 동안 높은 수익을 내야 한다는 점을 유념해야 한다. 규제당국의 허가를 받고, 적절한 부지를 확보하며, 신규 발전소 건설을 완공하는 데 많은 시간과 자금이 필요하다는 것을 감안하면, 민간전력회사의 경우 진입장벽도 또 다른 단기적인 경쟁우위의 원천이 될 수 있다.

지열발전을 전문으로 하는 재생에너지기업 오맷 테크놀로지Ormat

Technologies는 경쟁우위를 구축하고 좁은 해자 등급을 받은 소수의 민간전력회사 중 하나다. 오맷의 지열발전소는 간헐적으로 발전이 이루어지는 풍속발전과 태양열발전보다 가동률이 높고, 에너지원인 지열도 모든 재생에너지원 중 이용 가능성이 가장 높다. 더욱이 오맷은 생산되는 모든 지열전력을 판매할 수 있는 안정적이고 장기적인 전력 구매 계약을 확보하고 있으며 가변적인 연료비용은 거의 없다. 이는 여러 해 동안 오맷에 확실한 자본수익률을 보장해 주고 있다. 지열에 대한 수요가 계속 증가하면 대형 기업들이 지열발전사업에 적극적으로 뛰어들 수도 있지만, 제품과 사업 운영에서 세계 최고의 경험을 보유한 오맷은 잠재적 경쟁자들보다 수십 년 앞선 발전소 설계 능력을 갖고 있다.

민간전력회사를 평가할 때 핵심 고려사항은 다음과 같다.

- 대부분의 다른 에너지원과 달리 전기는 대체 가능하지 않다. 이는 특정 지역의 전기 공급을 제한하며, 보다 강한 혹은 약한 경쟁우위를 초래할 수 있다. 해당 기업이 사업하고 있는 지역에서 경쟁자의 발전비용과 진입장벽을 고려하는 것이 중요하다.
- 시장을 왜곡하는 공공정책이 있는지 확인해야 한다. 재생에너지에 대한 정부의 인센티브는 원자력발전사와 화석연료발전사의 경쟁력을 잠식하고 있는 반면, 화석연료발전소를 대상으로 한 환경 규제는 보다 깨끗한 원자력에너지와 재생에너지의 경쟁우위를 강화하고 하고 있다.

- 신규 발전소 건설의 경제성은 예상 자본비용과 가변비용 간의 관계에 달려 있다. 자본집약적인(따라서 건설하기 더 어려운) 원자력발전소와 재생에너지발전소는 가변비용은 낮고 이윤은 더 높다. 이에 비해 화석연료발전소는 건설하기는 쉽지만, 가변비용은 더 높고 이윤은 더 낮다.

16 산업재

산업재는 여러 산업이 뒤섞인 업종이다. 특징뿐만 아니라 잠재적 해자 원천도 다양하고 광범위한 산업에 걸쳐 다양한 기업군이 포함된 업종이다. 따라서 이 업종에서는 해자 원천을 일반화하기가 어렵고, 다소간 모든 해자 원천을 확인할 수 있었다.

이번 장에서 우리는 기업이 어떻게 해자를 구축할 수 있는지를 잘 보여주는 것으로 생각되는 소수의 산업만 살펴보겠지만, 이 업종에 포함된 산업의 다양성을 감안해 해당 산업에 속한 모든 종류의 기업을 다루지는 않을 것이다.

예를 들어 효율적 규모는 공항과 항만업체는 물론이고 철도회사에도 중요한 해자 원천이 된다. 이 기업들이 자연스럽게 갖게 된 지역 독점적 지위와 이들이 종사하는 시장에 필요한 설비의 수가 제한적임을 고려할 때 그렇다. 무형자산도 많은 산업재기업의 해자 요인이 된다. 공항운영업체의 경우, 무형자산은 정부가 부여한 사업권 형태로 나온다. 일반적으로 당대 권력자들과의 수년에 걸친 관계 구축 과정을 거친 후 획득하게 되는 일종의 상인 셈이다. 정부 고객의 복잡한 작업에 익숙한 것이 가장 가치 있는 무형자산이 되는 우주항공과 방위산업에서도 정부와의 관계는 중요하다. 복잡한 기술과 상당한 훈련이 필요함을 감안할 때, 전환비용도 우주항공과 방위산업에 매우 중요하다. 화물을 다른 많은 수송수단보다 싸게 운반할 수 있는 철도회사의 경우 비용우위가 해자의 핵심 원천이 된다. 자신이 생산한 장비를 신속하고 효과적으로 현장으로 보내주는 광범위한 판매중개인 네트워크dealer network에 의존하는 중장비회사에게는 네트워크 효과가 도움이 된다.

이 업종에서 해자를 가장 많이 발견할 수 있는 산업은 사업다각화 부문—다수의 사업플랫폼에 걸쳐 핵심 역량을 발휘함으로써 해자를 구축할 수 있는 지주회사 혹은 그룹사들—이다. 반대로 가장 해자가 드문 산업은 비용우위, 네트워크 효과, 전환비용 혹은 브랜드 같은 무형자산을 통해 경쟁우위를 확보하기가 어려운 트럭운송업이다. 〈그림 16-1〉은 산업재 업종의 해자 등급과 원천의 분포를 나타낸 것이다.

〈그림 16-1〉 산업재 업종의 경제적 해자 특성

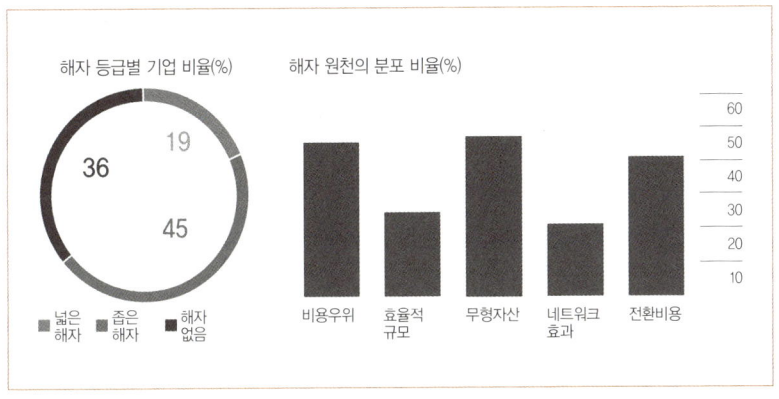

자료 : Morningstar

공항운영산업

세계 대부분의 공항 소유주는 정부지만, 활주로 유지관리에서 음식 서비스에 이르기까지 공항의 모든 운영은 민간업체가 담당하는 경우가 많다. 대부분의 민간 공항운영회사는 계약기간이 수년에 이르는 사업권을 받아 공항을 운영한다.

공항운영회사의 경우, 무형자산과 효율적 규모가 해자 창출의 원천이 된다. 정부로부터 공항을 운영하고 관리할 권리를 획득하는 것이 가장 중요한 해자 원천이다. 공항운영권을 획득하기 위해서는 사전 경험은 물론이고 정치인과의 긴밀한 관계도 필요하다. 신규 진입자들은 자신의 새로운 인프라가 해당 국가 혹은 지역에 어느 정도 이득이 된다는 점을 규제당국에 설득시켜야 한다. 모든 공항운영회사는 공항 시설 및 서비스 개선 계획을 포함하는 장기적인(5~10년의) 공항발전계획을 수립하고 실행함으로써 미래에 공항 모습에 대해 어느 정도 확실성을 제공해야 한다. 또한 한 시장에 너무 많은 공항이 존재하면 모든 당사자들의 수익을 낮출 것이기 때문에 공항운영산업에는 효율적 규모도 작용한다.

공항운영회사들의 해자 넓이를 판단하기 위해, 우리는 해당 기업의 사업권 계약 기간은 물론이고 규제가 가격 책정에 미치는 영향도 살핀다. 대부분의 공항운영회사들은 보통 수십 년에 이르는 공항 운영 및 관리권을 받는다. 멕시코의 공항운영회사들은 1999년부터 50년의 사업권을 받았고, 따라서 우리는 아수르그룹Grupo Aeroportuario del Sureste(ASUR) 같은 멕시코 공항운영회사에 넓은 해자 등급을 부여했다. 그러나 어떤 정부는 공항운영회사가 충분한 초과수익을 올리는 것을 허락하지 않고, 공항을 민간사업이 아니라 정부가 규제하는 유틸리티산업으로 취급하기도 한다. 독점적 지위에도 불구하고 해자가 없는 파리공항공단Aeroports de Paris이 그 대표적인 예다.

공항운영회사를 평가할 때의 핵심 고려사항은 다음과 같다.

- 공항운영권을 부여하는 입찰 절차는 어떠한가?
- 공항운영 계약 기간은 얼마인가?
- 정부가 자본비용을 초과하는 수익을 허용해 주고 있는가?
- 해당 공항을 통한 항공기 운항 수준은 어느 정도인가?
- 얼마나 많은 자본적 지출(설비투자)이 필요한가, 해당 공항운영회

사가 고정 및 가변 비용 증가를 상쇄하기 위해 가격을 올릴 수 있는가?
- 해당 공항운영회사가 지역적으로 유리한 다른 지역 공항 인수를 통해 성장할 기회가 있는가?

우주항공 및 방위산업

　우주항공 및 방위산업에 종사하는 기업은 전투기, 수송기, 지상차량, 구축함, 잠수함, 미사일, 군수품을 포함하는 첨단장비를 생산하고 판매하기 위한 공급사슬을 설계, 구축, 제조, 관리하는 기업이다. 전 세계의 고객은 주로 정부지만 민간 고객도 있다.

　방위산업체의 경우, 정부 고객의 복잡한 작업에 익숙한 것이 가장 중요한 무형자산의 원천이 된다. 성공적인 기업은 수십 년에 걸친 상호 작용과 관계 구축으로 이런 지식을 쌓음으로써 신규 진입자가 따라오기 어렵게 만든다. 새로운 장비를 사용하고 관리하기 위해서는 상당한 훈련이 필요하기 때문에 기존 공급자가 유리한 입장에 있고, 따라서 전환비용도 해자 원천이 된다. 군대에는 성공적으로 임무를 수행해야 할 수십만 명의 군인이 있고, 신규 장비를 사용하기 위해서는 준비비용이 발생한다. 더욱이 신규 장비는 그것을 사용하는 사람들부터 그 비용을 지불하는 사람들까지 정부의 모든 수준에서 정밀조사를 받게 된다.

우주항공 및 방위산업의 복잡성과 매우 높은 전환비용 덕분에 이 산업에서 좁은 해자를 가진 기업은 매우 많다. 넓은 해자 등급을 받은 기업은 록히드 마틴Lockheed Martin과 제너럴 다이내믹스General Dynamics 둘 뿐이었는데, 록히드 마틴은 군용 항공기 부문의 시장지배력 때문에, 제너럴 다이내믹스는 해군 함정 부문의 제한된 경쟁 때문에 넓은 해자가 가능했다. 보잉Boeing 같은 다른 기업도 높은 진입장벽 혜택을 누리고는 있지만 시장점유율을 둘러싼 극심한 경쟁과 민간 항공기 부문의 수익성 낮은 고객 기반(주요 항공사들의 주문 취소 등)으로 초과수익의 확실성이 낮고 따라서 좁은 해자에 머물렀다.

그 외 우주항공 및 방위산업 기업들을 평가할 때 고려할 사항은 다음과 같다.

- 미국시장에서 신규 진입자가 5대 방위산업체와 효과적으로 경쟁할 수 있는가? 해당 신규 업체가 건조한 자본수익률이 가능한 틈새시장을 갖고 있는가? 미국 국방산업은 1990년대의 50개 업체에서 현재 5개 업체로 통합되었으며, 이들 5대 업체는 잘 다각화된 사업플랫폼과 프로그램을 보유하고 있다.
- 방위산업체가 사업 입찰과 입찰 획득 메커니즘을 이해하고 있는가? 수십 년에 걸쳐 형성된 난해한 정부 규제가 회계 및 특허 관리를 포함한 판매 과정을 규제하고 있으며, 이는 신규 진입자를 제한하는 효과가 있다.
- 낮은 인프라 구축비용 때문에, 혹은 건전한 산업 기반이 필요하

다는 정부의 인식 때문에 현재 강력한 자본수익률을 올리고 있는가? 해당 기업이 낮은 전환비용과 보다 경쟁적인 입찰을 견뎌낼 수 있는가?
- 신규 민간항공기 제작사가 다양한 국가의 정부로부터 규제상 허가를 받을 수 있는가? 해당 기업이 비행기 제작에 필요한 수많은 납품업체들을 효과적으로 관리할 수 있는가? 우주항공산업에서는 고객들이 항공기를 인도받기 전에 결제하기 때문에 마이너스 운전자본이 좋은 자본수익률을 만들어낸다. 따라서 자본수익률이 좋아도 그것을 해자의 존재를 증명하는 유일한 지표로 사용해서는 안 된다.

트럭 및 해상 운송

트럭운송회사는 한 선적자의 트럭 한 대분 화물을 한 번에 운송하는 업체(trcukload, TL)와 여러 고객의 여러 화물을 한 트럭으로 운송하는 업체(less-than-truckload, LTL)로 나뉜다. 해상운송의 경우, 내륙탱크바지선은 미국 내륙 수로망을 통해 다량의 액체화물을 운반하며, 대형 증기선은 컨테이너에 실린 해상화물을 운송한다.

트럭운송은 경제적 해자를 구축하기 어려운 사업이다. 사실 현재 우리는 분석 대상 모든 TL 및 LTL 전문회사에 해자 없음 등급을 부여하고 있다. 우리는 트럭운송회사가 네트워크 효과, 전환비용 혹은 브랜드를 통해 경쟁우위를 구축할 기회가 많지 않다고 본다. 얼핏 보기에는 높은 고정비용(트럭장비와 기사임금 비용) 때문에 우수한 처리 능력 혹은 규모의 경제를 통한 비용우위가 가능할 것 같지만, 그 지속 가능성은 불충분하다는 것이 확인되었다. TL운송은 전환비용도 낮고 진입장벽도 거의 없다(고객 화물을 운반하기 위해 트럭 한 대만 사면된다). TL운송보다 자본집약적이고 집중적인 LTL운송의 경우, 광범위한 통합터미널망이 필요하다는 점을 고려했을 때, 규모의 경제가 부족했다. 트럭운송량을 유지하기 위해 경쟁자들이 사업 지속이 불가능한 수준까지 가격을 인하하는 심각한 화물운송업 불황기에는 규모가 가장 큰 LTL회사들조차 파산에 직면할 수 있다.

높은 자본집약성과 낮은 전환비용을 감안해 볼 때, 글로벌 해상운송시장에도 해자는 드물다. 이런 요인들은 높은 경기변동성과 극심한 가격 경쟁을 유발한다. 최대 규모의 해운업체도 가격 수용자에 머물러 있으며, 지속적인 과잉 공급 때문에 산업 전반에 걸쳐 수익성은 낮다.

그러나 미국 최대의 탱크바지선회사 커비Kirby Corp는 예외다. 커비는 규모의 경제를 통한 효율성과 비용우위를 통해 경쟁업체의 도전으로부터 장기적인 수익성을 지킬 수 있는 좁은 경제적 해자를 구축했다. M&A(비유기적 성장)와 유기적 성장을 결합하는 방식으로 커비는 내륙 및 해안 탱크바지선운송업에서—2위 업체인 아메리칸 커머셜라인American Commercial Lines의 두 배에 이르는—최대 규모의 선단을 구축했다. 모방하기 힘들고 비용도 많이 드는 이런 규모를 구축함으로써 커비는 많은 경쟁자들보다 빠르게 바지선들을 운항하면서 귀로에는 화물을 역수송할 추가 기회도 활용할 수 있었다. 이 모든 것은 사업의 효용을 증대시켰다. 또한 대규모 선단을 보유한 커비는 화물 종류별로 그에 적합한 바지선을 보유하고 있을 확률이 높았고, 따라서 운영비용을 높이는 화물 교체 작업을 피할 수 있었다. 화물 교체 작업이 운영비용을 높이는 것은 (특히 석유화학제품) 화물 교체 시 고비용의 선박 청소 작업이 필요하기 때문이다. 더욱이 미국 해상운송을 미국인 소유 업체로만 제한한 연안무역법Jones Act 덕분에 외국 업체는 커비의 바지선운송업에 도전하지 못하고 있다.

트럭 및 해상 운송회사를 평가할 때 핵심 고려사항은 다음과 같다.

- 트럭운송 및 컨테이너해운은 고정비용 수준이 높고(장비가 고가다) 차별 기회가 거의 없는 자산집약적 사업이다. 따라서 해자를 가진 업체가 드물다.
- TL 및 LTL업체의 경우, 화물운송의 수요 침체기에 보이는 심각한 가격 결정력 악화와 비합리적 가격 책정(마일당 운송비의 변화로 측정됨)은 자산집약성과 제한된 전환비용에 시달리고 있다는 핵심 징표다.
- 미국 내륙 탱크바지선운송업의 경우, 상당한 규모의 네트워크를 보유하면 비용은 낮추고(화물 없이 이동하는 공화물 거리를 줄일 수 있다) 서비스 수준은 높일 수 있기(보다 광범위한 전문장비를 이용할 수 있다) 때문에 우수한 사업효율성을 확보할 수 있다. 또 미국 해

상운송업체들은 정부 규제(존스법이라고 하는 1920년 미국연안무역법 Merchant Marine Act of 1920)를 통해 외국 업체의 도전을 피하고 있다.

- 항구운영사는 다수의 경쟁자가 필요하다는 주장을 정당화할 수 있는 지역이 세계적으로 거의 없기 때문에 효율적 규모를 통해 해자를 구축할 수 있다.

폐기물 관리산업

통합 폐기물 처리회사는 쓰레기 매립지, 소각로, 재활용센터 같은 물리적 자산망을 중심으로 폐기물 수집 노선을 확보한 기업이다. 무해폐기물 처리회사는 도시, 공장 및 사업자 고객들이 만들어 내는 대부분의 쓰레기를 처리하며, 유해폐기물 처리회사는 보다 많은 규제를 받으면서 의학 혹은 방사능 폐기물 같은 특정 폐기물을 처리하는 경우가 많다.

폐기물 관리산업에서는 한 기업이 다양한 과정을 통제하는 수직적 통합이 가격 결정력과 사업 효율성을 가능케 하는 중요한 경쟁우위를 제공한다. 쓰레기 매립지나 소각로 소유자들은 정부 허가를 받아 10~20년간 쓰레기 처리시설을 배타적으로 운영하는데, 이들은 지정된 장소에 쓰레기를 매립하는 특권을 행사함으로써 가격, 요컨대 '폐기물 처리 위탁수수료 tipping fee'를 책정할 수 있다. 그러나 폐기물 처리산업의 자본집약적 특징 때문에 쓰레기 처리 자산 소유자들이 수익을 내기 위해서는 보유 설비로 충분한 양의 폐기물을 처리해야 한다. 폐기물 수거와 처리를 한꺼번에 하는 수직적으로 통합된 폐기물 처리회사는 이 두 서비스에 대해 고객들에게 패키지 가격을 제공함으로써 회사가 보유한 폐기물 처리 자산으로 더 많은 폐기물을 처리할 수 있다. 이런 수직적 통합은 효율적 규모에도 도움이 되기 때문에 궁극적으로 신규 경쟁자가 기존 폐기물시장에 진입하지 못한다.

폐기물 수거회사의 경우, 폐기물 수거 노선의 밀집성이 또 다른 형태의 이점을 제공해 준다. 한 폐기물 수거노선에서 새로운 수거지점이 추가될 때마다 한계비용으로 처리할 수 있는 폐기물 양이 추가로 증가한다. 따라서 수거 지점 추가로 증가되는 비용보다 더 많은 수입을 올릴 수 있다. 결과적으로 밀집된 수거노선에서 창출된 초과잉여현금흐름은 사업 효율성을 높이기 위한 사업 개선 프로젝트에 재투자될 수 있다.

유해폐기물사업의 경우에 궁극적인 환경 관련 책임은 폐기물 생산자에게 있기 때문에 (다른 업체로 변경할 때 발생할 수 있는) 신뢰할 수 없는 서비스라는 리스크가 전환비용을 높이는 것으로 보인다. 이 때문에 고객들은 신뢰할 수 있는 실적을 보여준 이미 증명된 처리업체에 더 고착되는 경향이 있다. 수직적 통합은 처리업체 수를 최소화하고 부정적인 환경관련 사건 발생 리스크를 줄일 수 있는 폐쇄루프시스템closed-loop system을 만들어 낸다.

수직적으로 통합된 많은 폐기물 처리회사들은 이런 경쟁우위들을 이용해 좁은 경제적 해자를 구축했지만, 지금까지 넓은 해자를 유지해온 기업은 의료폐기물 전문처리회사 스테리사이클Stericycle뿐이다. 스테리사이클은 일련의 M&A(비유기적 발전)를 통해 유기적 발전으로 가능한 수준보다 훨씬 빠르게 가치 있는 의료폐기물 처리 허가와 고객을 획득함으로써 의료폐기물 처리 부문에서 타의 추종을 불허하는 규모를 구축했다. 결과적으로 스테리사이클은 모방하기 힘든 밀집된 수거 노선과 지역, 주, 연방 환경보호청의 미로처럼 복잡한 규정에 부합하는 처리시설을 보유하게 되었다. 많은 비용이 소요되는 허가 요건으로 인해 신규 진입이 억제됨으로써 의료기관의 입장에서는 이용할 수 있는 폐기물 처리회사 풀이 제한되었고, 대체 가능한 의료폐기물 처리회사도 없으며, 따라서 가격 협상력도 거의 없게 되었다. 수거에서 소독 및 소각에 이르는 의료폐기물 전 처리과정을 효율적이고 믿을만하게 수행하는 스테리사이클의 능력은 고객들이 리스크를 최소화하는 데도 도움이 되고 있다. 더욱이 스테리사이클은 의료폐기물 처리산업이라는 틈새산업에서 효율적 규모의 혜택도 누리고 있다. 이 모든 것을 종합해 우리는 스테리사이클이 미래에도 계속 대규모 수익을 올릴 것으로 전망한다.

   이 외에도 폐기물 처리회사를 평가할 때 고려해야 할 주요 사항은 다음과 같다.

- 폐기물 처리 규정이 엄격한 나라에서는 쓰레기 매립지나 쓰레기 소각로 소유권이 경쟁우위가 될 수 있다. 지역주민의 반대와 정

치적 압력으로 새로운 쓰레기 처리장 허가가 지연되는 것도 신규 진입자가 기존 업체를 모방하거나 경쟁하는 것을 어렵게 한다.
- 폐기물 처리 능력을 갖추면 가격 결정력을 갖게 되고, 이는 연금처럼 예측 가능한 현금흐름 창출의 기초가 된다.
- 수거 노선은 해당 폐기물 처리회사 소유 자산으로 처리할 수 있는 폐기물의 양(내부화율 internalization rate이라고 한다)을 극대화하도록 설계되는 경우가 많다. 내부화율이 높고(65% 내외) 수직적으로 통합된 업체는 그보다 덜 효율적인 경쟁자보다 불황 극복 능력이 훨씬 더 강하다.
- 높은 영업레버리지는 영업수익성이 경기에 좌우된다는 것을 의미하지만, 폐기물 처리의 필요성 때문에 경기와 관계없이 기본적인 폐기물 처리 수요는 항상 존재한다.
- 토지가격이 비싼 인구밀집 지역에서는 재활용이 촉진될 수도 있지만, 정부 지원이 없는 한 재활용 같은 쓰레기 매립 대체 수단은 의미 있는 수준에 이를 수 없다.

중장비산업

중장비회사는 도로운송용 트럭, 건설, 건축, 광업 분야의 최종 소비시장에 판매할 부가가치 완제품을 제조하는 회사다. 이런 기업이 필요한 모든 혹은 일부 판금과 부품(타이어와 전자부품 등)을 아웃소싱하는 것은 특이한 일이 아니고, 매출은 최종 소비자에게 직접 혹은 제3자의 유통을 통해 이루어지는 게 보통이다.

중장비산업에서는 확고한 서비스 평판이 해자 구축에 중요한 요인이 된다. 도로, 프로젝트 현장 혹은 광산의 업무 정지 시간은 고객 입장에서는 그만큼 손해를 보는 것이 된다. 독립적인 딜러 네트워크를 통해 제공하건, 고객에게 직접 제공하건 중장비회사들은 애프터서비스시장용 부품과 서비스를 통해 그들의 고유 제품을 지원해야 한다. 이 애프터서비스시장에서 가장 광범위한 지원과 최고 품질의 서비스를 제공하는 기업은 프리미엄 가격을 부과하고 보다 나은 수익성을 누릴 수 있다.

트럭제작업의 경우, OEM(주문자상표 부착 제작)은 합리적인 것으로 보이며, 새로운 배기가스 배출 기준이 나올 때 획일적으로 가격 인상이 이루어지는 경향이 있다. 신규 진입자들은 이 시장에 진입하는 데 애를 먹고 있으며, 고객 선호도와 제품 평판 같은 강력한 무형자산을 고려했을 때, 이런 과점 현상은 지속될 것으로 보인다. 요컨대 트럭제작사들은 저비용 사업과 엔진기술 같은 분야에서의 수직적 통합을 통해 자신을 차별화할 수 있다.

많은 연구개발 지출도 중장비제작사에게는 좋은 신호다. 신제품 개발이 이루어지면 상대적으로 나은 성장, 프리미엄 가격 책정, 보다 고착적인 고객 확보가 가능하기 때문이다. 지속적으로 연구개발에 자금을 투입할 수 있는 회사는 불황기에 오히려 시장점유율을 확대할 수 있다.

넓은 해자를 가진 캐터필러Caterpillar는 세계 최대의 중장비제작사이며 미국에서 지배적인 점유율을 보유하고 있다. 캐터필러의 서비스망은 시장점유율 확대에 도움을 주었다. 캐터필러 고객 입장에서는 가동 정지시간을 줄이는 것이 중요하고, 그런 면에서 캐터필러의 광범위한 딜러 네트워크는 상당한 경쟁우위를 제공해 주고 있다. 또한 캐터필러는 업계 최대의 중장비제작사로서 규모의 경제도 향유하고 있다. 캐터필러의 지역적으로 광범위한 사업망과 강력한 명성은 제품 인지도를 높였으며, 이는 장기적으로 출고제품과 중고제품 가격을 높였다. 캐터필러의 연구개발 예산이 경쟁자들보다 훨씬 크기 때문에 캐터필러가 이런 우위를 상실할 것 같지는 않다.

중장비회사를 평가할 때 핵심 고려사항은 다음과 같다.

- 유통망이 경쟁우위를 제공할 수 있다. 딜러의 수가 중요하지만 그 질도 중요하다. 가능하다면 딜러의 이직율과 재무 건전성을 분석하는 것이 좋다.
- 애프터서비스시장의 매출은 사업을 보다 안정적으로 만들고 고객을 보다 고착적으로 만들 수 있다. 높은 수준의 서비스 수입은 전 경기주기에 걸쳐 지속 가능성을 제고하고 수익원을 넓혀 줄 수 있다.
- 우리는 투하자본수익률을 계산할 때 연구개발비를 자본화해 포함시킬 것을 권한다. 중장비산업에서는 연구개발 지출이 핵심 투자이기 때문이다. 더욱이 우리는 비용을 절감할 목적으로 연구개

발비를 계속 줄이는 것은 좋지 않은 신호로 본다.

사업다각화기업

단일 모기업 하에 여러 산업, 지역 혹은 고객시장에 걸쳐 다수의 사업라인을 가진 사업다각화기업의 경우, 지속 가능한 해자 구축의 관건은 보다 높은 수익을 창출하는 데 중심 역할을 함과 동시에 여러 사업플랫폼에서 활용 가능한 핵심 역량을 갖는 것이다. 기술적 기반이 비슷한 이질적 사업들을 여러 플랫폼에 걸쳐 하고 있는 회사가 기술 투자를 활용해 한 사업에 집중하는 경쟁자들보다 낮은 평균 비용으로 신제품을 개발할 수 있을 때 이런 핵심역량을 갖는 경우가 많다. 제너럴일렉트릭General Electric은 제트기 엔진, 가스터빈, 풍력터빈 등의 사업플랫폼을 통해 이런 식으로 기술과 신제품을 개발하고 있으며, 3M은 여러 제품 라인에 사용될 수 있는 내부 개발 특허 풀을 보유하고 있다.

더욱 중요한 것은 여러 사업 부문을 통합하면 다수의 서로 다른 고객 접점을 개발할 수 있는데, 이는 고객 관계를 강화함으로써 높은 전환비용을 창출해 낼 가능성이 더 많다는 것을 의미한다. 이런 고객 관계는 시간이 가면서 더욱 공고해져 외부의 침투를 더 어렵게 만든다. 시간이 흐를수록 기존 업체는 고객을 더 잘 알게 되고, 따라서 특정 고객의 필요에 부응하는 일련의 통합된 제품을 개발해 낼 수 있기 때문이다. 결과적으로 고객유지율과 소모품 판매 수입이 사업다각화기업의 해자를 평가하는 핵심 지표가 된다.

사업다각화기업을 평가할 때 핵심 고려사항은 다음과 같다.

- 독립 사업 부문으로서 다른 부문보다 가치 있는 사업 부문은 (있다면) 어떤 부문인가? 어떤 한 사업 부문이 해당 기업의 전체 역량에 어떻게, 얼마나 기여하고 있는가?
- 해당 기업이 사업 인수만큼이나 사업 매각도 활발히 하고 있는가?
- 사업다각화기업들에게 고유한 리스크는 인수 자산에 대한 가치 평가 리스크다. 열악한 인수는 투자자들의 돈뿐만 아니라 경영진의 능력까지 갉아먹기 때문이다.
- 해당 기업이 인수 대상을 어떻게 선택하는가? 인수 대상이 인수자에 혹은 인수자가 인수 대상에 어떻게 가치를 부가하는가?

철도산업

철도회사는 석탄, 비료, 곡물, 컨테이너, 자동차, 목재, 원유, 기타 상품들을 운반한다. 북아메리카의 철도회사는 보통 다른 많은 지역과 달리 사업구간의 부동산이나 통행권, 노선, 터미널 등은 물론이고 기관차와 철도차량도 소유하고 있다.

철도회사는 비용우위와 효율적 규모를 통해 넓은 해자를 구축하고 있다. 바지선, 항공기, 트럭 같은 다른 운송수단도 화물을 운반하지만, 생산지와 목적지를 잇는 물길이 없는 경우에는 철도가 가장 저렴한 운송수단이다. 철도의 연료효율성은 트럭의 4배이며, 장거리 화물열차는 조차장 인력이 필요하기는 하지만 인력을 보다 효과적으로 이용한다. 트럭으로 운송될 수 있는 제품의 경우도, 철도는 트럭보다 10~30% 싼 운임으로 컨테이너를 선적지에서 목적지로 운반한다.

철도회사는 효율적 규모로 사업하기도 한다. 가장 분주한 노선(와이오밍 주의 풍부한 석탄산지인 파우더 강 유역)을 제외한 모든 노선에서 단일 철도회사가 한 선적업자에게 서비스를 제공하며, 북아메리카에는 지역 당 두 개의 철도회사만 사업을 하고 있다. 진입장벽도 철도회사에 도움이 되고 있다. 북아메리카의 경우, 경쟁노선을 설치하기 위해서는 인접 통행권을 획득해 넓은 대륙의 상당 지역에 걸쳐 계속 궤도를 깔아야 하기 때문에 새로운 시장 진입자가 출현하기 어렵다. 현재 상황에서 볼 때 철도회사들이 지선철도를 건설하거나 폐기된 노선을 복구할 수는 있지만, 새로운 간선철도가 건설될 것 같지는 않다.

철도회사가 해자를 구축하는 데 관건은 필요한 재투자비용을 포함해 비용을 상쇄하기에 적절한 가격을 책정하는 것이다. 이와 관련해 현재의 철도회사들은 과거보다 합리적으로 행동하고 있다. "모든 철도차량에서 손해가 발생해도 양으로 보충한다"는 태도는 현대적 경영의 시대에 와서는 사라지고 말았다. 이런 합리성을 촉진한 것은 산업통합이었다. 1980년 북아메리카에는 40개 이상의 Class I 철도회사(화물운송 수입이 연 2억 5,000만 달러 이상인 철도회사)가 있었지만, 현재는 7개에 불과하다. 그러나 트럭이나 선박과 달리 철도회사는 자기 소유 노선을 유지해야 하고, 이로 인한 (연 수입의 16~20%에 달하는) 과중한 자본적 지출은 잉여현금흐름을 압박하고 있다. (이 때문에 북아메리카 철도회사들은 가격 책정에 합리적인 접근을 하고 있다.) 북아메리카 외의 철도회사를 평가할 때, 우리는 북아메리카 철도회사와 비슷한 가격 결정력이 있는지, 정부가 그 지역에 경쟁력 있는 민간 철도운송체계를 유지하는데 관심이 있는지 확인한다.

철도회사를 평가할 때에 고려해야 할 다른 중요한 사항은 다음과 같다.

- 노동력과 연료를 보다 효율적으로 사용하는 것은 사업 개선에 도움을 준다. 해당 철도회사가 이익률 개선의 이 두 측면(노동생산성 제고와 연료효율성 제고)에서 계속 나아지고 있는가?
- 선적자들은 철도회사의 가격 결정력을 줄이기 위해 끊임없이 로비한다. 입법 및 규제 환경이 수익성 있는 가격 책정에 위협이 되고 있지는 않은가?
- 자본적 지출은 감가상각비용을 적어 보이게 만든다. 우리는 미국 증권거래위원회 제출 보고서에 사용되는 상이한 감가상각법들 때문에 이연세부채는 지속될 것으로 믿으며, 따라서 법인세는 과

거 세율과 비슷하고 손익계산서상의 세율보다는 낮은 수준으로 예상한다.

- 정밀열차제어 같은 재정 지원 없는 정부명령unfunded government mandate은 철도회사에 수십억 달러의 비용을 발생시키고 경제적 해자는 전혀 만들어 내지 못한다. 이런 명령이 없었으면, 해당 현금은 투자자들을 위해 사용되었을 것이다.

〈부록〉 업종별 경제적 해자 체크리스트

■ 소비재

1. 음료산업
*본문 230~232쪽 참고

1. 해당 기업 브랜드가 경쟁자에 비해 가격 프리미엄을 누리고 있는가?
2. 유통 시스템을 모방하기가 얼마나 쉬운가?
3. 해당 브랜드가 향후 몇 년 동안 시장점유율을 잃을 가능성이 큰가, 유지할 가능성이 큰가, 아니면 높일 가능성이 큰가?

> **TIP**
> - 지속적으로 견고한 이익률과 투하자본수익률은 해당 기업이 보다 효율적인 유통망, 보다 효율적인 제조설비, 보다 효율적인 공급사슬 운영의 형태로 비용우위를 확보하고 있음을 의미할 수 있다.

2. 소비자용품산업
*본문 232~235쪽 참고

1. 해당 기업의 제품 포트폴리오 내에서 해당 브랜드의 파워는 어느 정도인가?
2. 해당 기업이 경쟁자에 비해 낮은 비용으로 생산과 유통을 유지할 수 있는 상당한 규모를 보유하고 있는가?
3. 유통업체 상표 부착 제품이 해당 제품시장에 얼마나 침투했는가?

> **TIP**
> - 일반적으로 장기적인 제품 생산량과 가격 동향이 브랜드 파워를 나타내는 지표가 된다. 특정 제품 분야에서 1위 혹은 2위의 시장점유율을 갖기 위해서는 강력한 브랜드가 있어야 한다.

3. 외식산업

*본문 235~238쪽 참고

1	해당 브랜드가 식자재 및 노동 비용 상승을 상쇄하기에 충분한 가격 결정력을 갖고 있는가?
2	과거 가격 전쟁이 있었을 때 해당 기업 상황은 어떠했나?
3	해당 레스토랑의 컨셉을 다른 여러 시장에도 성공적으로 적용했는가?
4	해당 레스토랑의 프랜차이즈 시스템이 일관적인가?

TIP
- 외식회사가 가격 인상 후에도 고객을 유지하고 영업이익률을 유지할 수 있으면, 그 브랜드는 경제적 해자를 지탱할 충분한 가격 결정력을 갖는다고 볼 수 있다.
- 한 외식회사가 공격적인 가격 할인 경쟁이 벌어지는 시기에도 영업이익률을 유지할 수 있었디면, 그 기업의 비용우위가 경제적 해사를 나타내는 것일 수도 있다.

---

4. 경기방어적 유통산업

*본문 238~241쪽 참고

1	해당 기업이 상대적인 비용우위를 누리고 있는가?
2	해당 기업의 제품군은 무엇인가? 납품업체에 얼마나 많은 구매 규모를 행사하고 있는가?
3	상당한 시장점유율을 앗아갈 수 있는 신규 진입자, 대안적 유통채널 혹은 혁신적 사업모델로 인한 리스크는 어느 정도인가?
4	해당 기업의 점포 기반과 고객 구성이 경쟁자들과 비교해 어떠한가? 혹은 어떻게 겹치는가?

TIP
- 산업 공급사슬의 불필요한 부분을 제거한 보다 큰 시장점유율이나 보다 큰 소매유통망을 가진 기업은 비용우위를 창출할 수 있을 정도로 충분히 상품 단위당 비용을 낮출 수 있다.

5. 전문소비재 유통산업

*본문 241~244쪽 참고

1	해당 기업의 제품군 혹은 고객에게 제공하는 쇼핑 경험이 차별화되어 있는가?
2	해당 제품 부문이 얼마나 집중화되었나?
3	해당 기업이 온라인 판매자라면, 네트워크 효과를 보유하고 있는가?

> **TIP**
> - 대량 판매상이 모방하기 힘든 전문화된 제품군을 보유한 유통업체의 경우, 시장점유율 자료와 산업 통합 추세를 통해 무형자산 및 비용우위 해자 원천을 파악할 수 있다.

---

6. 숙박업

*본문 245~247쪽 참고

1	해당 업체가 기본적으로 하는 사업이 호텔 위탁관리업인가, 호텔 프랜차이즈업인가, 아니면 호텔 소유 경영인가?
2	해당 업체가 특정 지역에 집중되어 있는가, 아니면 여러 대륙에 걸쳐 전 세계적으로 사업을 하고 있는가?
3	해당 업체가 직접 소유 경영하는 호텔 수를 줄이고 위탁관리 및 프랜차이즈 계약으로 전환하는 '자산경량화 전략'을 추구하고 있는가?
4	해당 업체의 호텔 중 직접 경영하는 호텔, 관리를 위탁한 호텔, 프랜차이즈 가맹 호텔의 비율은 얼마인가?
5	해당 업체의 가용객실당 수입(revPAR)은 얼마인가?

> **TIP**
> - 일반적으로 글로벌 브랜드를 가진 업체는 소규모 지역업체보다 큰 네트워크 효과와 브랜드 충성심을 누릴 수 있다

■ 헬스케어(의료·건강)

1. 제약산업
*본문 249~253쪽 참고

1	해당 기업의 특허보호 만료 약품을 대체할 신약 개발 능력은 얼마나 강한가?
2	제조하기 어려운 의약품이 매출액에서 차지하는 비율은 어느 정도인가?
3	해당 기업이 전통적인 제약업 밖에서 사업하고 있다면 그 영역에서 해당 기업의 경쟁우위는 얼마나 강한가?

> **TIP**
> - 신약 승인과 신약 개발비용 보상에 규제당국이 중요한 영향을 미친다는 점을 감안했을 때, 정부가 신약 개발을 얼마나 수용하며 보상하는지도 확인해야 한다.

---

2. 바이오테크산업
*본문 253~257쪽 참고

1	현재의 특허가 해당 기업의 해당 약품에 대해 향후 10년간 적절한 보호를 제공할 것인가? 이런 특허(공정 특허 혹은 물질구성 특허)가 얼마나 강력한가?
2	해당 기업의 약품 포트폴리오가 복제약 경쟁에 얼마나 민감한가? 복제약 경쟁에 들어갔을 때 해당 약품의 제조 및 (필요한 경우) 임상시험 과정을 쉽게 모방할 수 있는가?
3	해당 기업이 종사하고 있는 치료 분야는 얼마나 매력적인가?
4	해당 기업의 연구개발이 얼마나 생산적인가? 해당 기업이 경쟁우위를 유지하기에 충분한 연구개발 투자를 하고 있는가?

> **TIP**
> - 시장 규모는 물론이고 규제 및 보상 환경을 평가하고, 현재 및 미래에 가능한 경쟁자 수도 파악해야 한다. 아울러 해당 치료 분야의 특성에 기초해 진입장벽이 높은지 낮은지도 판단해야 한다.

3. 의료장비산업

*본문 257~260쪽 참고

1. 해당 기업이 어떤 새로운 기술을 개척하고 있는 중인가?
2. 보상 현황은 어떠한가? 일부 의료장비제조사의 경우, 보상 체계를 수립하는 것이 제품 성공에 핵심이 된다.

TIP

- 연구개발 중에 있는 신기술이 있는지, 특히 치료가 안 되고 있는 혹은 적절한 치료를 받지 못하고 있는 환자군을 위한 새로운 기술이 개발 중인지 확인해야 한다. 또한 연구개발 중인 제품들이 상당히 개선된 임상 결과나 성공적인 치료를 제공할 것인지 조사해야 한다.

4. 의료기구 및 의료용품 산업

*본문 260~262쪽 참고

1. 해당 기업의 제품 라인이 얼마나 상품화되었는가? 해당 기업이 비차별적 제품 분야에서 주로 경쟁하고 있다면, 그럼에도 불구하고 우수한 수익 창출이 가능한 비용우위나 다른 해자 원천을 갖고 있는가?
2. 해당 의료기구시장은 얼마나 매력적인가?

TIP

- 시장 규모와 기술 변화의 속도를 확인하고, 규제 및 보상 환경을 평가하며, 현재와 미래의 가능한 경쟁자 수를 파악해야 한다. 또 이런 분야의 특징에 기초해 진입장벽이 높은지도 판단해야 한다.

5. 진단연구산업

*본문 263~265쪽 참고

1	고객 기반이 얼마나 고착적인가? 해당 기업의 제품들이 임상연구 전 과정에 걸쳐 사용된다면, 그 기업의 각 제품은 그 각 과정에 얼마나 중요한가?
2	해당 기업이 일반적으로 전환비용이 더 높은 면도기-면도날 사업모델로 혜택을 누리고 있는가?
3	해당 기업 제품이 제조하기 얼마나 복잡한가?

> **TIP**
> - 저기술 제품에 초점을 맞추면 가격 인하를 무기로 도전하는 저비용 제조업체들과의 경쟁에 노출되기 쉽다. 기술적 시각에서 제품들을 비교할 때는 매출총이익률이 핵심 지표가 된다.

■ IT · 기술

1. 소비재 기술산업
*본문 268~270쪽 참고

1	해당 기업 제품의 어떤 측면이 충성스런 고객을 유지하고 미래의 제품 판매에 도움이 되는가?
2	소프트웨어, 서비스, 지적재산권 측면에서 해당 기업의 경쟁력은 어느 정도인가, 시간이 감에 따라 그런 경쟁력이 강화되고 있는가?
3	해당 기업 제품이 시장에서 프리미엄 지위를 갖고 있는가?

TIP
- 기존 고객 기반의 폭과 깊이 그리고 고객이 경쟁 제품이나 플랫폼으로 얼마나 기꺼이 그리고 쉽게 전환할 수 있는지 검토해야 한다.

---

2. 기업용 하드웨어시스템산업
*본문 270~274쪽 참고

1	해당 기업의 제품들이 업무에 필수적인 애플리케이션이나 접점 솔루션을 지원하는가?
2	경쟁자가 해당 기업 제품을 모방하기가 얼마나 쉬운가?
3	대기업 고객 입장에서 볼 때 해당 기업이 믿을 만한 공급자인가?

TIP
- 대부분의 기업용 하드웨어시스템 판매사들은 상당한 초과현금을 보유한 적극적인 인수자인 경우가 많다. 따라서 투하자본수익률을 계산할 때는 투하자본에서 초과현금을 차감한 후 획득한 영업권을 더하는 식으로 조정하는 것이 적절하다.

3. IT서비스산업
*본문 274~277쪽 참고

1	해당 기업의 세계적 서비스 제공 모델이 얼마나 광범위하고 깊이 있는가? 해당 기업이 다른 기업은 할 수 없는 규모로 서비스를 제공할 수 있는가?
2	해당 기업이 가치사슬의 어느 지점에서 사업하고 있는가? 해당 기업이 새로운 신기술 추세에 뒤떨어지지 않으면서 보다 고가의 컨설팅과 통합 서비스를 제공할 수 있는가?

> **TIP**
> - IT서비스기업을 평가할 때는 기존 고객과 형성한 관계의 깊이와 지속성에 초점을 맞춰야 한다. 관계의 깊이는 상위 5~10대 고객과의 거래로 창출된 수입 추세를 통해 측정할 수 있고, 관계의 지속성은 이런 관계가 얼마나 오래 가는지 보고 평가할 수 있다.

---

4. 반도체산업
*본문 277~280쪽 참고

1	해당 기업이 종사하는 반도체산업 분야에서 주도적인 시장점유율을 확보하고 있는가?
2	경쟁자가 경쟁력 있는 제품을 출시하기가 기술적, 가격적으로 얼마나 어려운가?
3	기술 변화로 인해 해당 기업이 최근 시장점유율을 높이는 중인가, 아니면 잃고 있는 중인가? 그런 시장점유율 변화가 단기적인 것인가, 아니면 영구적인 것인가?
4	진행 중인 연구개발 및 자본적 지출 견지에서 볼 때 해당 칩 제작사의 재투자 필요성은 어느 정도인가?

> **TIP**
> - 투자자들은 보통 3~5년간 진행되는 한 경기주기 전체에 걸쳐 해당 기업의 자본수익률과 수익성을 분석해야 한다. 반도체산업은 경기에 매우 민감한 산업이기 때문에 경기상승기에 초과수익을 올렸다 해도, 그것이 해당 경기주기 전체에 걸쳐 초과수익을 창출할 수 있음을 의미하는 것은 아니다.

5. 소프트웨어산업

*본문 280~284쪽 참고

1	기존 소프트웨어를 다른 제품으로 대체하는 비용이 기존 제품을 사용하면서 지출하는 유지관리비나 사용료보다 비싼가?
2	소프트웨어 이용자나 개발자가 창출하는 네트워크 효과가 있는가?
3	해당 기업 제품이 시장에서 우위를 가질 수 있는 특허권, 지적재산권 혹은 브랜드 파워를 갖고 있는가?

TIP

- 많은 소프트웨어기업들이 서비스형 소프트웨어제품을 공급하기 시작했기 때문에 규모의 경제는 중요한 고려 사항이다. 클라우드 기반 컴퓨팅, 서비스형 소프트웨어 인프라 그리고 서비스형 플랫폼 각각은 데이터센터를 구축하고 운영하기 위한 상당한 초기 및 지속적인 자본적 지출을 필요로 한다.

---

6. 통신서비스산업

*본문 284~287쪽 참고

1	해당 기업이 종사하는 특정 하위시장에서 고객 획득 및 유지 비용 전망은 어떤가?
2	해당 기업이 종사하는 시장(혹은 시장들)에서 업체들이 통합되거나 혹은 늘어날 현실적인 가능성은 어느 정도인가?

TIP

- 해당 기업의 전략과 경쟁업체의 전략이 시장점유율에 초점을 맞춘 것인지, 수익성에 초점을 맞춘 것인지 알아야 한다.
- 해당 기업의 가입자당 평균수익 추세를 분석하면 비용우위 해자 원천이 강화되고 있는지 약화되고 있는지를 정확히 평가할 수 있다.

■ 금융서비스

1. 은행업
본문 290~293쪽 참고

1	해당 은행이 실질적인 경쟁자가 많은 시장에서 사업하고 있는가, 아니면 소수의 지배적인 은행들이 합리적인 과점을 구축하고 있는가?
2	규모의 경제나 특별한 사업모델 같은 구조적인 이점 덕분에 매우 효율적인 운영을 하고 있는가, 아니면 주로 엄격한 비용 통제 때문에 운영비용이 낮은 것인가?
3	낮은 자금조달비용이 해당 은행의 넓은 영업망이나 강력한 고객 관계에서 기인한 높은 전환비용 같은 구조적 이점의 결과인가?
4	해당 은행이 창출할 것으로 기대되는 초과 스프레드(자기자본이익률 – 자기자본비용)는 얼마인가?

> **TIP**
> - 은행이 장기간 초과수익을 보장하는 충분히 강력한 경쟁우위를 구축하는 경우는 거의 없기 때문에 넓은 해자를 가진 은행은 거의 없다.

---

2. 자본시장산업(투자은행 및 증권업)
본문 294~297쪽 참고

1	해당 기업이 최대의, 가장 복잡한 자본시장 거래를 놓고 경쟁할 능력이 있는가?
2	해당 기업의 유통망이나 지역적 영업 범위가 실제로 확대되고 있는가?
3	새로운 금융 규제가 현재의 사업 라인을 위협할 가능성이 더 큰가, 아니면 기회를 창출할 가능성이 더 큰가?
4	회사 수입 중 자기자본투자 수익이나 자기매매 수입이 차지하는 비율은 어느 정도인가?

> **TIP**
> - 자본시장업체의 해자는 네트워크 효과, 무형자산 그리고 비용우위에 기초해 구축된다. 금융중개기관으로서 투자은행과 증권사의 역할은 자본 조달을 원하는 매도자를 자본 투자를 원하는 매수자와 연결해 주는 것이다.

3. 신용카드서비스업

*본문 297~299쪽 참고

1. 해당 기업의 네트워크가 기꺼이 그 기업 제품을 사용해 결제하고 결제를 받아들이는 상당한 규모의 고객 기반을 보유하고 있는가?

2. 고객이 어떤 종류의 전환비용에 직면해 있는가? 평균 고객수명(고객으로 존재하는 기간)은 어느 정도인가?

3. 추가로 거래량을 창출하기 위해 어떤 투자(자본적 지출, 마케팅, 인센티브 제공)가 필요한가?

> **TIP**
> - 강력한 네트워크 효과의 수혜를 받는 신용카드서비스회사(마스터카드나 비자 같은 기업을 말한다)는 좁은 혹은 넓은 해자를 보유한 경우가 많다. 본질적으로 지불자(카드이용자)와 피지불자(가맹점)를 연결시키는 사업에 종사하는 기업들의 경우, 강력한 네트워크 효과는 지불결제 네트워크의 광범위한 수용과 사용에 달려 있다.

---

4. 보험업

*본문 299~303쪽 참고

1. 일반적으로 보험사는 상품을 통해 유리한 경쟁력을 확보하기가 어렵다.

2. 보험산업에는 비용 변동성이 내재되어 있기 때문에, 보험사는 장기적으로 평가되어야 한다.

3. 우리는 손해보험보다 생명보험의 해자가 더 취약하다고 본다.

> **TIP**
> - 보험사 수익성의 2대 원천은 보험인수 수입(고객이 납부한 보험료에서 사업비를 뺀 것)과 유동자금 수입(보험료를 포함해 회사가 보유한 가용자금을 활용해 올린 수입, 주로 투자 포트폴리오 수입)이다. 우리가 볼 때 우수한 보험인수 수입만이 유일한 진정한 해자의 원천이다.

■ 기초소재

1. 상품제조업
*본문 306~309쪽 참고

1	해당 기업의 생산비용과 자본비용이 낮은가?
2	해당 기업이 (현재와 같은 기술이나 지리적 위치를 점하지 않았으면) 쉽게 모방됐을 수도 있던 기술이나 지리적 위치의 혜택을 보고 있는가?

> **TIP**
> - 상품제조사들의 경우에는 지속 가능한 원가우위가 가장 핵심적인 해자의 원천이다. 이런 기업들은 차별성 없는 상품들을 생산하기 때문에 다른 잠재적인 해자 원천—브랜드나 특허권, 전환비용, 네트워크 효과, 효율적 규모—은 거의 작용하지 않는다.

---

2. 상품가공업
*본문 310~314쪽 참고

1	해당 기업이 저비용의 자원을 지속적으로 확보할 수 있는가?
2	해당 기업이 매우 전문적인 제품을 생산하거나 독자적인 생산 과정을 가지고 있는가?
3	해당 기업의 연구개발 노력이 특허제품 포트폴리오로 이어지고 있는가?
4	해당 기업이 전문 제품이나 유통모델을 통해 전환비용을 창출하고 있는가?
5	해당 기업 내에서 해자 가치가 있는 사업은 어떤 것인가?

> **TIP**
> - 한 기업이 지역적으로 결정된 가격 덕분에 보다 싼 자원을 획득하는 일시적인 비용우위를 누릴 수는 있지만, 이런 비용우위는 장기적으로는 지속 가능하지 않다.

3. 금속 및 광산업

*본문 314~318쪽 참고

1	해당 기업이 유리한 특성을 지닌 광상이나 기타 천연자원을 보유 혹은 통제하고 있는가?
2	해당 기업이 규모의 경제 혜택을 누리고 있는가? 어떤 비용이 고정비용이고, 따라서 레버리지 효과는 어느 정도인가?
3	해당 기업이 낮은 운송비용 혜택을 누리고 있는가? 총비용이나 제품 가격 대비 운송비는 얼마인가?
4	해당 기업이 유리한 혹은 불리한 정권의 등장에 영향을 받는가?

> **TIP**
> - 동일 산업 내 다른 업체들보다 생산 능력이 우수한 개별 생산자산을 보유한 기업은 생산량을 늘려도 고정비는 별로 증가하지 않는 혜택을 누릴 수 있으며, 이는 제품 단위당 생산비용을 낮춘다.

■ 에너지

1. 석유 및 가스 굴착업
*본문 321~324쪽 참고

1	프리미엄 자산 기반—이 경우에 심해 굴착장비—이 얼마나 큰가?
2	해당 굴착회사의 (만약 있다면) 굴착장비 설치 계획의 규모와 내용은 어떠한가?
3	재무 상태(자산, 부채, 자본 상태)는 어떠한가? 해당 굴착회사가 부채나 자본을 어떻게 이용하고 있는가?

TIP
- 항상 노후화되는 자산 기반과 매우 경쟁적인 시장 때문에 굴착회사가 넓은 해자를 확보하기란 극히 어렵다. 따라서 초과수익이 있더라도 그 지속성은 불확실하다.

---

2. 에너지 탐사 및 생산업
*본문 325~328쪽 참고

1	해당 기업의 자본비용이 낮은가? 단위당 탐사 및 개발비용을 고려해야 한다.
2	해당 기업의 생산비용이 낮은가? 생산비용은 현금비용이라고도 할 수 있다.

TIP
- 에너지 탐사 및 생산기업에서 비용우위를 찾을 때는 해당 기업의 현재 비용뿐 아니라 미래 비용도 이해해야 한다. 미래의 비용을 예상할 때는 리스비용, 허가비용, 서비스 및 장비 제공업자에 대한 모든 지불금, 개발비용, 생산비용, 로열티 등을 포함한 모든 관련 비용을 고려해야 한다.

3. 석유 및 가스 운송업

*본문 328~331쪽 참고

1. 해당 기업이 현재 초과수익을 실현하고 있는가?
2. 해당 기업의 자산들이 서로 얼마나 보완적인가? 해당 기업이 사업하고 있는 각각의 연결점에서 초과이윤을 창출할 수 있는가?
3. 추가적인 자본적 지출은 어디로 흘러가고 있는가? 해당 기업이 다수 자산들의 취급량을 증가시키는 프로젝트에 효율적으로 자본을 사용할 수 있는가?

> **TIP**
> - 석유 및 가스 운송회사는 천연가스, 천연가스액(천연가솔린), 원유, 정제품 등을 가공, 수송, 저장하는 일에 종사하는 기업을 말한다(이를 미드스트림이라고 한다). 이런 미드스트림업체들이 해자를 구축하는 방법은 다양하지만, 효율적 규모가 가장 지배적인 해자의 원천이 된다.

4. 정유산업

*본문 331~334쪽 참고

1. 해당 정유사가 비용우위 공급원료를 확보하고 있는가?
2. 경쟁우위를 위해 상당한 투자가 필요한가?
3. 정유사의 저가 원유 확보 혹은 비용우위가 지속 가능한가?

> **TIP**
> - 해자는 지속 가능한 초과수익을 창출하는 능력에 달려 있다. 정유사의 비용우위가 지속 가능하지 않으면 해자는 불가능하고 시장의 힘이 그 우위를 금방 무력화할 수도 있다.

5. 통합 석유가스산업

*본문 335~338쪽 참고

1	통합 석유가스회사의 다운스트림 사업이 업스트림에서 실현하지 못한 가치를 획득하고 있는가?
2	정유 능력에서 탄화수소(에너지 자원) 생산이 차지하는 비율은 얼마인가?
3	해당 기업이 업스트림 사업을 최적화하기 위해 다운스트림 지식을 활용하고 있는가?
4	정유와 화학제품 생산설비가 서로 인접해 있는가?

TIP
- 기본적으로 석유 및 가스 탐사와 생산 그리고 정유 과정을 결합한 통합 석유가스회사의 경우, 해자의 주 원천은 저비용 혹은 경제적으로 유리한 자원 기반(생산 과정의 업스트림 부분이라고 한다)이다.

6. 엔지니어링서비스

*본문 338~342쪽 참고

1	해당 기업이 경쟁자에 비해 얼마나 크고 얼마나 세계적인가?
2	어떤 종류의 엔지니어링 문제가 해결되고 있는가?
3	해당 기업의 제품 포트폴리오가 얼마나 통합되었는가?

TIP
- 엔지니어링서비스산업의 경우 비용우위, 무형자산, 효율적 규모 같은 해자 원천들이 함께 존재하기 때문에 다른 형태의 에너지기업보다는 넓은 해자가 존재할 가능성이 더 높다.

■ 유틸리티

1. 규제 대상 유틸리티기업
*본문 345~348쪽 참고

| 1 | 해당 유틸리티기업이 규제가 허용한 수익 정도는 벌고 있는가? |
| 2 | 복합 유틸리티기업의 비규제 대상 자산이 그 기업의 해자를 강화하는가 아니면 약화시키는가? |

TIP
- 규제 대상 유틸리티기업의 경우 서비스원가주의 요금 결정이 좁은 해자를 지지해 주고 있다. 규제당국은 유틸리티기업이 좁은 해자를 유지할 수 있는 요금을 통해 영업 및 자본비용을 회수할 수 있는 적절한 기회를 허용해 주어야 한다.

---

2. 독립 민간전력회사
*본문 348~350쪽 참고

| 1 | 시장을 왜곡하는 공공정책이 있는가? |
| 2 | 신규 발전소 건설의 경제성을 알 수 있는 예상 자본비용과 가변비용 간의 관계는 어떠한가? |

TIP
- 대부분의 다른 에너지원과 달리 전기는 대체 가능하지 않다. 이는 특정 지역의 전기 공급을 제한하며, 보다 강한 혹은 약한 경쟁우위를 초래할 수 있다. 해당 기업이 사업하고 있는 지역에서 경쟁자의 발전비용과 진입장벽을 고려하는 것이 중요하다.

■ 산업재

1. 공항운영산업
*본문 353~355쪽 참고

1	공항운영 계약 기간은 얼마인가?
2	해당 공항을 통한 항공기 운항 수준은 어느 정도인가?
3	얼마나 많은 자본적 지출(설비투자)이 필요한가, 해당 공항운영회사가 고정 및 가변 비용 증가를 상쇄하기 위해 가격을 올릴 수 있는가?
4	해당 공항운영회사가 지역적으로 유리한 다른 지역 공항 인수를 통해 성장할 기회가 있는가?

> **TIP**
> ■ 공항운영회사의 경우, 무형자산과 효율적 규모가 해자 창출의 원천이 된다. 정부로부터 공항을 운영하고 관리할 권리를 획득하는 것이 가장 중요한 해자 원천이다.

---

2. 우주항공 및 방위산업
*본문 355~357쪽 참고

1	해당 신규 업체가 견조한 자본수익률이 가능한 틈새시장을 갖고 있는가?
2	방위산업체가 사업 입찰과 입찰 획득 메커니즘을 이해하고 있는가?
3	낮은 인프라 구축비용 때문에, 혹은 건전한 산업 기반이 필요하다는 정부의 인식 때문에 현재 강력한 자본수익률을 올리고 있는가?

> **TIP**
> ■ 방위산업체의 경우, 정부 고객의 복잡한 작업에 익숙한 것이 가장 중요한 무형자산의 원천이 된다. 성공적인 기업은 수십 년에 걸친 상호 작용과 관계 구축으로 이런 지식을 쌓음으로써 신규 진입자가 따라오기 어렵게 만든다.

3. 트럭 및 해상 운송

*본문 357~360쪽 참고

1. 트럭운송 및 컨테이너해운은 고정비용 수준이 높고(장비가 고가다) 차별 기회가 거의 없는 자산집약적 사업이다. 따라서 해자를 가진 업체가 드물다.

2. TL 및 LTL업체의 경우, 화물운송의 수요 침체기에 보이는 심각한 가격 결정력 악화와 비합리적 가격 책정(마일당 운송비의 변화로 측정됨)은 자산집약성과 제한된 전환비용에 시달리고 있다는 핵심 징표다.

> **TIP**
> - 트럭운송은 경제적 해자를 구축하기 어려운 사업이다. 우리는 트럭운송회사가 네트워크 효과, 전환비용 혹은 브랜드를 통해 경쟁우위를 구축할 기회가 많지 않다고 본다.

---

4. 폐기물 관리산업

*본문 360~363쪽 참고

1. 폐기물 처리 규정이 엄격한 나라에서는 쓰레기 매립지나 쓰레기 소각로 소유권이 경쟁우위가 될 수 있다.

2. 폐기물 처리 능력을 갖추면 가격 결정력을 갖게 되고, 이는 연금처럼 예측 가능한 현금흐름 창출의 기초가 된다.

> **TIP**
> - 폐기물 관리산업에서는 한 기업이 다양한 과정을 통제하는 수직적 통합이 가격 결정력과 사업 효율성을 가능케 하는 중요한 경쟁우위를 제공한다.

5. 중장비산업

*본문 363~366쪽 참고

1	유통망이 경쟁우위를 제공할 수 있다. 딜러의 수가 중요하지만 그 질도 중요하다.
2	애프터서비스시장의 매출은 사업을 보다 안정적으로 만들고 고객을 보다 고착적으로 만들 수 있다.
3	우리는 투하자본수익률을 계산할 때 연구개발비를 자본화해 포함시킬 것을 권한다.

> **TIP**
> - 중장비산업에서는 확고한 서비스 평판이 해자 구축에 중요한 요인이 된다. 도로, 프로젝트 현장 혹은 광산의 업무 정지 시간은 고객 입장에서는 그만큼 손해를 보는 것이 된다.

---

6. 사업다각화기업

*본문 366~367쪽 참고

1	독립 사업 부문으로서 다른 부문보다 가치 있는 사업 부문은 (있다면) 어떤 부문인가?
2	해당 기업이 사업 인수만큼이나 사업 매각도 활발히 하고 있는가?

> **TIP**
> - 사업다각화기업들에게 고유한 리스크는 인수 자산에 대한 가치평가 리스크다. 열악한 인수는 투자자들의 돈뿐만 아니라 경영진의 능력까지 갉아먹기 때문이다.

집필진 소개

■ **헤더 브릴리언트** Heather Brilliant, 공인재무분석사(CFA) ▶ 대표 공저자

모닝스타 오스트레일리아의 공동 CEO이다. 2014년 현직을 맡기 전, 브릴리언트는 7년간 주식 및 기업신용분석 글로벌 디렉터를 역임했다. 이때 브릴리언트는 120명 이상의 애널리스트, 전략가strategist, 디렉터들로 구성된 모닝스타의 글로벌 주식 및 기업신용분석팀을 이끌었다. 또 브릴리언트는 모든 기업의 경제적 해자와 해자 추세 등급을 심사하는 주식분석팀 임원들로 구성된 모닝스타의 경제적 해자위원회 위원을 역임했다.

2003년 주식 애널리스트로 모닝스타에 합류하기 전 여러 해 동안 브릴리언트는 부티크 투자회사들의 주식분석 애널리스트로 활동했다. 브릴리언트는 제약, 바이오테크놀로지, 사업서비스, 소매업종을 포함하는 다양한 업종을 분석했다. 브릴리언트는 뱅크오브아메리카(BOA)의 기업금융 애널리스트로 자동차산업을 분석하면서 사회생

활을 시작했다.

브릴리언트는 노스웨스턴대학교Northwestern University에서 경제학 학사를, 시카고대학교 부스경영대학원University of Chicago Booth School of Business에서 경영학 석사 학위를 받았다. 브릴리언트는 공인재무분석사Chartered Financial Analyst(CFA) 자격증을 보유하고 있으며, 현재 미국 CFA협회 이사이고, 시카고 CFA협회 회장을 역임했다.

■ **엘리자베스 콜린스** Elizabeth Collins, 공인재무분석사(CFA)　▶ 대표 공저자

모닝스타 북아메리카 주식분석 디렉터로 모닝스타의 북아메리카 소재 주식분석 애널리스트팀을 이끌고 있다. 2014년 현직을 맡기 전, 콜린스는 모닝스타가 발부하는 모든 경제적 해자와 해자 추세 등급을 심사하는 주식분석팀 임원들로 구성된 모닝스타의 경제적 해자위원회 회장을 역임했다. 또 콜린스는 기초소재 주식분석 디렉터를 역임하면서, 농업, 건축자재, 화학, 석탄, 임업제품, 금속과 광물, 포장, 철강산업 종사 기업들에 대한 분석을 총괄했다. 기초소재 주식분석팀을 이끌기 전, 콜린스는 에너지팀의 선임애널리스트를 역임했다. 콜린스는 2005년 모닝스타에 합류했다.

콜린스는 보스턴칼리지Boston College에서 심리학 학사, 드폴대학교 DePaul University에서 경영학 석사 학위를 받았으며, 공인재무분석사 자격증을 보유하고 있다.

■ **조엘 블루머** Joel Bloomer　▶ 6장 집필 참여

　모닝스타의 아시아태평양지역 주식 및 기업신용 분석 담당 본부장이다. 블루머는 아태지역 주식에 대한 고품질의 독립적이고 기본적인 분석법 개발을 책임지고 있으며, 모닝스타 경제적 해자위원회 위원으로 활동하고 있다. 현직을 맡기 전, 블루머는 남아프리카에서 주식운영부티크의 출범을 도왔고, 그곳에서 몇몇 분석 및 사업 책임을 맡기도 했다. 경력 초기에 블루머는 시카고의 모닝스타에서 다양한 직위를 거쳤다. 그 중에는 소비재주식 분석팀장, 부동산서비스 및 부동산투자신탁 선임애널리스트, 제너럴리스트 등이 포함된다.

　블루머는 일리노이대학교University of Illinois에서 금융경제학 학사 학위를 받았다.

■ **매튜 코피나** Matthew Coffina, 공인재무분석사(CFA)　▶ 6장 집필 참여

　모닝스타의 대표적인 주식투자 뉴스레터인 〈모닝스타 주식투자자Morningstar Stockinvestor〉 편집인이다. 코피나는 이 뉴스레터의 두 개의 실전 및 시장상회 모델 포트폴리오인 거북이와 토끼 포트폴리오를 운용하고 있다. 거북이와 토끼 포트폴리오는 강력하고 강화되고 있는 경쟁우위를 가졌으면서도 내재가치에서 할인된 가격에 거래되고 있는 기업들에 대한 투자에 초점을 맞춘 투자 포트폴리오다. 코피나는 2007년 모닝스타에 합류했으며, 그 전에는 헬스케어서비스 기업을 분석하는 선임 주식애널리스트를 역임했다. 코피나는 모닝스타 애널리스트들이 전 세계 1,500개 이상의 기업을 대상으로 적정

가치를 계산할 때 사용하는 현금흐름할인법을 설계한 장본인이다. 코피나는 오벌린칼리지Oberlin College에서 경제학 학사 학위를 받았고, 공인재무분석사 자격증을 보유하고 있다.

■ 스티븐 엘리스 Stephen Ellis ▶ 3장 집필 참여

금융서비스회사의 주식과 신용 분석을 감독하는 모닝스타의 금융서비스산업 분석 디렉터이다. 엘리스는 모닝스타가 발부하는 모든 경제적 해자와 해자 추세 등급을 심사하는 주식분석팀 임원들로 구성된 모닝스타의 경제적 해자위원회 위원이기도 하다. 또 그는 뉴스레터 〈모닝스타 기회투자자Morningstar Opportunistic Investor〉 편집인을 역임하기도 했다.

엘리스는 레드랜드대학교University of Redlands에서 경영학 학사와 석사 학위를 받았으며, 대학 및 학과 우등으로 졸업했다.

■ 개리스 제임스 Gareth James ▶ 6장 집필 참여

모닝스타의 아태지역 교육 및 운영 담당 본부장이다. 제임스는 아태지역 분석대상 기업 최적화, 프로젝트 관리, 플랫폼 조정을 포함해 아태지역 주식 및 신용 분석팀의 연구결과물의 품질을 책임지고 있다. 또 그는 모닝스타 경제적 해자위원회, 글로벌 가치평가위원회, 호주 투자위원회 위원이며, 호주의 수익형 주식income equities 및 소형주smallcap equities 포트폴리오를 공동 운용하고 있다.

제임스는 런던대학교University of London 킹스 칼리지Kings College에서

물리학 학사 학위를 받았다.

■ **워렌 밀러** Warren Miller, 공인재무분석사(CFA)   ▶ 7장 집필 참여

　모닝스타의 글로벌 통계분석(퀀트분석) 담당 부사장이다. 밀러는 통계분석팀을 이끌며 투자자들을 위한 분석적으로 엄격한 도구와 방법론을 개발하고 있다. 또 그는 기관투자가들을 위한 주식투자전략인 모닝스타의 컨빅션 롱 포트폴리오Conviction Long Portfolio도 운용하고 있으며, 모닝스타의 통계적 주식등급Quantitative Equity Ratings 개발을 주도했다. 밀러는 노스웨스턴대학교에서 산업공학 및 경제학 학사 학위를, 시카고대학교 부스경영대학원에서 경영학 석사 학위를 받았으며, 공인재무분석사 자격증을 보유하고 있다.

■ **조쉬 피터스** Josh Peters, 공인재무분석사(CFA)   ▶ 5장 집필 참여

　모닝스타의 주식수익전략equity-income strategy 디렉터이며 월간 뉴스레터 〈모닝스타 배당투자자Morningstar DividendInvestor〉 편집인이다. 편집인 업무의 일환으로, 피터스는 평균 이상의 수익과 우수한 총 수익률을 목표로 한 개별 주식들로 구성된 이 뉴스레터의 빌더와 하비스트 포트폴리오Builder and Harvest Portfolios를 운용하고 있다. 또 피터스는 존 와일리 & 선즈John Wiley & Sons에서 2008년 출간된 〈배당투자 최종 가이드북The Ultimate Dividend Playbook: Income, Insight, and Independence for Today's Investor〉의 저자이기도 하다. 피터스는 미네소타대학교 덜루스 캠퍼스University of Minnesota, Duluth에서 역사학 및 경제학 학사 학위를

받았으며, 공인재무분석사 자격증을 보유하고 있다.

■ **토드 웨닝** Todd Wenning ▶ 4장 집필 참여

　제지, 포장재, 건설, 화학 회사들을 담당하는 모닝스타의 주식분석 애널리스트다. 웨닝은 모닝스타의 스튜어드십 분석을 주도하고 있으며, 매월 'Morningstar.com'에 소형주에 대한 칼럼을 쓰고 있다. 웨닝은 세인트조셉대학교St. Joseph's University를 우등 졸업하면서 역사학 학사 학위를 받았다. 이 책을 출판하는 현재 웨닝은 공인재무분석사 Level III 응시생Level III candidate(Level II를 통과하고 최종시험인 Level III에 응시료를 내고 응시한 상태)이다.

한국투자교육연구소(KIERI)의
주식투자 성공 프로그램

◆ **국내 유일 고품격 '가치투자' 교육 실시**

1. 〈워렌 버핏 투자교실〉 : 6주 후면 당신도 워렌 버핏!
6주 과정의 〈워렌 버핏 투자교실〉은 투기와 투자조차 구별하지 못하는 아마추어 투자자를 기업의 가치에 입각한 투자를 할 수 있는 프로 투자자로 만들어내는 국내 최초의 고품격 '가치투자' 교육입니다.

2. 〈워렌 버핏 투자교실〉 심화반 : 7주 후면 나만의 투자법을 완성!
개별 기업의 재무 분석과 가치평가는 물론이고 해당 산업과 경제적 해자를 분석하고 시장 흐름에 맞는 유연한 포트폴리오 전략까지 아우르는 국내 최고의 '실전 가치투자 종합 교육' 과정입니다.

이 밖에도 〈재무제표 특강〉, 〈초보자 주식투자 입문 과정〉, 〈기업가치 평가법〉 등 체계화된 교육 과정을 진행하고 있습니다. 제대로 된 주식투자 교육을 원한다면 망설이지 말고 한국투자교육연구소(www.itooza.com)의 문을 두드리세요.

◆ **NO. 1 가치투자 포털 '아이투자'의 차별화된 서비스**

한국투자교육연구소가 운영하는 가치투자 포털 '아이투자(www.itooza.com)'는 가치투자자의 길잡이 및 동반자 역할을 수행하고 있습니다. 대가들의 지혜를 배우는 '가치투자클럽'이나 기업의 내재가치 산출 서비스, 기업 분석 보고서, 포트폴리오 공개 서비스 등 다른 사이트에서는 찾아볼 수 없는 신뢰를 기반으로 한 지식과 정보를 이용하실 수 있습니다.

◆ **책 읽는 투자자를 위한 출판 서비스**

한국투자교육연구소의 출판 브랜드 '부크온'은 공부하는 투자자를 위한 출판을 하고 있습니다. 워렌 버핏이나 벤저민 그레이엄, 앤서니 볼턴 등 내로라하는 투자 대가의 지혜를 배울수 있는 양서와 기업가치에 주목하는 투자를 뒷받침할 다양한 책을 발간하고 있습니다. 현명한 투자자들이라면 꼭 읽어야 할 책들이 '부크온'의 서재에 있습니다.

"6주 후면 나도 워렌 버핏"

〈워렌 버핏 투자교실〉

투기를 버리고 투자를 택하라!

〈워렌 버핏 투자교실〉은 투자의 기초 과정부터 실전 투자법의 완성까지 아우르는 국내 유일한 실전 가치투자 종합 교육 과정입니다.

소비자 독점 기업을 찾는 방법, 좋은 기업을 싸게 사는 방법, 투자 유망 종목을 압축하는 방법, 수익률 제고를 위한 자산배분 전략, 투자자 관점에서 공시를 이해하는 방법, 전자공시에서 사업보고서 읽는 법, 기업가치 평가 방법을 실력 있는 강사진을 통해 집중 교육합니다. 뿐만 아니라 실전 사례와 풍부한 실습 시간을 통해 투자자가 실전 가치 투자전략을 완전히 몸에 익힐 수 있도록 철저히 교육합니다.

또한 온라인 동영상(CD) 교육을 통해 교육과정에 대한 예습과 복습을 할 수 있도록 지원하며, 가치투자를 실제 투자에 적용하고 있는 외부 명사초청 특강을 통해 이론과 실전 그리고 실습 등 투자의 3박자가 모두 이뤄지는 교육을 진행합니다.

실전 가치 투자법을 배우고 싶다면 망설이지 마세요. 6주간 오프라인 교육뿐 아니라 온라인 카페(버핏 투자교실)를 통해 교육기간이 끝난 후에도 지속적인 교육과 커뮤니케이션을 통해 실력 있는 가치투자자로 성공할 수 있도록 에프앤에듀가 함께 합니다.

모두가 어렵다고 할 때 투자할 수 있는 용기와 지혜를 배우시기 바랍니다.

주간	교육 과정	주간	교육 과정
1주	◆ 주식 투자자를 위한 기초	2주	◆ 워렌 버핏의 재무제표 활용법
3주	◆ 투자자의 보물 창고 〈사업보고서〉 읽는 법	4주	◆ V차트(Value-Chart)를 활용한 종목 발굴법 ◆ 재무제표 & 사업보고서 활용법 실습
5주	◆ 기업가치 평가법과 시장 흐름 읽는 법 ◆ 기업 유형별 가치평가법 적용 실습	6주	◆ 주식 투자자의 합리적 자산배분 전략 ◆ 유망 기업 분석 및 발표

* 교육 내용은 일부 변경될 수 있습니다.

바쁜 직장인을 위한 최고의 투자 솔루션!

아이투자의 〈퀀트 투자클럽〉

지수 변동에 관계없이 안정적으로 꾸준히 수익을 올리는 것은 모든 투자자의 희망 사항입니다. 아이투자가 제공하는 '퀀트투자클럽 서비스'는 직장인들이 본업에 충실하면서 한 달에 한 번 매매를 통해 장기적으로 안정적인 수익을 기대할 수 있는 효과적인 전략입니다.

퀀트투자클럽은 특정 조건에 맞는 종목으로만 포트를 구성합니다. 저PER&저PBR 합성전략, 마법공식 투자전략 등 5개 전략에 따라 각각의 기준에 맞는 종목 20개씩을 매수합니다. 각 투자전략은 한 달에 한 번 포트폴리오 조정을 위한 매수·매도를 실시합니다.

◆ 6개월 후면 의미 있는 수익률

과거 수익률 테스트 결과 투자를 시작한 뒤 6개월~1년 후면 시장수익률을 초과하면서 의미 있는 수익률을 냅니다. 이후 상승장에서는 더 오르고, 하락장에서는 시장 대비 덜 하락해 기간이 길어질수록 수익률이 극대화되었습니다. 따라서 투자기간은 최소한 6개월~1년으로 설정하되, 가급적 길게 오래 투자하는 것이 유리한 투자전략입니다. 특히 20~30년 후의 은퇴자금 마련이나 자녀 학자금, 결혼자금 목적 등 오랜 기간 후 목돈 마련을 위한 투자자에게 안성맞춤형 투자전략입니다.

투자금액은 1,000~5,000만 원 내외를 추천해 드립니다. 5개의 투자전략 중 회원님 성향에 가장 잘 맞는 전략을 골라 월 1회 매매를 진행합니다. 매매할 경우 비중 조절 내역은 투자전략을 통해 친절하게 제시해 드립니다. 어떤 전략을 고를지 모르시는 분은 〈저PER+저PBR 투자전략〉을 추천해 드립니다. 이 투자전략에 대한 과거 수익률 추적 분석 결과, 지난 5년간 연평균 62.4%의 수익률을 기록했습니다.

퀀트 투자전략은 과거 5년간 매년 평균 40%의 수익률을 올렸습니다. 과거의 높은 수익률이 미래의 수익률까지 담보하지는 않습니다. 하지만 투자자의 심리적 약점을 극복하고, 좋은 주식을 쌀 때 분산투자하는 원칙을 꾸준히 따른다면 만족스러운 성과를 안겨줄 것입니다.

* 자세한 내용은 아이투자 홈페이지를 참고하세요.

옮긴이 김상우

전문 번역가로 다수의 책을 국내에 소개해 왔다. 특히 주식투자 등 금융 관련 번역에 정통하다는 평가를 받고 있다. 번역서로 『워렌 버핏만 알고 있는 주식투자의 비밀』, 『워렌 버핏의 재무제표 활용법』, 『타이밍에 강한 가치투자 전략』, 『투자 귀재들의 가치투자 실전 응용법』, 『고객의 요트는 어디에 있는가』, 『100% 가치투자』, 『워렌 버핏처럼 가치평가 활용하는 법』, 『안전마진』, 『공매도 X파일』 등이 있다.

경제적 해자 실전 주식 투자법

1쇄 2016년 4월 29일
3쇄 2021년 3월 20일

지은이 헤더 브릴리언트 외
옮긴이 김상우

펴낸곳 (주)한국투자교육연구소 부크온
펴낸이 김재영
편집 권효정
주소 서울시 영등포구 문래동6가 19, 문래SK V1센터 1001호
전화 02-723-9004   **팩스** 02-723-9084
홈페이지 www.bookon.co.kr
이메일 book@itooza.com
출판신고 제322-2008-000076호(2007년 10월 17일 신고)

ISBN 978-89-94491-44-8 03320

◆ 부크온은 (주)한국투자교육연구소의 출판 브랜드입니다.
◆ 파손된 책은 교환해 드리며, 책값은 뒤표지에 있습니다.
◆ 무단전재나 무단복제를 금합니다.

이 도서의 국립중앙도서관 출판시도서목록(CIP)은 e-CIP홈페이지(http://www.nl.go.kr/ecip)와 국가자료 공동목록시스템(http://www.nl.go.kr/kolisnet)에서 이용하실 수 있습니다.
(CIP제어번호 : CIP2016007782)